Der Finanz-Flow-Circle

Der *Finanz-Flow-Circle* ist ein Kreislauf.
Er hilft Dir, Dein Flow-System so einzurichten
dass Du Deinen Freipunkt erreichst.

AF727252

Vermögensbilanz

Gehört zum Vermögen.
Vermögens-Überblick.

Flowtracking

Gehört vor allem zur Privat-Sphäre, denn dort kannst Du am meisten ändern. Im Business ist das Pendant das Controlling.

Finanz-Rhythmus

Routinen, um Dein Finanz-Flow-System im Fluss zu halten.

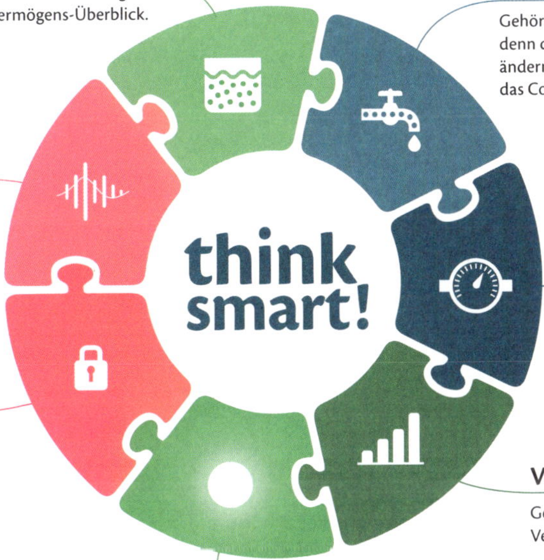

Lebensvorschau

Gehört zur Privat-Sphäre, denn Deine Alterskosten sind private Ausgaben.

Absicherung

Routinen, damit Vorhandenes nicht abhanden kommt.

Vermögensaufbau

Gehört zum Vermögen.
Vermögens-Selbstverwaltung.

Freipunkt-Management

Gehört zum Vermögen, da die Größe Deines Vermögens darüber entscheidet, wann Du Dein Freipunkt-Ventil öffnen kannst.

Business Dein Business ist für Deine Einnahmen wichtig. Wir widmen ihm im Buch ganze zwei Kapitel. Die Vermögens-Selbstverwaltung fängt aber einen Schritt später an. Daher kommt die ***Geschäftskonzept-Optimierung*** im Circle nicht vor. Es gilt: Du kannst mit größeren und mit kleineren Einnahmen Deinen Freipunkt erreichen.

Routinen Routinen sind in Deiner Vermögens-Verwaltung wichtig, ***damit Dein System im Fluss bleibt.*** Daher haben sie im Circle zwei eigene Steps.

Mindset Ist zentral. ***Spielt für das gesamte Thema eine wichtige Rolle.*** Ist daher keinem einzelnen Step im Circle alleine zugeordnet. Wir fangen im Buch damit an und sprechen im Schlusskapitel noch einmal darüber.

think smart!

SMARTBUSINESSCONCEPTS

Smart Business Freipunkt

1. Auflage
Smart Business Concepts
ISBN: 978-3-943895-05-6

www.smartbusinessconcepts.de

Druck:
Grafisches Centrum Cuno GmbH & Co. KG
Gewerbering West 27, 39240 Calbe

Verlag:
Smart Business Concepts
Conta Gromberg Communication GmbH & Co. KG
Reindorfer Schulweg 42 B, 21266 Jesteburg
verlag@smart-business-concepts.de

Markenrechte Produkt-Treppe®

Der Begriff „Produkttreppe" / „Produkt-Treppe" ist als Wortmarke eingetragen und darf nur für die ebenfalls geschützte Produkt-Treppe® genutzt werden. Andere Grafiken dürfen nicht mit der Überschrift „Produkt-Treppe" versehen werden.

Nähere Informationen zum Gebrauch siehe: smartbusinessconcepts.de/material

Haftungsausschluss

Die Inhalte dieses Buches dienen ausschließlich der Information und stellen keine Rechts-, Steuer- oder Finanzberatung dar. Sie können und sollen eine persönliche Beratung durch Rechts-, Steuer- oder Finanzberatungskanzleien, bei der die Besonderheiten des Einzelfalles berücksichtigt werden können, nicht ersetzen. Die Autorin und die Autoren vermitteln und vermakeln keine Versicherungen, Kapitalanlagen oder sonstigen Finanzprodukte. Alle Angaben erfolgen nach bestem Wissen und Gewissen, aber ohne Haftung. Die Beiträge stellen keine persönliche Empfehlung dar, sondern wurden als allgemeine Empfehlung verfasst für alle, die als Selbstständige ihre Finanzen selbst verantworten wollen. Eine Anlageberatung findet zu keiner Zeit statt.

Zur besseren Verständlichkeit werden Sachverhalte und Zahlen vereinfacht dargestellt. Die im Buch gezeigten visuellen Analysen sind Reduktionen. In der Wirklichkeit sind Modelle komplexer. Die im Buch verwendeten Internetadressen entsprechen dem Stand der Drucklegung. Die Autoren und der Verlag übernehmen keine Gewähr für Aktualität und Inhalt der Internetseiten oder Links und haften nicht für die Angaben oder etwaige Verluste, die aufgrund der Umsetzung von Gedanken oder Ideen entstehen, oder für die Folgen von Irrtümern, mit denen der Text behaftet sein könnte.

Brigitte Conta Gromberg
Ehrenfried Conta Gromberg
Frank-Michael Rommert (FM)

SMART BUSINESS FREIPUNKT

Wie Du endlich weißt, wann Du genug hast
und Deinen finanziellen Freipunkt erreichst.

Vermögens-Selbstverwaltung leicht gemacht.

Hol ihn nach vorne

Übernimm Verantwortung
Auch in Sachen privater Finanzen

Wohl kaum jemand, der selbstständig arbeitet, würde sich das Geschäftskonzept von Fremden schreiben lassen. ***Das macht man selbst.*** Und es gibt dafür gute Hilfestellungen.

Beim Umgang mit Geld scheuen dagegen überraschend viele die Verantwortung. Doch niemand interessiert sich so sehr dafür, dass es einem – auch langfristig – gut geht, wie man selbst.
Ein Grund dieser Verantwortungsscheu ist wohl auch, dass es nur wenige praxiserprobte Anregungen von unabhängiger Seite gibt.

Das ändert sich nun mit diesem Buch. In ihm stecken das Wissen und die Erfahrungen von drei Selbstständigen, die seit zwei Jahrzehnten ihren eigenen Weg im Umgang mit Geld finden und dafür hilfreiche Tools und Methoden entwickelt haben. Diese stellen sie in diesem Buch vor.

Besonders hilfreich empfinde ich dabei die Haltung, auf die eigenen Fortschritte zu fokussieren, andere zu ermutigen und wertzuschätzen, statt auf andere neidisch zu sein. ***Es geht nicht darum, reich zu werden, sondern ein Leben lang GENUG zu haben.***

Ja, das Thema ist sehr persönlich und teils schmerzhaft. Hier hilft es, sich ***der eigenen Situation endlich zu stellen*** und die nötigen Entscheidungen selbst anzustoßen – wie man das auch im Geschäftsleben macht.

Allen, die sich selbstständig machen oder bereits erfolgreich selbstständig arbeiten, empfehle ich, ***auch hier Verantwortung zu übernehmen*** und die Anregungen aus diesem Buch im eigenen Leben umzusetzen.

Dr. Andreas Lutz

Vorstandsvorsitzender
Verband der Gründer und Selbstständigen Deutschland (VGSD) e.V.

vgsd.de

VGSD

Genug haben
Mit sich finanziell im Einklang sein

Wann habe ich eigentlich genug?

Genug Aufträge, genug Urlaubstage, genug Vermögen? Wie kann ich ein Gefühl dafür bekommen, ob meine Ausgaben im Alter durch arbeitsunabhängige Einnahmen gedeckt werden? Oder ist eine Lücke zu erwarten? Wie kann ich meine persönlichen Finanzen stressfrei aktuell halten?

Fragen wie diese kennen alle, die von einem Smart Business leben. Doch gute Antworten, die Dich stärken, sind rar. Banken und Finanzberater verfolgen mit Blick auf Deine Situation ihre eigenen Interessen. Sie leben von dem Geld, das Deiner Rendite fehlt.

Dieses Buch leitet Dich an, Deine finanzielle Situation zu verstehen. Es hilft Dir dabei, Geld als ein Instrument zu gebrauchen – als ein Werkzeug dafür, ***das Leben zu leben, das Du gerne leben möchtest.***

Wir stellen Dir Schritte vor, die sich in unserem Alltag bewährt haben, um in die Geldfragen eine hilfreiche Ordnung zu bringen.

Wir laden Dich ein: Werde zu einem Menschen, der Verantwortung nicht mehr abgibt, sondern der selbst versteht und selbst entscheidet.

Wer es schafft, ein Smart Business zu betreiben, der kann es auch schaffen, seine persönlichen Finanzen in den Griff zu bekommen!

Hab dabei Geduld mit Dir selbst. Der Aufbau eines Vermögens braucht Zeit. Es geht hier um Jahre. Gut, dass Du mit diesem Buch startest!

Ein gutes Vorankommen wünscht Dir

Frank-Michael Rommert (FM)
smartbusinessconcepts.de

SMART BUSINESS FREIPUNKT GRUPPE

FM leitet die Freipunktgruppe

In unseren Gruppen sprechen wir über Ziele und Freiheiten. Hier eine unserer Meisterklassen.

Wann bist Du eigentlich frei, wirklich kreativ zu sein?

Wir stehen für smarte Geschäftskonzepte mit mehr Leichtigkeit. Aber wann beginnt das eigentlich – das freiere, kreativere Arbeiten? Ein Schlüssel dazu sind Deine Produkt-Treppe® und WIE Du arbeitest. Darüber haben wir in unseren anderen Büchern geschrieben.

Aber das ist nur die eine Hälfte des Spiels

Die zweite Frage ist, wann Du Dich sicher genug fühlst, das zu tun, was Dir wichtig ist. Und damit sind wir beim Geld und Deinem finanziellen Freipunkt. *Denn ohne Deinen Freipunkt zu kennen, fühlst Du Dich nicht sicher genug, wirklich frei zu arbeiten!* Viele Selbstständige schaffen es aber nicht, ihr Geld zusammenzuhalten. Es läuft ihnen durch die Hände. Das ist nicht smart. Denn Deine Freiheit hat zwei Seiten:

Geld verdienen und Geld behalten

Als wir *Frank-Michael Rommert* kennenlernten und sahen, wie er seinen Freipunkt berechnet und was das für Auswirkungen hat, begannen auch wir, private und geschäftliche Bereiche zugleich zu bilanzieren und zu flowtracken. Seitdem haben wir ein besseres Gefühl für unsere finanzielle Freiheit. Der Funke sprang über und wir bauen seitdem mit *Frank-Michael (FM)* die im Buch gezeigte Methodik weiter aus.

Daher hier unser erstes Buch in Kooperation.

Deine

Brigitte Conta Gromberg
Ehrenfried Conta Gromberg

smartbusinessconcepts.de

SMART BUSINESS INTENSIV GRUPPE

SMART BUSINESS MEISTER KLASSE

Du bist nicht selbstständig?

Unsere Systematik funktioniert auch bei Dir. Überlies einfach die Hinweise auf Geschäftsmodelle. Da, wo „Business" steht, füge einfach Dein Einkommen ein.

SMART BUSINESS CONCEPTS

So liest Du das Buch

Mindset

Dein Mindset einordnen
Einführung + Money-Types

Aufgabe
Komme Deinem Mindset auf die Spur

Einnahmen

Dein Business-Model prüfen
Einnahmen verbessern

Aufgabe
Die eigenen Produkte überprüfen

Mit der Treppe rechnen lernen
Einfacher und schneller kalkulieren

Aufgabe
Eine Lust zur Kalkulation entwickeln

Kapitel 4 bis 10 – Vermögen selbst verwalten

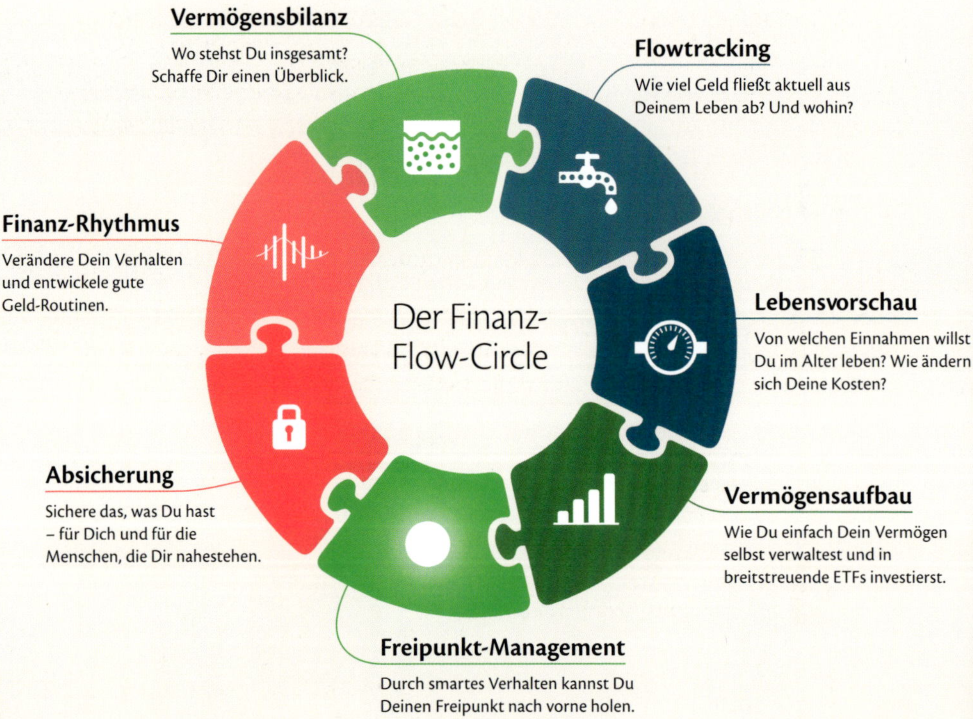

Mindset

Mindset-Kapitel am Ende
Freipunkt-Mindset

Aufgabe
Zentrale Fragen klären, glücklich werden

Tipp: Lies das Buch mit Notizbuch und Bleistift.

Mindset
Einnahmen
Vermögen
Ausgaben
Vermögen
Pflege des Systems
Mindset

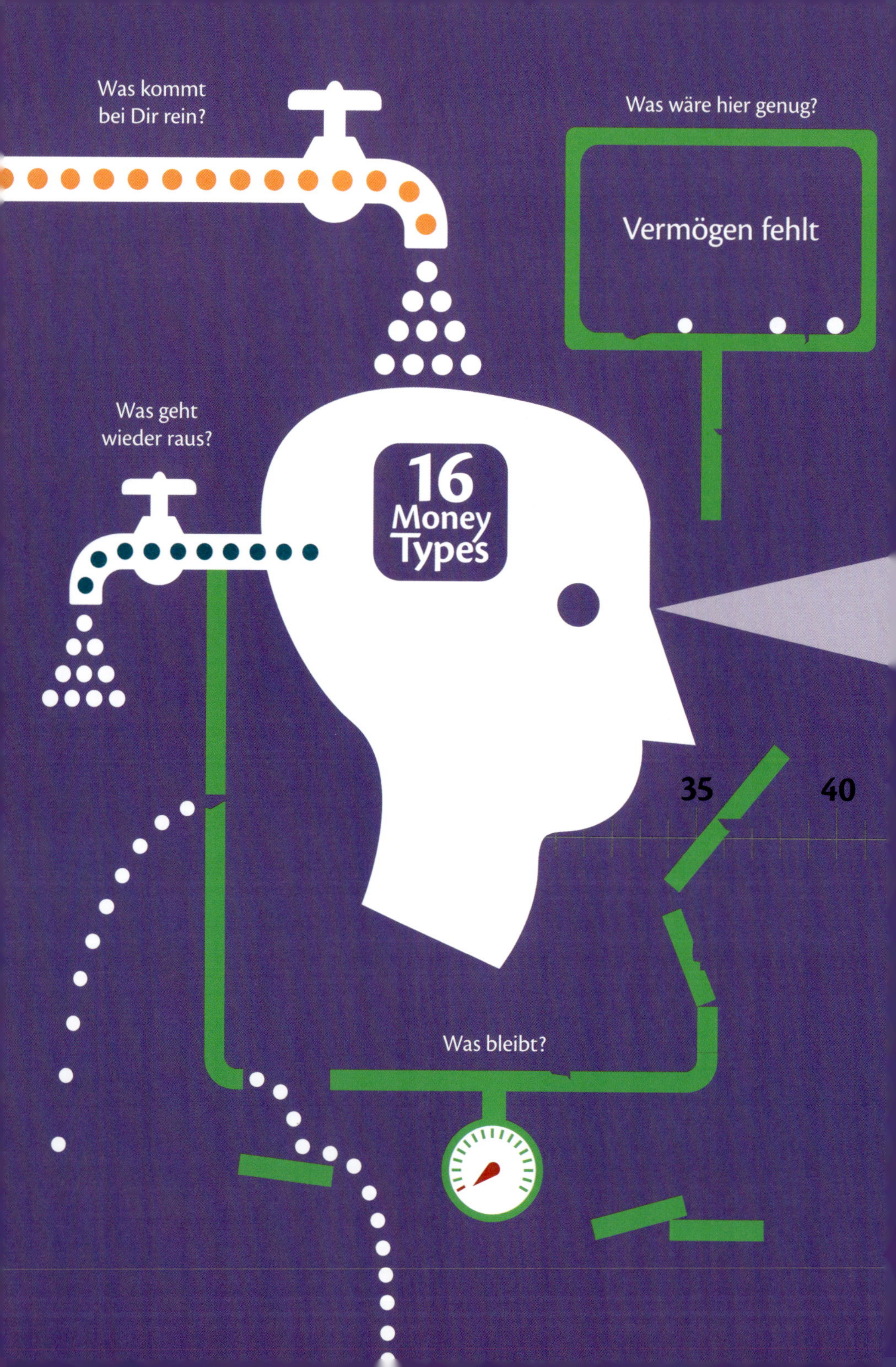

Was kommt bei Dir rein?
Was wäre hier genug?
Vermögen fehlt
Was geht wieder raus?
16 Money Types
35
40
Was bleibt?

Kapitel 1 – Die finanzielle Seite Deines Lebens

1 Wie viel ist genug?

Kennst Du Deinen Freipunkt?

Die Frage nach Deinem Genug

Wann hast Du genug, um nicht mehr arbeiten zu müssen?

Wissen wir nicht. Oft ist unser Geldverhalten „organisch gewachsen“. Wir haben uns Dinge an- und abgewöhnt. Als wenn ein Klempner ohne Bauplan lustig Rohre verschweißt hätte. An dieses Geldsystem wollen wir mit Dir ran.

Wie viel ist genug?

Du hast jeden Tag mit Geld zu tun. Hast Du aber auch einen Plan?

Es gibt kaum ein so emotionales Thema wie „Geld". Die Menge Deines Geldes hat mit Deinem Wohlergehen, Sicherheit, Status und vielen anderen „Dingen" zu tun. Geld hat viele Klangfarben.

Oft sind die Finanzen im Leben eines Selbstständigen aber eher grau. Wenn Du nicht aufpasst, gerätst Du in Deiner Selbstständigkeit schnell in einen reaktiven Modus. Du läufst den Dingen hinterher, einzelne Jobs, einzelne Rechnungen. Einzelne Anschaffungen stehen im Vordergrund. Geld entsteht – und ist sofort wieder weg. Es entwickelt sich kein runder Finanz-Flow. Gefühlt bist Du dann immer irgendwie zu knapp dran.

Vielleicht hast Du hin und wieder den Impuls, Du müsstest Dich mehr um Deine Finanzen kümmern. Aber dann ist doch immer etwas anderes vorrangig. Du kennst schon Deine Konten, überschlägst, was demnächst „reinkommt". Aber bereits die Schätzung, wie Deine Altersvorsorge aussieht, ist eher vage. Und regelmäßig etwas anlegen? Das passiert bei Dir, wenn überhaupt, eher nebenbei.

Zeit für eine einfache Frage

Wir wollen das bei Dir ändern. Mit einer einzigen Frage:

Wann hast Du genug Geld?

Eine harmlose Frage, die es in sich hat.

Vermutlich antwortest Du: *„Das kommt darauf an, wie meinst Du das?"* Und wir würden dann zurückfragen:

„Ganz richtig, es kommt tatsächlich darauf an, wovon man spricht. Aber halten wir es zunächst ganz einfach:

Wofür möchtest Du genug Geld haben? Wie lange soll das Geld reichen? Wann willst Du das Geld haben? Und wie viel Geld ist bei Dir genug?"

Ganz oft passiert dann dies:

- Du setzt Dich hin und beginnst zu rechnen.
- Aber ganz gleich, wie Du vorgehst – Du kannst es nicht sagen.

Es liegt nicht daran, dass Du nicht intelligent bist. Aber Du zögerst: Was will ich eigentlich? Wie viel habe ich? Was kann ich wirklich wo ansetzen? Was zählt eigentlich alles zu meinem Vermögen? Welche Anlagen und Verträge sind sicher? Ist schon genug da oder fehlt da etwas?

Oft macht sich Unsicherheit breit. Dann die Erkenntnis: Du hast keine klare Vorstellung, wie das, was Du hast, und das, was Du brauchst, zusammenhängen. Dein Geld fließt ohne Logik durch Dein bisheriges System.

Es ist Zeit, die finanzielle Seite Deines Lebens zu klären

Wir machen Dir Mut, ab heute konsequent Deinen ***Freipunkt*** im Auge zu behalten. *Den Zeitpunkt, ab dem Arbeit für Dich optional wird.* Das startet damit zu wissen, „was bei Dir läuft", und es mündet in dem Ergebnis, dass Du weißt, ***wann Du genug hast.*** Das kannst Du berechnen.

Deutschland reduziert diese Frage rein auf „die Rente". Gemeint ist damit eine staatliche (oder anders organisierte) Rente. Wir stellen die Frage grundlegender. Wir sprechen von Deinem ***Freipunkt***. Dem Zeitpunkt, ab dem Du selbst bestimmen kannst, wie viel Du noch arbeiten willst.

Warum Du den Freipunkt selbst berechnen solltest

- Wie groß müsste Dein Vermögen sein, dass Du Dich zur Ruhe setzen könntest? Ab wann könntest Du aus der Selbstständigkeit ausgleiten?
- Wann ist genug Geld da sein, um sorgenfreier zu leben?

Uns konnten diverse Finanzprofis diese Fragen nach dem „Genug" nicht schlüssig beantworten. Sie dachten nur in Zahlen. Die Antworten waren oft sehr vage und zielten auf den Verkauf einzelner Finanzprodukte. Nach mehr als einer schlechten Beratung beschlossen wir, das Thema selbst in die Hand zu nehmen. Heute sind wir überzeugt: ***Du brauchst eine eigene Methode, Deinen Freipunkt zu berechnen.*** Wenn Du dies nicht kannst, wirst Du an der einfachen Genug-Frage scheitern.

4 Gründe für Dein eigenes Vermögen

Davon auszugehen, dass der Staat es schon richten wird, ist in der Selbstständigkeit naiv. Gerade Soloselbstständige bauen deshalb meist eigenes Vermögen auf. Wenn Du gestalten möchtest, brauchst Du also Geld. Die Frage ist nur: Wie viel? Dabei hat Dein Vermögen mehrere Funktionen. Hier sind vier wesentliche Gründe, warum wir dazu raten.

Freipunkt = Auftragsarbeit wird optional

Für uns ist der Freipunkt nicht das Gleiche wie Rente. In der Regel hören z.B. Kreative nicht auf, tätig zu sein. Sie wollen nur bestimmen, was sie tun. Sie wollen wissen, ab wann sie frei sind, eigene Schwerpunkte zu setzen. Diese Freiheit hat mit Vermögen zu tun.

Vermögen für die dritte Lebenshälfte

Die Finanzierung Deines Lebens im Alter ist ein starker Grund, Vermögen zu haben. Vielleicht kennst Du Deine staatliche Rente und weißt, wie wenig das ist. Oder Du hast (bewusst) wenig Rente aufgebaut. In beiden Fällen brauchst Du eigenes Vermögen.

Vermögen entstresst Selbstständigkeit

Vermögen beruhigt. Ein Auftrag kommt nicht wie versprochen rein, ein Projekt verschiebt sich. So what? Hast Du ein Vermögen, kannst Du immer entspannt weitermachen. Lästige Kunden nimmst Du gar nicht mehr an. Das steigert die Lebensqualität ungemein.

Schwarzen Schwänen den Vogel zeigen

Hast Du gedacht, dass einmal ALLE Theater, Kinos, Restaurants etc. für ein Jahr schließen müssen? Nein. Wir auch nicht. Smarte Home-Office-Entrepreneure haben Corona gut abgewettert – wenn sie Rücklagen hatten. Dann konnten sie systemunabhängig handeln.

4 Dinge, die mit Vermögen möglich sind

Smart sein bedeutet für uns, unabhängig selbst steuern zu können. Nicht fremdbestimmt zu werden, die eigene Qualität selbst festzulegen, einen eigenen Rhythmus zu haben. Kurzum: Frei zu sein. Das ist nur möglich, wenn auch Deine Geldkonstruktion solide steht. Kommst Du mit Deinen Finanzen klar, dann kannst Du Deine Biografie smart ausrichten.

Du kannst Dein inkonsequentes System loswerden

Es geht um Haltung und Lebensstil. Häufig sind wir inkonsequent und irrational (die tückischen Vier: *Faulheit, Feigheit, Fixierung, Falsche Bilder*). Die Folge: ein schlecht gebautes System, schiefe Gewohnheiten. Nimm dieses Buch als Chance, das zu ändern.

Du kannst biografische Unfälle oder Fehler korrigieren

Vielleicht hast Du Vermögen verloren durch Scheidung, Krankheit, Unfälle, Krisen, das Scheitern einer Firma. Eigene Fehler – gepaart mit eigennutzgesteuerten Finanz-Beratern – sind weitere Ursachen. Gerade dann solltest Du wieder neu starten. Je früher, umso besser.

Einem „unnormalen" Lebenslauf einen Rahmen geben

Du lebst in einer Lebensform, die vom BGB nicht geregelt wird (eheähnliche Partnerschaft etc.)? Du bist ausgestiegen, quer eingestiegen oder zugewandert? Ein eigenes Business und eigenes Vermögen kann Dein Leben auf neue, eigene Füße stellen.

Du kannst sinnvoll und kreativ gestalten und leben

Du möchtest Bäume pflanzen, forschen, Deine Stadt verändern, in einer Stiftung Vorstand sein, Schönes gestalten, Projekte umsetzen, Bücher schreiben? Vieles ist möglich, wenn Du eigene Mittel hast. Wer gestalten kann, lebt gesünder, wirksamer, glücklicher.

Der Hans-im-Glück-Fall

Wenn Du 25 bist, solltest Du Dich über diese Grafik freuen. Vermögen wächst mit der Zeit. Viele 50-Jährige, mit denen wir sprechen, sagen: *„Hätte ich das einmal vor Augen gehabt."* Fakt ist: Je früher Du beginnst, Vermögen aufzubauen, umso einfacher ist es.

Bei Hans im Glück läuft es wie im Bilderbuch. Start des eigenen Business mit 29, Start des Vermögensaufbaus ab 32. Die Biografie klettert stetig auf ein höheres ***Einkommens- und Produktivitäts-Niveau***. Die Anerkennung und die Einnahmen wachsen mit der Erfahrung. Am Ende Happy End. Bei einem solchen Lebenslauf kannst Du Deinen Freipunkt nach vorne holen. Wie weit, hängt von Deinem Genug ab. Darüber sprechen wir ausführlich.

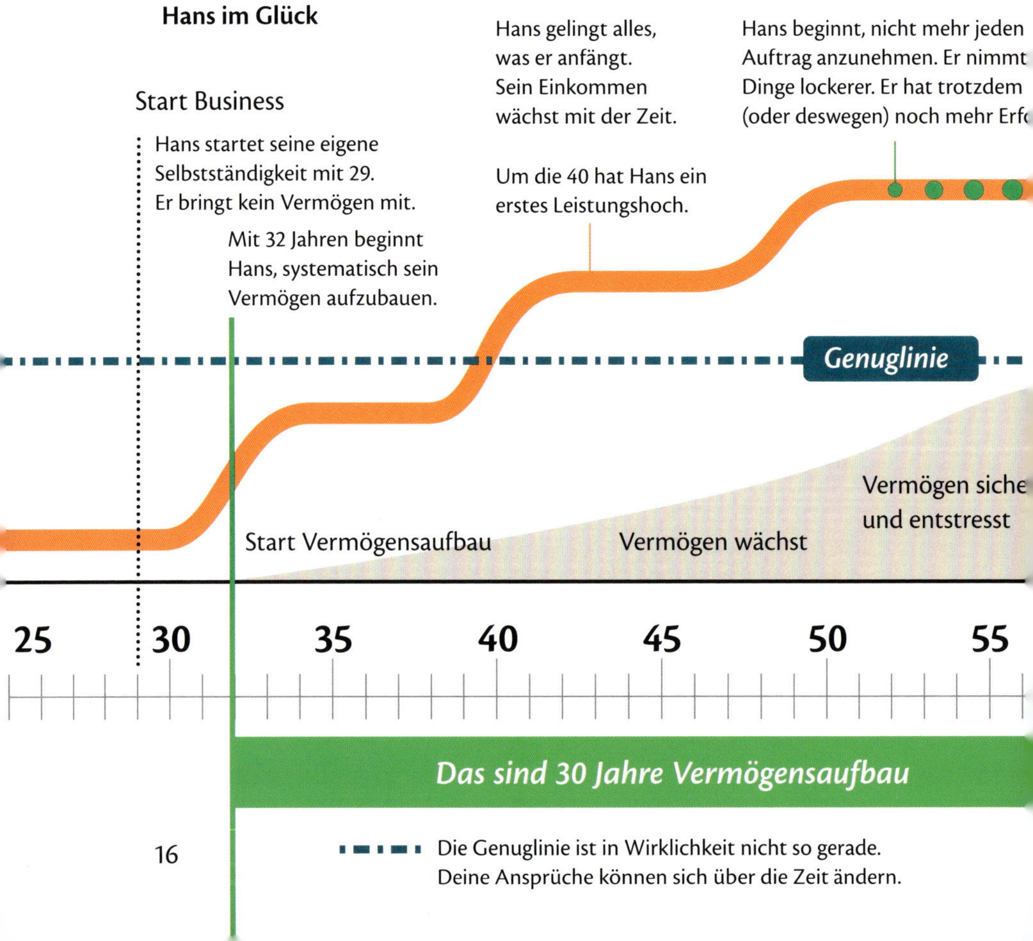

Freipunkt

In diesem Buch ist „die Rente“ nicht das Zielsystem. Wir führen mit diesem Buch einen anderen Begriff ein: den „Freipunkt“.

Der Freipunkt ist der Zeitpunkt, von dem an Dein Vermögen Deine Lebenshaltung finanzieren könnte. Ab diesem Punkt wird es ***optional, ein Arbeitseinkommen zu erzielen.*** Das bedeutet nicht, dass Du zwingend aufhörst, Geld zu verdienen. Es bedeutet aber, dass Du ab dann in einer ganz anderen Freiheit tätig sein kannst als zuvor.

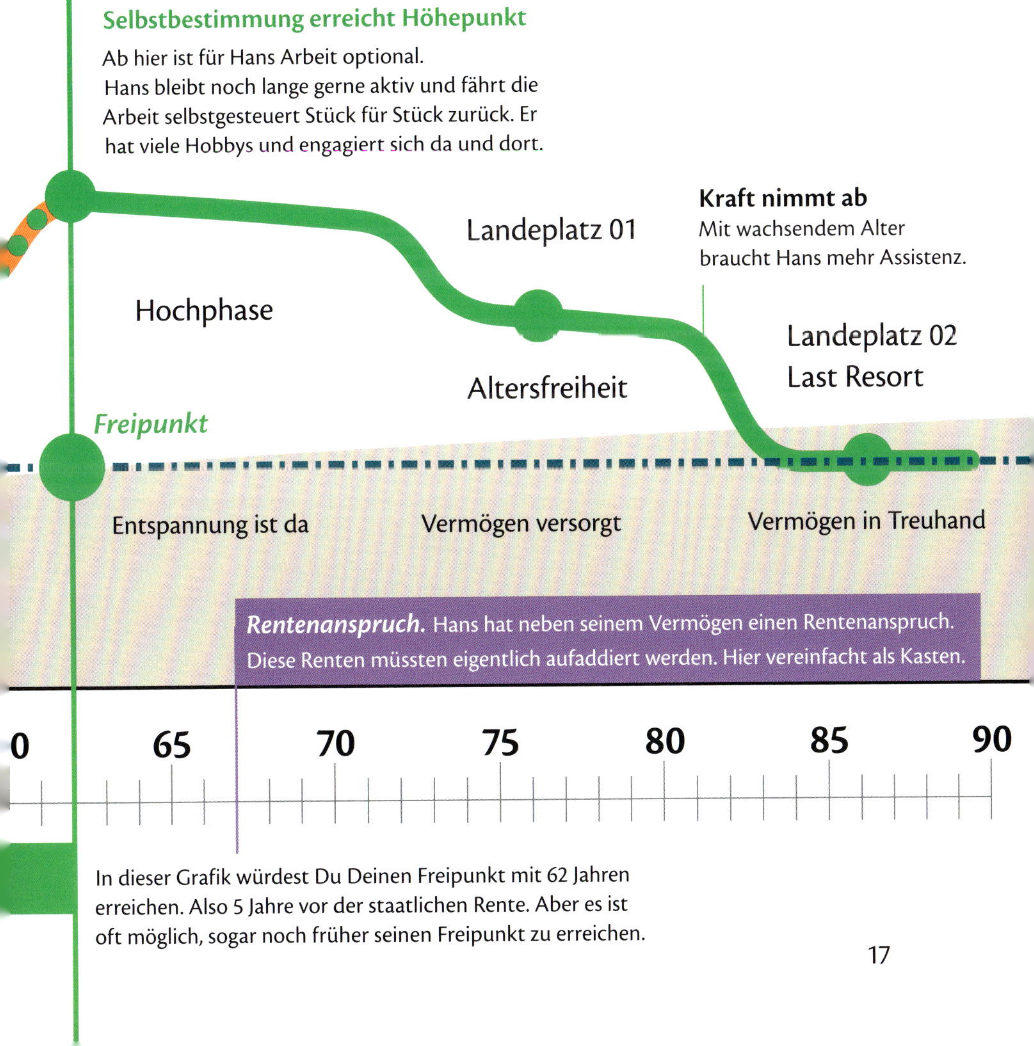

In dieser Grafik würdest Du Deinen Freipunkt mit 62 Jahren erreichen. Also 5 Jahre vor der staatlichen Rente. Aber es ist oft möglich, sogar noch früher seinen Freipunkt zu erreichen.

Helga, der späte Glücksfall

Oft kommt die Frage: *„Ich bin schon älter, lohnt sich das überhaupt noch?"* Ja, es lohnt sich! Dazu malen wir einmal einen Worst Case an die Wand.

Was würde passieren, wenn Du erst mit 52 bei 0 anfängst?

Im Fall unten würde bei Helga mit 45 Jahren *(also recht spät)* ein hartes Ereignis zum Vermögensverlust führen. Auch hat sie so gut wie keinen Rentenanspruch. ***Keine gute Kombi.*** Sehen wir uns das genau an: Bei Helga dauert es sieben Jahre, bis sie mit einem neuen Konzept wieder einigermaßen auf den Füßen steht. Der Lebensstandard ist eingebrochen, die Genuglinie hat sich nach unten geschoben. Dann läuft es wieder. Ihr gelingt es, bis 62 noch einmal das Einkommen nach oben zu ziehen.

Ab 52 beginnt Helga konsequent den zweiten Vermögensaufbau. Sie achtet auf ihr Genug und ihre Investment-Sparquote.

Crash-Fall – Schwerer Vermögensverlust mit 45

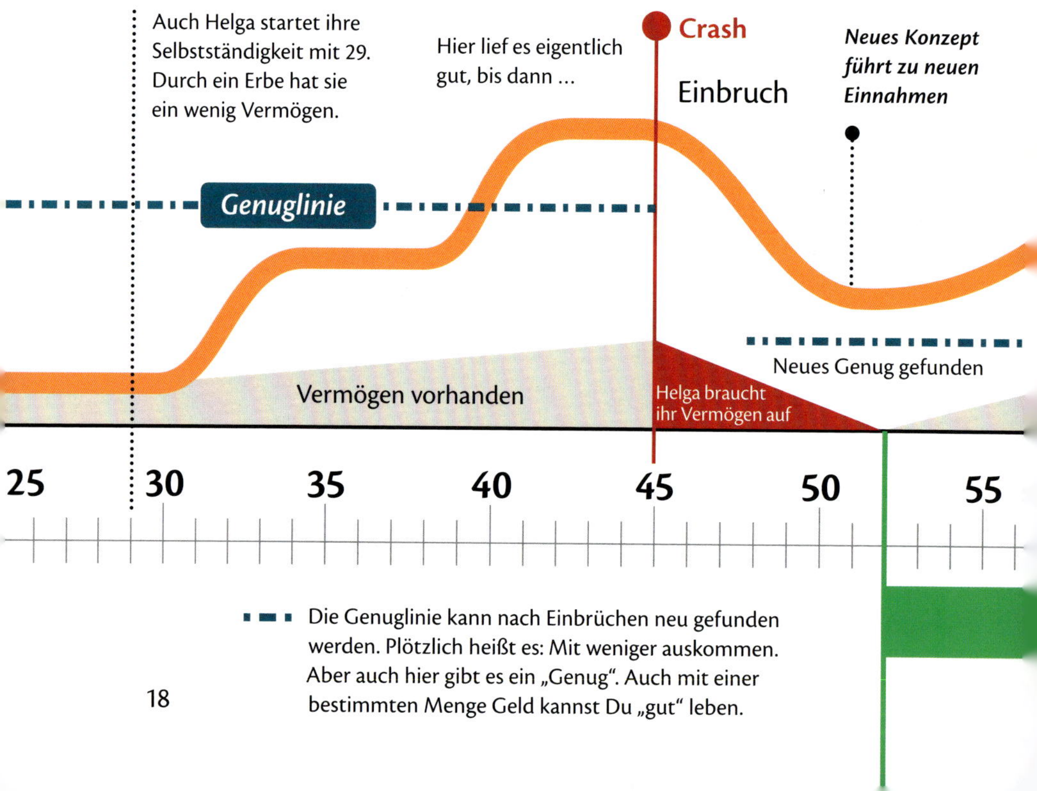

Die Genuglinie kann nach Einbrüchen neu gefunden werden. Plötzlich heißt es: Mit weniger auskommen. Aber auch hier gibt es ein „Genug". Auch mit einer bestimmten Menge Geld kannst Du „gut" leben.

Helga schafft es noch, 20 Jahre Vermögen aufzubauen

52 bis 72 – das sind 20 Jahre! Auch bei einem engen Szenario ist es möglich, Vermögen aufzubauen. ***20 Jahre sind keine Kleinigkeit!*** Viele werfen zu schnell die Flinte ins Korn und rechnen sich das nicht durch.

Genuglinie, Sparquote, Freipunkt

Wenn Du diese drei Stellgrößen beachtest, kannst Du auch nach 50 durch ausdauerndes Verhalten viel erreichen. In den Folgekapiteln werden wir Dir zeigen, wie Du das berechnest. Wir versprechen nicht, dass in jeder Situation Reichtum entsteht. Darum geht es in diesem Buch auch nicht. Es geht um Deinen ***Freipunkt***, um das Vermögen, mit dem Du ein selbstbestimmtes, genussvolles Leben leben kannst.

- Werde Dir bewusst, wie lang das Leben nach 50 noch ist.
- Zögere nicht, denn jedes Jahr zählt beim Vermögensaufbau.

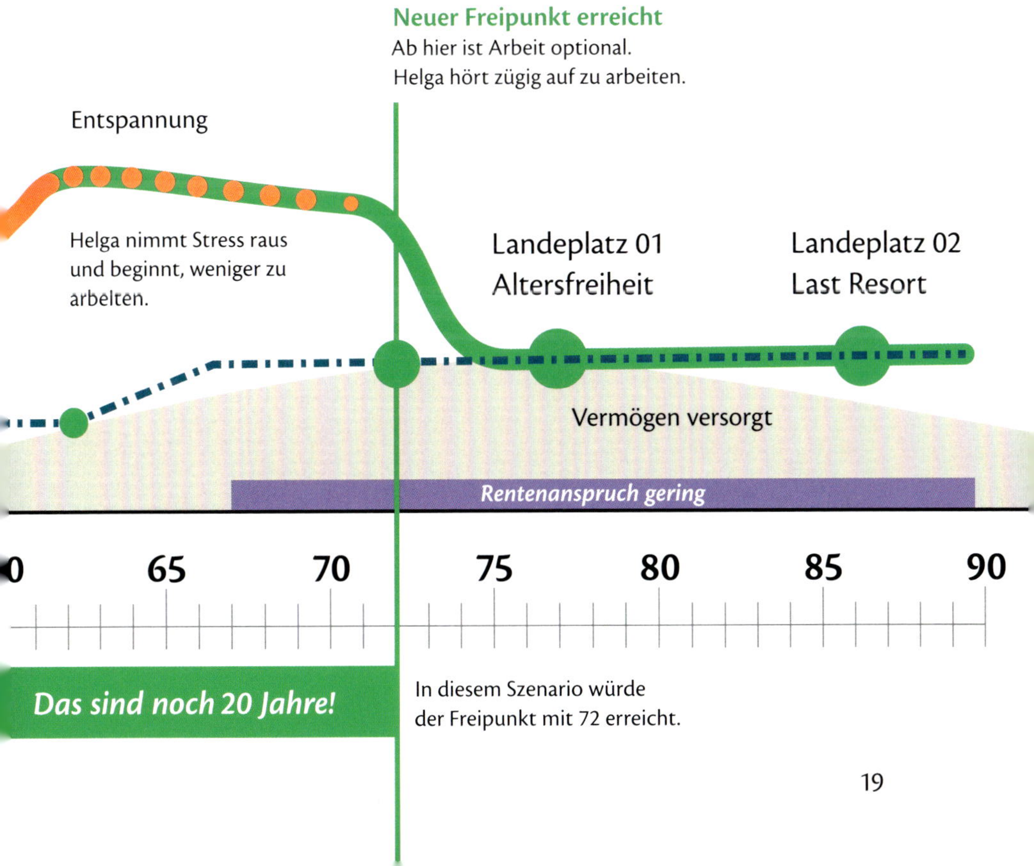

Du kannst wissen und Du kannst gestalten

Es ist möglich zu klären, was Du tun musst, damit Du genug Geld hast. Wenn Du Dein Vermögen ernst nimmst, hörst Du mit Halbheiten auf. Dabei gibt es einen ersten, wichtigen Zusammenhang.

Du bestimmst, wie groß Dein Vermögen sein muss

Freipunkt-Mindset

Ob Du genug hast, hängt davon ab,
was Du später anfangen möchtest.

Vermögen hat mit den ***Zielen*** zu tun, nach denen Du Dich ausstreckst. Wie viel für Dich genug ist, hängt daher von einer Kombi aus faktischen und psychologischen Aspekten (Deinen Wünschen) ab.

- Was brauchst Du, um Dinge tun zu können? — *Faktischer Aspekt*
- Was wünschst Du Dir? Freipunkt-Mindset. — *Ziele & Mindset*

In dieser Beobachtung steckt der zentrale wichtige Mindset-Hebel: ***Den zweiten Aspekt*** bestimmst Du selbst! Du bestimmst, was Du Dir wünschst. Du kannst also selbst regeln, ***wie groß das Vermögen sein muss***, das Dich zu Deinen Zielen bringt.

Hast Du das einmal verstanden, wäre es eigentlich einfach, das Vermögen aufzubauen, das Dir einen sorgenfreien Wunsch-Lebensstil ermöglicht:

- ***Wünsche Dir Dinge, die Du Dir leisten kannst!***
- Trage ein Vermögen zusammen, dass Dir ab einem Zeitpunkt diese Dinge ermöglicht, ohne dass Du noch groß weiterarbeiten musst.
- Pflege und achte dieses Vermögen.
- Lebe ein entspanntes, freies Leben und genieße Dein Dasein.

Klingt zu einfach? Richtig, irgendwo ist ein Haken. Dieser Haken liegt vor allem in uns selbst. Wir wünschen und handeln häufig sehr irrational. Unser Planet, das Geld und wir, das ist ein großes Thema.

Das Problem der Konsequenz

Geld ist emotional, weil viele Menschen alles Mögliche an dieses Symbol hängen. Wenn wir ein wenig Abstand halten, tun wir uns einfacher, Geld und andere Assets als das zu sehen, was sie sind: Werkzeuge, die uns versorgen. Dieser nüchterne Blick auf Dein Vermögen hilft Dir, angemessener zu handeln. Überfrachten wir uns mit Reichtums-Fantasien, verhalten wir uns nicht so, dass unsere erreichbaren Ziele wahr werden.

- Wir wollen zu viel und tun zu wenig.
- Wir verbrauchen unsere Energien in Fantasien.
- Wir haben keinen Überblick, was wir in unserem Leben verbrauchen.
- Wir glauben nicht, dass Sparen (Investieren) eine Auswirkung hat.
- Wir wünschen uns Dinge, die absolut blödsinnig sind.
- Wir haben nicht die Disziplin, uns an einen Plan zu halten.
- Wir zerstören (riskieren) mehr, als dass wir schützen.
- Wir wissen nicht, wie wir unser Vermögen pflegen.
- Wir können nicht genießen, was wir haben.

Es ist schnell passiert, in eine dieser Fallen zu tappen. Oft liegt es daran, dass wir unbedacht irgendwelchen Vorbildern oder Ratschlägen folgen. Daher die Frage: Was wäre, wenn Du aufhörst, inkonsequent zu sein und den seltsamen Lebensmustern anderer zu folgen? Was wäre, wenn Du ab heute beginnst, konsequent einen eigenen Lebensstil zu praktizieren?

System- und Mindset-Buch

In diesem Buch findest Du ein System, mit dem Du ein zu Dir passendes Vermögen aufbaust. Das geht, ohne dass Du Dich mit obskuren Finanzanlagen beschäftigst. Die meisten Dinge, die wir Dir zeigen, sind normalvernünftig und einfach zu verstehen. Es braucht nur Deinen Willen, Konsequenz, einiges an Zeit und eine zu Deinen Zielen passende Haltung. Diese Haltung nennen wir das ***Freipunkt-Mindset.***

Wir zeigen Dir also beide Elemente: Ein System, wie es faktisch geht, und Vorschläge für ein dazu passendes Mindset. Fangen wir auf der nächsten Seite einmal mit 16 verschiedenen Geld-Umgangsmustern an.

Differenziert über Geldverhalten zu sprechen, ist nicht einfach. Oft geht man über Etiketten wie *„geizig, verschwenderisch, gründlich"* etc. nicht hinaus. Die hier skizzierten Mindset-Muster helfen, Dein Geldverhalten zu überdenken.

Vielausgeber

reduzieren ihre Ausgaben nicht

Status-Käufer	Machtkäufer. Wollen ihren Status markieren. Tun dies durch Autos, Luxus, Symbole. Hier wird Dingen viel Wert gegeben. Der eigene Status macht sich an diesen Symbolen fest.	Arbeiten dafür oft sehr hart.
Null-Nuller	Wissen nicht, wie viel etwas wert ist. Erarbeiten sich nichts selbst, wollen aber viel haben. Geben null und übernehmen null Verantwortung. *„Ich habe ein Recht darauf."* Wohlstandserben.	Arbeiten nicht dafür.
Shopper	Impulskäufer. Emotionale Befriedigung durch Kaufmoment. Kaufen ein, um einzukaufen. Nicht zwingend Luxus- oder Statusgegenstände. Kaufen macht Spaß. Extremfall: Kaufsucht.	Fühlen es. Belohnung.
Loch-Eimer	Denken nicht über ihr Geldverhalten nach und verlieren durch viele kleine Löcher ständig Geld. Ein weit verbreiteter Typ. Unreflektierte „Gesellschafts-Mitschwimmer".	Fühlen es nicht. Es „passiert".

Jongleure

versuchen, aus Luft viel zu machen

Spekulanten	Spieler. Haben ihre Konzentration auf einem Quick-Win, nicht auf einer produktiv-konstruktiven Arbeit. Glücksspiel, Lotto, Optionsscheine, Day-Trading, opportunistische Ideen.	Spielen mit oder ohne System.
Schnäppchen-jäger	Kaufen NUR Sonderangebote. Gegenteil vom Status-Käufer. Sie kaufen, wenn es billig ist. Ohne Rücksicht auf Verluste. Sie holen sich einen ETF, nur weil die Gebühr „günstig" ist.	Reizgesteuert. Manipulierbar.
Schulden-Macher	Erzeugen künstlich Einnahmen durch Kredite. Überziehen ihr Konto. Borgen sich im Extremfall auch Bargeld. Berechnen nie, was sie das kostet. Ihre Vermögensbilanz ist immer im Minus.	Meiden Realität. Sind Abkürzer.
Vermeider	Vermeiden Geld unbewusst oder bewusst. Bauen sich wackelige Hilfskonstrukte auf. Mogeln sich durchs Leben. Vermeiden Dinge, die Geld bringen. Mühen sich nicht um Geld. Lassen es gehen.	Meiden Realität. Scheuen Konflikt.

Diese Typologie stammt von uns. Bezeichnungen wie *Loch-Eimer, Null-Nuller* haben wir mit einem leichten Augenzwinkern gewählt. Wie bei allen Typologien, wirst Du vermutlich je nach Situation und Thema unterschiedliches Verhalten an den Tag legen.

Wenigausgeber

haben ihre Ausgaben reduziert

Genügsame	Sind mit wenig zufrieden. Leben das oft unbewusst. Haben eine Kultur des Happiness / Wellbeings. Freuen sich an kleinen Dingen. Sehen nicht ein, groß Geld für etwas auszugeben.	Planung niedrig. Investieren nicht.
Frugalisten	Bewusste „Extremsparer". Geben so wenig wie möglich aus und legen so viel wie möglich an. Investment-Sparquote liegt bei über 50 %. Frugalisten wollen frühstmöglich ihren Freipunkt erreichen.	Planung hoch. Investieren viel.
Minimalisten	Haben bewusst einen hochwertig reduzierten Geschmack. Kaufen wenig. Das aber meist von hoher Qualität. Langlebigkeit. Aufgeräumtheit. Zen-Mind. Die Dinge wertschätzen, die man hat.	Dinge werden wertgeschätzt.
Asketen	Geldbesitz wird als Ablenkung oder Gefahr gesehen, weil es den „unberührten" Status verletzt. Hat oft spirituelle Gründe. Oder Reformer. Etwas Höheres wird als wichtiger angesehen.	Dinge sind nicht so wichtig.

Wirtschafter

arbeiten mit vorhandenen Werten, pflegen diese

Haushalter	Wirtschaften. Achten darauf, dass Dinge nicht „ausgehen". Verwalten Güter und Geld. Vorsicht: Knappe Haushalter geben genau das aus, was sie haben. Dann fehlt Geld für das Investment.	Übersicht im Tagesgeschäft.
Flow-Tracker	Schaffen sich bewusst Gesamtüberblick. Vermögensbilanz und Ausgabeverhalten. Überprüfen laufend die eigenen Zahlen und ziehen daraus entsprechende Schlüsse. Sind analysestark.	Übersicht auf langen Zeitraum.
Anleger	Legen Geld an. Investieren Geld in Assets. Anders als Spekulanten, haben sie dabei eine produktiv-konstruktive Sicht. Anlage ist solide und schafft echte Werte. Bis hin zu SRI / ESG.	Legen in externen Systemen an.
Entrepreneure	Sind selbstständig und bauen eigene (smarte) Betriebe auf. Wir nennen schlanke, digitale Betriebe *Smart Business Concepts*. In diesen erwirtschaften sie über wertvolle Produkte Geld.	Bauen eigene Systeme auf.

Wir denken sie als Smarte Entrepreneure. Du kannst hier gerne auch die Begriffe ***Selbstständig*** oder ***Unternehmer*** verwenden. Bist du angestellt, hast Du dieses Quadrat nicht.

Wie gehst Du mit Geld um?

Bunte Vögel contra Normalfamilie?

Es geht beim Vermögen um mehr als Geld. Es geht um Deinen Lebensstil. Vielleicht hast Du Dich bei den Geld-Persönlichkeiten gefragt, warum wir viele „bunte Vögel" aufzählen, anscheinend extreme Typen.

Reicht es nicht, einfach „normal" zu sein?

Was ist mit den „normalen" Familienversorgern, die am Ende des Monats das ordentlich ausgegeben haben, was hereingekommen ist? Sie versuchen doch, mit ihren Einnahmen „auszukommen". Wenn das für Dich der „Normalfall" ist, dann hinterfrage bitte ab jetzt dieses Bild:

- Fast alle neigen dazu, das auszugeben, was hereinkommt. Unabhängig von der Höhe des Einkommens!
- Familien mit einem Monatseinkommen von 8.000 € tun dies.
- Familien mit einem Monatseinkommen von 1.200 € tun dies auch.
- Sind sie „normal"? ***Beide Familien haben am Ende KEIN Vermögen.***

Wenn jemand mit seinem Geld passgenau *„auskommt"*, nennen wir das ab jetzt *„knappe Haushalter"*. Es ist eine bestimmte Haltung zum Geld. Knappe Haushalter organisieren sich so, dass am Ende genauso viel Geld ausgegeben wird, wie reinkommt. Bedingt durch Vorbilder wie Eltern, Umfeld, Freunde etc. Das ist besser, als Schulden zu machen. ***Aber es ist ein Lebensstil, bei dem kein Vermögen entsteht.*** Beide Familien könnten auch weniger ausgeben. Beide Familien könnten sich also auch so verhalten, dass am Ende ein Vermögen wächst: kleiner oder größer.

Dein Geldverhalten ist der Schlüssel zu Deinem Vermögen

Natürlich kann jemand mit höherem Einkommen leichter sparen. Das Leben ist nicht unbedingt gerecht. Hier geht es aber erst einmal nur um Dein Geldverhalten. Und wir sagen: ***Habe Geldcharakter.*** Denn willst Du „normal" sein, ein „knapper Haushalter", wirst Du es nur schwer schaffen.

Werde also eine bewusste Geld-Persönlichkeit.

16 Money Types

16 mögliche Lernfelder

Du lebst in einer freien Gesellschaft. Bedeutet dies, dass jedes Verhalten gleichwertig ist? Nein. Weder für Deinen Freipunkt, noch für den Planeten. Hier einige mögliche Mindset-Entwicklungspfade.

Vielausgeber	*Was kannst Du hier verbessern?*
Status-Käufer	Selbstwert nicht über Statussymbole aufzubauen.
Null-Nuller	Zu wissen, wie viel es kostet, etwas zu haben.
Shopper	Gezielt und vorbereitet einzukaufen (mit Abstand).
Loch-Eimer	Einen echten Überblick zu haben, was (ständig) rausgeht.

Jongleure	*Was kannst Du hier verbessern?*
Spekulanten	Keine Luftgeschäfte zu machen. Spekulation zu meiden.
Schnäppchen-Jäger	Gezielt und vorbereitet einzukaufen (auch Schnäppchen).
Schulden-Macher	Kredite und indirekte Kosten zu meiden, wo möglich.
Vermeider	Endlich Rückgrat zu zeigen und Selbstwert aufzubauen.

Wenigausgeber	*Was kannst Du von diesen Typen lernen?*
Genügsame	Die kleinen Dinge zu schätzen und genügsam zu sein.
Frugalisten	Mehr zu sparen, um dies dann gezielt anzulegen.
Minimalisten	Aufzuräumen, weniger zu haben, Qualität zu schätzen.
Asketen	Das Wichtige im Auge zu behalten. Nicht korrupt zu sein.

Wirtschafter	*Was kannst Du von diesen Typen lernen?*
Haushalter	Zu haushalten. Einen Haushalt / Betrieb zu führen.
Flow-Tracker	Wirklich einen fundierten Überblick zu haben, zu bilanzieren.
Anleger	Gezielt und gekonnt Assets aufzubauen und zu managen.
Entrepreneure	Eigene Produkte erfolgreich zu machen.

Zwei Entwicklungs-Richtungen

Viele Vermögensprogramme konzentrieren sich auf die Einnahmen. Das ist einseitig. Denn ein höheres Einkommen ist nicht immer erreichbar, und hohe Einnahmen helfen nicht, wenn Du Dein Geldverhalten nicht änderst.

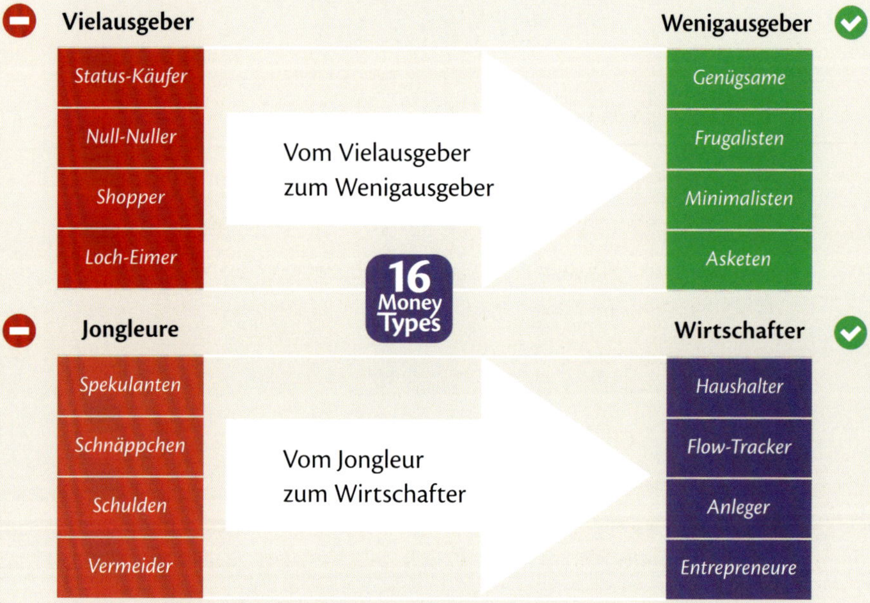

Unterschätze nicht die Wirkung eines geänderten Geldverhaltens

Mit einem Freipunkt-Mindset machst Du zweierlei: Du reduzierst Deine ***Ausgaben*** und lernst, konsequent ***mit Geld zu wirtschaften***. Die Gesamtrichtung ist einfach: Baue destruktives Geldverhalten ab und stärke Deinen bewusst konstruktiven Umgang mit Geld. Damit wirst Du zu einer ausgewogenen konstruktiven Geld-Persönlichkeit.

Damit haben wir besprochen, ***warum*** es gut ist, ein Vermögen zu haben und in welche Richtung Du Dein ***Verhalten*** ändern kannst. Natürlich hat das ganze Spiel auch etwas mit Deinen Einnahmen zu tun. Das sehen wir uns in den nächsten beiden Kapiteln an.

think smart!

Die sieben Freipunkt-Thesen

1. ***Es ist möglich, eine individuelle Antwort auf die Frage zu finden,*** wann Du genug Aufträge, Urlaubstage, Rente, Vermögen etc. hast.
2. Der Weg zur Antwort führt über den Einsatz von Methoden, ***die kostenlos einsetzbar sind.***
3. Dein Umgang mit Geld zeigt, ***was Dir im Leben wirklich wichtig ist.***
4. Bewusst mit Geld umzugehen, ***ist eine kraftvolle Achtsamkeitsübung.***
5. ***Wer keine eigenen Ziele hat,*** dient den Zielen anderer (z.B. seinen Kunden, Banken, Konzernen, Beratern, der Politik).
6. ***Konkrete eigene (finanzielle) Ziele lassen sich finden*** und Jahr für Jahr an veränderte Gegebenheiten anpassen.
7. Ein erfülltes Leben mit genug Zeit und Geld für das, was Dir wichtig ist, ist möglich, ***wenn Du konstant mit einem Freipunkt-Mindset handelst.***

An den einzelnen Thesen arbeiten wir das ganze Buch hindurch. Im Kapitel 11 geht es dann noch einmal um Dein ***Freipunkt-Mindset***. Dort kommen wir unter anderem auf die These 3 zurück.

Am Ende des ersten Kapitels noch kurz unsere Position.

- **Wir sind selbstständig**

Wir lieben Selbstständigkeit, haben eigene Firmen und daher einen anderen Finanzfluss als Angestellte. Wenn Du ein Solopreneur, smarter Experte, Selbstständiger oder Unternehmer bist: Sei herzlich Willkommen. Speziell für Dich haben wir das ***Finanz-Flow-System*** entwickelt. Du kannst dieses Buch jedoch auch mit Gewinn durcharbeiten, wenn Du angestellt bist. Viele Dinge in puncto Geldumgang sind gleich bis ähnlich. Nur bei den Einnahmen hast Du dann ein anderes Setting. Wir bevorzugen die Selbstständigkeit, weil wir dort unseren Freipunkt besser steuern können.

- **Wir verzichten auf spektakuläre Klimmzüge**

Wir werden Dir nicht den Himmel auf Erden versprechen, Dich aber auch nicht in einer Opferhaltung lassen. Du kannst Deine Finanzen nicht nur in den Griff bekommen, Du kannst das für Dich passende Vermögen aufbauen. Das ist eine Frage Deiner Disziplin (und ab welchem Alter Du einsteigst). Erwarte nichts Spektakuläres, keine Top Secrets. Wir sind politisch neutral und repräsentieren eher „die Mitte" der Gesellschaft. Aber „Mitte" bedeutet für uns nicht „normal". Wir sind hanseatische „Aussteiger", die das Momentum nicht aus der Spekulation, sondern aus der Kontinuität holen. Aber wir sind Aussteiger. Bestimmte Selbstverständlichkeiten (was man so haben muss) hinterfragen wir rigoros. Zum einen, um möglichst früh eine hohe Unabhängigkeit zu erreichen, zum anderen, damit unser Planet irgendwann wieder einmal Luft holen kann.

- **Wir übernehmen Verantwortung**

Wir werden wenig über den Staat sprechen. Nicht, weil wir ihn nicht wichtig finden. Wenn Du aber die Verantwortung für Deine Altersversorgung an „den Staat" abgibst, gibst Du Verantwortung ab. Du drückst Dich vor der Frage, ob Du (und Deine Familie) später „genug" haben wirst. Du drückst Dich auch vor der Frage, ob andere Dich dann versorgen müssen, ob Du ausreichend Mittel in der Hand hast, diese Welt zu verbessern etc. Oder anders gesagt: ***Für uns ist es eine Haltung der Verantwortung und der persönlichen Freiheit, Vermögen aufzubauen und zu pflegen.***

think smart!

Zusammenfassung

Hast Du genug Geld?

- Ohne Wissen, wann Du genug hast, bist du im Blindflug.
- Dein Vermögen und Dein Lebensstil bedingen einander.
- Wie viel genug ist, bestimmst Du selbst: Durch Deine Ziele.

Es lohnt sich, Vermögen aufzubauen

- Vermögen braucht Zeit und Disziplin, fange daher sofort an.
- Das Risiko, keines zu haben, ist viel größer, als eines aufzubauen.
- Halte Dir vor Augen, wozu Du es brauchst: Nur dann wirst Du sparen.

Dein Geldverhalten bestimmt darüber, ob Du Vermögen aufbaust

- Jeden Monat nur knapp auszukommen, reicht nicht.
- Gehe vom *Vielausgeber + Jongleur* zum *Wenigausgeber + Wirtschafter.*
- Entwickle Geldcharakter und übernimm Verantwortung.

Du bist mit diesem Kapitel fertig, wenn Du dies beantworten kannst:

Hast Du Lust bekommen, Deine Finanzen zu klären?

Hier reicht uns ein einfaches Ja.

Hast Du erste Ideen, wo Du etwas ändern willst?

Du kannst dazu die 16 Money Types durchgehen.

☺

01 FERTIG

Zeit für Pause und Notizen

Einnahmen verbessern

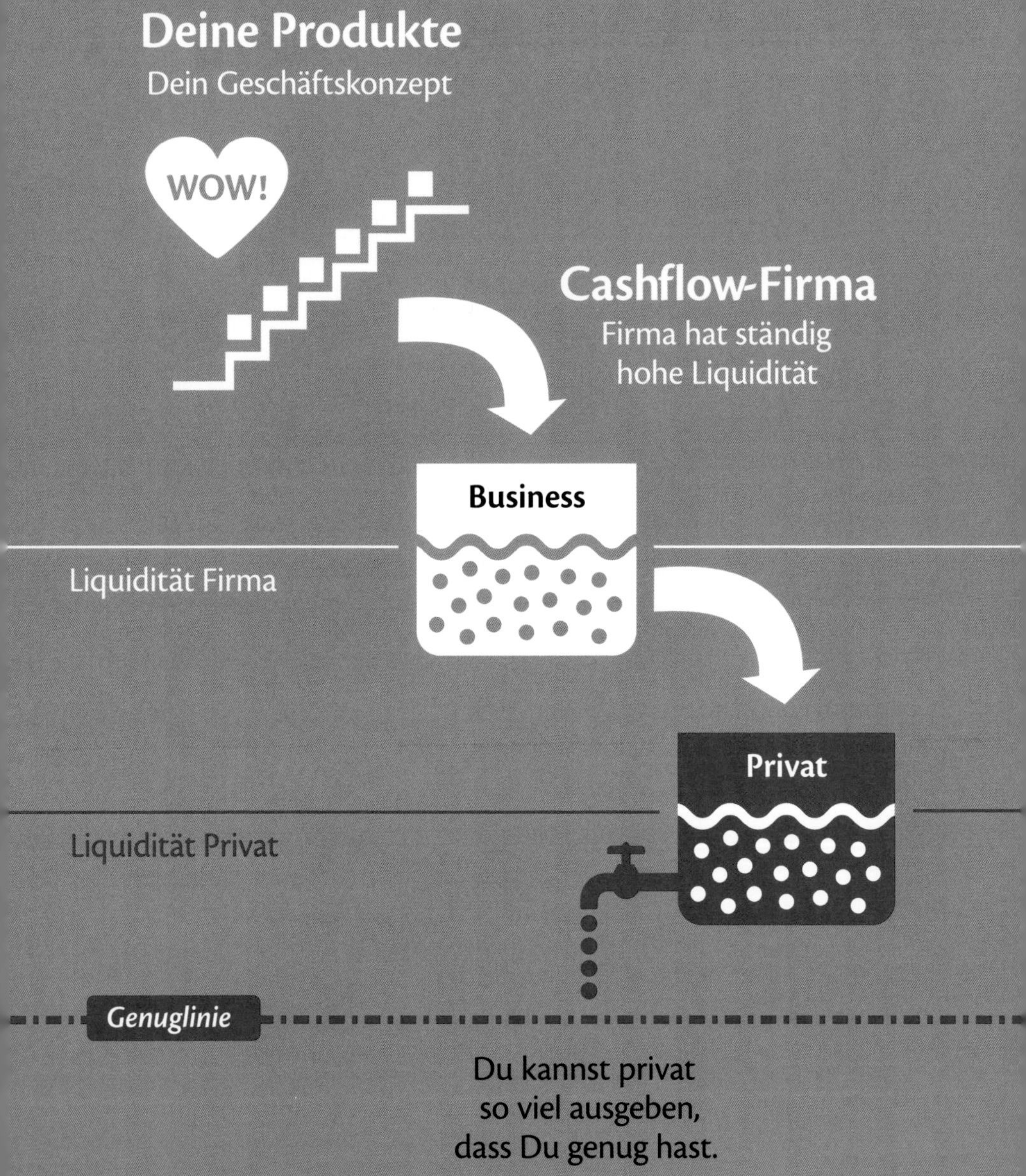

Kapitel 2 – Bessere Produkte, bessere Einnahmen

2 Woher kommt Dein Geld?

Warum Deine Produktivität zählt

Hast Du einen guten Zulauf in Deinem Geld-System, wird es Dir leichter fallen, das gesamte System im Fluss zu halten. In diesem Kapitel denken wir darüber nach, wie Du Deine Einnahmen durch smarte ***Produkte*** verbesserst.

Aber nicht nur. Wir sprechen auch über ***Liquidität***. Gute Liquidität ist ein zentrales Ziel einer *Cashflow Company*.

Woher kommt Dein Geld?

Deine Einnahmen sind wichtig. Kommt nichts in Deinem Finanz-Flow an, gibt es auch nichts zu verteilen. Wie kannst Du daher Deine Einnahmen verbessern? Das führt direkt zur Frage, wie Du arbeitest.

Warum Du täglich aufstehst

Wenn Du dieses Buch liest, bist Du vermutlich selbstständig. Damit hast Du bei Deinen Einnahmen bereits eine zentrale Entscheidung getroffen:

Du möchtest selbst bestimmen, wie Du Dein Geld verdienst.

Damit bist Du selbst verantwortlich, was in Deinem Business passiert. Hast Du höhere Einnahmen, wird es Dir leichter fallen, Deine Ziele zu erreichen und Vermögen aufzubauen. Aber gleich vorweg: Für ein zu Dir passendes Vermögen brauchst Du keinen krachenden Business-Success. Ausdauer und Konsequenz in einem „Normal"-Business reichen.

In Sendungen wie *„Die Höhle der Löwen"* werden einseitige Bilder erzeugt. Du hast eine Idee. Du stellst Deine Idee einem Millionen-Publikum vor. Dann steigen Investoren ein. Sagen sie Ja, bist Du reich. Sagen sie Nein, ist alles vorbei. Dieser *Top-oder-Flop-Denke* folgen wir nicht.

Warum stehst Du auf? Das hat vermutlich mehrere Gründe:

- Auf ***juristischer*** Ebene möchtest Du ein eigenes Business haben.
- In puncto ***Persönlichkeit*** willst Du selbst entscheiden können.
- In puncto ***Qualität*** willst Du Deinen eigenen Maßstab setzen.
- In puncto ***Biografie*** möchtest Du mehr Freiheiten genießen.
- In puncto ***Finanzen*** willst Du unabhängig sein.

Das sind gute Gründe, um morgens aufzustehen. Wir kennen viele, die konsequent fernab der großen Shows ihre Selbstständigkeit erfolgreich leben. Das geht. Doch Du kannst Dein Einkommens-System besser oder schlechter aufstellen. Das hat mit Deinen ***Produkten*** zu tun. Und es gilt, einige ***Denkfehler*** zu vermeiden.

Darum geht es auf den nächsten Seiten.

DENKFEHLER 1 Dein Umsatz ist Dein eigenes Geld

Unterscheide konsequent zwischen Deiner Firma und Dir

Wenn Du schon einige Zeit selbstständig bist, ist dieser Punkt für Dich hoffentlich alter Schnee. Bei vielen, die gründen, beobachten wir aber oft die Haltung: *Business-Vermögen ist identisch mit privatem Vermögen.*

Dem ist nicht so!

- Deine Firma ist NICHT Dein Vermögen, sondern Deine Erwerbsquelle.
- Trenne auf jeden Fall konsequent Firmengeld von privatem Geld.
- ***Firmen-Rücklagen*** entstehen ***in der Firma,*** nicht auf Privatkonten!
- Sobald Du Geld privat entnimmst, ist es privat. Aber auch erst dann.

Merke

Deine Firma hat eigenes Eigentum

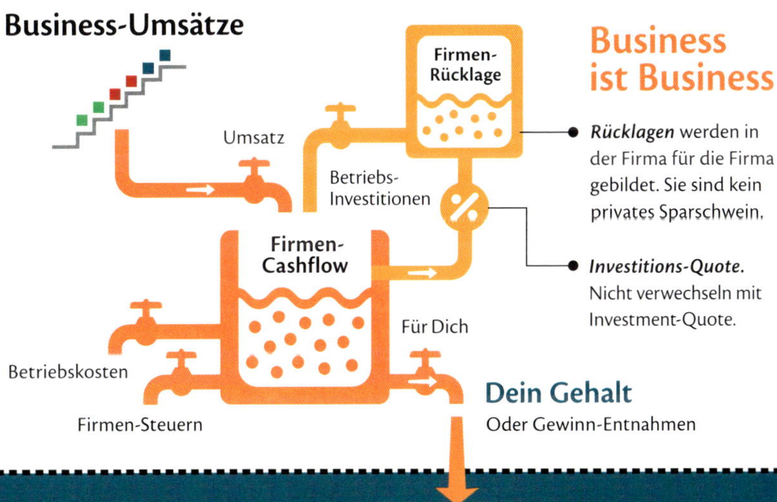

Finanziere Dein Business nicht durch private Gelder quer.[1]

Deine Firma muss in sich rund laufen. Erst dann bekommst Du Ruhe in die privaten Finanzen.

Privat ist Privat

Nur das ist „Dein" Geld

1 = Ausnahme ist die Startphase Deines Business

DENKFEHLER 2 Du verkaufst Deinen Laden für viel Geld

Am Ende noch einmal richtig Kasse machen?

Viele hoffen, das eigene Business später zu verkaufen. Das gelingt selten. Gerade Soloselbstständige sollten vorsichtig sein, davon auszugehen. Vor allem, wenn Dein Angebot hauptsächlich auf Dir selbst beruht. Selbst alteingesessene Handwerksbetriebe finden heute selten Nachfolger. Hast Du feststehenden Umsatz mit standardisierten Produkten, kannst Du es versuchen. Aber selbst dann musst Du einen Verkauf lange vorbereiten. Halte daher die Erwartung niedrig. Wenn es anders kommt, freue Dich.

Merke: Wunsch-Verkaufs-Firmenwert ersetzt kein privates Vermögen.

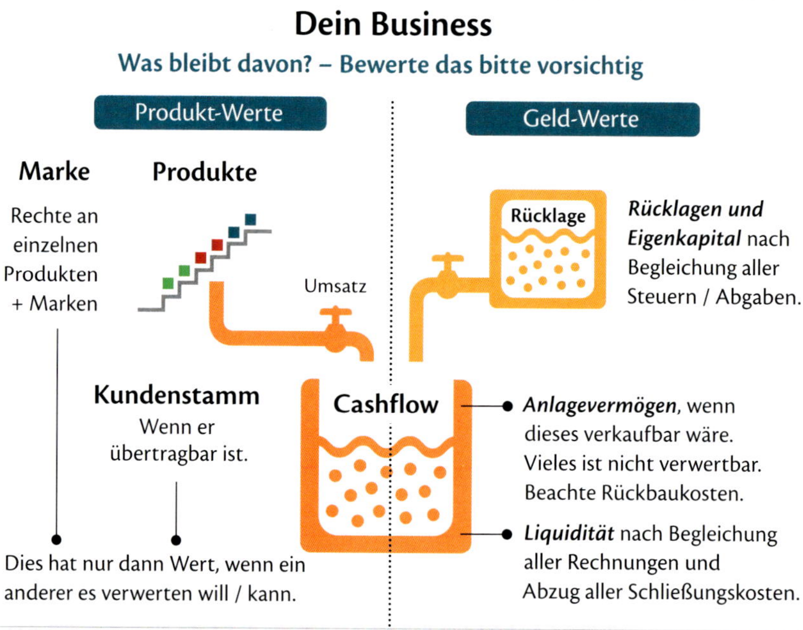

Bewertung Deiner Firma im Nettovermögen

Alles, was in Deiner Firma Geldwert hat, **wenn Du Deine Firma heute auflösen würdest,** rechnen wir im Nettovermögen zu den Aktiva *(wenn Du alleiniger Inhaber bist)*. Hat Deine Firma Schulden oder die Abwicklung kostet mehr, als sie bringt: Diese Zahlen gehören in die Passiva.

think BIG!

Immer wieder wird proklamiert, dass Unternehmer mehr Mut haben müssen: Visionen. Die Medien berichten selten über die Solopreneurin von nebenan, sondern zeigen in der Regel „Großdenker“. So ist auch die Logik vieler Internet-Startups: Große Wetten um große Marktanteile mit hohem Geldeinsatz *(die mit Risiko vorfinanziert werden).*

- Hohe Ziele
- Investitionen aus Fremdkapital
- Viel eigene Technik
- Viele Gesellschafter
- Viele Abhängigkeiten

Das Problem bei den Think-Big-Vorbildern

- Die meisten Selbstständigkeiten haben viel normalere Dimensionen.
- Größer ist fast immer auch mit höherem Risiko und Stress verbunden.
- Firmen scheitern häufig an Streit zwischen den Gesellschaftern.

think smart!

Muss es überhaupt groß sein? Selbstständigkeit kann heute schlank gedacht werden. Ohne großen Überbau und Fremdkapital. Dann sinkt Dein Risiko und Du kannst wirklich selbst steuern. ***Smart is beautiful.***

- Deine Ziele
- Investitionen aus Cashflow
- Digitale Technik anderer nutzen (Komponenten)
- Gesellschafter: Du allein oder mit Lebenspartner
- Wenig Abhängigkeit

Betreibe Dein Geschäftskonzept systematischer

Drei erste Denkfehler haben wir besprochen. Willst Du Dein Business besonders auf Deinen Freipunkt optimieren, empfehlen wir, vor allem die Think-BIG-Denkfalle *„Ich muss groß werden"* zu meiden und eine Größe zu wählen, die Du gut steuern kannst.

Die Unterscheidung zwischen *Think big!* und *Think smart!* ist dabei aber plakativ. Du wirst vermutlich in Deiner Selbstständigkeit nicht ganz *„big"* und nicht komplett *„smart"* sein. Es gibt viele Aufstellungen zwischen diesen beiden Polen. Daher gehen wir kurz mit Dir einige grundlegende strategische Aspekte durch.

Vier Ansatzpunkte, systematischer zu denken:

Vergleiche diese Dinge einmal mit Deiner heutigen Aufstellung:

- Was ist Deine Systematik, die Du praktizieren willst?
- Keiner der Vorschläge ist dabei der goldene Weg.
- Auch sind es vereinfachte Muster.

Ziel dieser Übung: Dein Business systematischer aufzustellen. Welches System Du wählst, ist ganz Dir überlassen. Aber lebe Deine Selbstständigkeit nicht von der Hand in den Mund. Denn stabile und stetige Einnahmen helfen Dir, Rücklagen zu bilden, zu sparen und zu investieren.

Ab Seite 44 geht es dann um Deinen Finanz-Flow

Nach den Einnahmen ist Deine Liquidität wichtig, denn diese entscheidet darüber, ob es Deiner Firma gut geht und ob bei Dir genug ankommt, damit Du auch privat investieren kannst. Das ist eine Frage der Priorität: Wer oder was bekommt zuerst welches Geld?

Zeit-gegen-Geld oder Produkte?

Selbstständigkeit hat viele Gesichter. Aber es gibt im Kern zwei unterschiedliche Modi: Du ***arbeitest individuell*** (nach Anforderung) oder Du ***stellst etwas her*** (Produkte), das andere wiederholt buchen können.

Raus aus dem Job-Modus, rein in die produktorientierten Verdienste

Unterscheide zwischen einem klassischen ***Auftrag*** und einem ***Produkt***. Klassische Aufträge sind im Kern individuell. Du passt Dich an Termine und Anforderungen des Kunden an, erstellst individuelle Angebote. Bei Produkten standardisierst Du dagegen und setzt einen eigenen Rhythmus. Das geht nicht nur mit Gegenständen. Fast alles kann „productized" angeboten werden. Daher lohnt es sich, seinen Arbeits-Modus zu hinterfragen.

Klassische Muster

Du bearbeitest individuell einzelne Projekte, Mandate oder Jobs. Das ist okay, wenn es gut bezahlt wird.

Soloselbstständig

Du musst Dich auf jeden einzelnen Fall individuell einstellen

1:1

Bist Du im 1:1-Modus UND wirst pro Stunde niedrig bezahlt, hast Du Probleme, wirklich höhere Einnahmen zu erzielen. Dann brauchst Du länger für Deinen Vermögensaufbau – oder lernst, mit einem kleineren Genug zu leben (was auch in Ordnung ist).

Smarte Muster

Einmal entwickeln, mehrfach verdienen. Skalierung möglich.

Deine Leistung geht an viele Abnehmer zugleich.

Solopreneur

1 : n

1 x n

Der erste Verkauf löst wiederkehrende Einnahmen aus.

think smart!

Diese Muster gehen natürlich auch mit Team.

Welche Art von Selbstständigkeit praktizierst Du?

Dein Business kann komplexer oder einfacher gebaut sein. Häufig bleibst Du in der Schublade, in der Du einmal begonnen hast. Wären bessere Einnahmen in einer anderen Schublade machbar? Du musst nicht zwingend wechseln. Aber denke Dein Business-System konsequenter.

Mitarbeiter	Geschäftstyp	Struktur
ab 1.000	KONZERNE	komplex / international
ab 50	MITTELGROSSE FIRMEN	komplex / 1 Branche
10 - 50	INNOVATIVE STARTUPS	komplex / Prozesse
1 - 5	**SMART BUSINESS CONCEPTS**	**Produkte / Prozesse**
1 - 10	KLASSISCH SELBSTSTÄNDIGE	Projekte / Jobs / Manda
1 - 50	FACHBETRIEBE / HANDWERK	Aufträge

Du kannst Deine Treppe frei bestücken!

Moderne Konzepte müssen nicht streng einem einzigen Lager zugeordnet werden. Du kannst das Beste aus zwei Welten kombinieren. Klassische Angebote und smarte Produkte lassen sich also durchaus zusammen auf eine Treppe stellen. Du bist der Regisseur Deines Konzeptes.

Chancen ➕ | ➖ **Risiken**

Unternehmer-Familien

Die hochvermögenden Familien in Deutschland sind oft mittelständische Unternehmer-Familien. Sie vererben Vermögenswerte von Generation zu Generation.

Chancen	Risiken
Hohe Vermögenswerte	Hohe Erwartungen an Kinder

think BIG!

Startups – benötigen hohe Schlagzahl zur Erstellung der zugrunde liegenden Technik

Innovative Startups werden häufig auch mit dem Gedanken an Ruhm und Vermögen gestartet. Möglich, aber hohes Risiko. Nach wie vor gehen viele davon insolvent. Oft hoher Erfolgsdruck.

Chancen	Risiken
Bei Erfolg sehr hoher Gewinn	Erfolg ist eher selten

Smarte Konzepte – *ortsunabhängig, flexibel und skalierbar*

Wesentlich geringere Investitions-Kosten als bei einem Startup und geringere Overhead-Kosten als bei einem „Standort-Betrieb". Du kannst stärker automatisieren als klassische Selbstständige. Wichtig: Nicht alles muss in einem smarten Konzept automatisiert sein.

think smart!

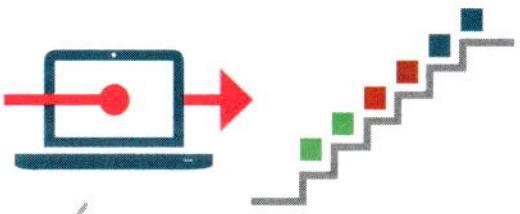

Online buchbare Angebote

Durch die Schaffung von ***online buchbaren Produkten*** bekommst Du Einkommen, die nicht so stark an den direkten Arbeitseinsatz gebunden sind wie bei Aufträgen. Glaube aber nicht, dass diese Einnahmen von alleine laufen. Du hast Marketing- und Administrationsaufgaben.

Chancen	Risiken
Skalierung über Produkt-Menge	Braucht Reichweite
Automatisierung möglich	Braucht digitales Know-how

Freischaffende, Freelancer, Kammerberufe – oft Kopfarbeit

Gute alte Aufträge oder ein gut laufender Betrieb sind nach wie vor schöne Einnahmequellen, WENN sie gut bezahlt sind. Zeit gegen Geld ist dann ein absolut passendes Modell für Dich, wenn es Dir gelingt, ohne viel Stress gut bezahlte Jobs / Aufträge / Mandate an Land zu holen.

Chancen	Risiken
Skalierung über Honorar-Höhe	Falle ich aus, fällt Einkommen aus

Klassische Dienstleister, Handwerk, Gastronomie, Landwirtschaft – oft Arbeit per Hand

Klassische Konzepte (Laden in Fußgängerzone) haben heute oft System-Risiken. Aber: Handwerk hat nach wie vor goldenen Boden und ein Fahrradladen war während Corona eine Goldgrube.

Service

Chancen	Risiken
Skalierung über Betriebsgröße	System- und Standort-Risiken

Regisseur des eigenen Konzeptes sein

Selbständigkeit ist nicht gleich Selbstständigkeit. Du bestimmst, wie Du arbeitest. Daher nimm einmal Platz auf Deinem Business-Regie-Stuhl.

Setze Dir dort die ***Freipunktbrille*** auf und stelle Dir die Frage:

> *Bist Du momentan in einem System, in dem Du Deinen Freipunkt einmal erreichen wirst? Oder bist Du in einem System, in dem Risiken und Gebundenheit bis zum Ende überwiegen?*

Die Frage nach dem ***Freipunkt*** ist dabei keine rein finanzielle Frage. Jede Betriebsform bringt andere Aufgaben und Verpflichtungen mit sich.

Beispiel: Viele träumen davon, ein Restaurant zu betreiben (das wäre ein Service-Fachbetrieb). Während Corona war das nicht so toll. Außerdem musst Du in einem Restaurant ständig ein Team managen. Du kannst ein Restaurant nicht einfach abschalten oder stückweise herunterfahren. Willst Du das auf Dauer? Wo ist das Geschäftskonzept, in dem Du Deinen Freipunkt eher erreichst als in anderen unternehmerischen Formen?

Dazu fällt oft das Stichwort „Digitalisierung".

Willst Du digitaler arbeiten und Dein Angebot „productized" anbieten, höre auf, einen Bauchladen vor Dir herzutragen: Jeder Kunde bekommt eine andere Abfüllung Deiner Kompetenz und das immer vor Ort, persönlich erbracht – das führt nur selten auch zu höheren Einnahmen.

Zwei generelle, grundlegende taktische Muster

Rechts siehst Du zwei stark vereinfachte Geschäfts-Modelle.

A – ist ein ***Flaggschiff-Konzept.*** Du hast eine starke Sache auf der dritten Stufe. Dieses Angebot bietest Du immer wieder an.

B – ist ein ***Portfolio-Konzept.*** Du hast aufeinander abgestimmte Produkte, Services oder Leistungen gut sortiert und systematisiert, so dass Du sie replizieren kannst. B kann aus A herauswachsen.

Auf der nächsten Seite sind 10 Dinge genannt, die Du konkret tun kannst.

A – Du standardisierst eine Sache

und replizierst dann dieses Angebot ständig.

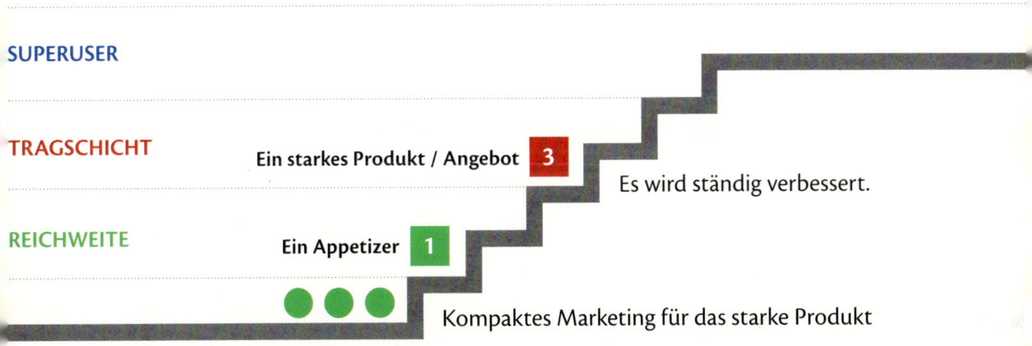

Vorteil: Starke Konzentration auf eine Sache. Das gesamte System bleibt überschaubar und kann gut optimiert werden.

B – Du baust ein Portfolio auf

dann arbeitest Du mit einem Fächer von Produkten und Angeboten.

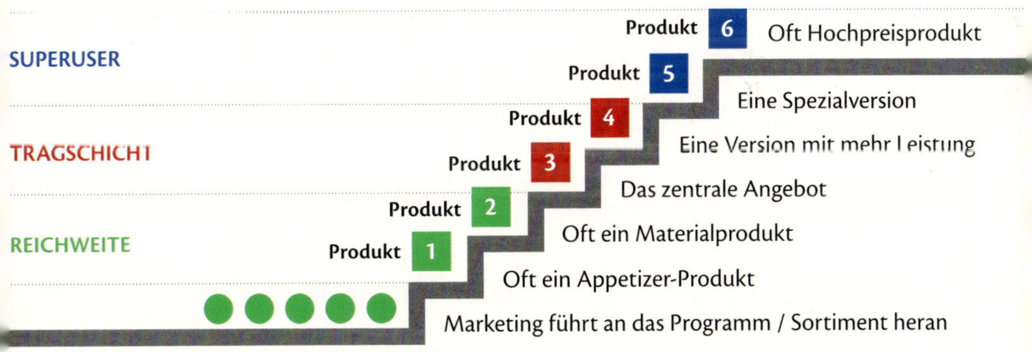

Vorteil: Du kannst Kunden nicht nur eine Sache anbieten. Da erfolgreiche Geschäftskonzepte oft von Verkäufen „im Bestand“ leben (Kunde A kauft erst eine Sache, dann Folgeprodukte), kein unwesentlicher Punkt .

10 Wege, Deine Einnahmen zu verbessern

Grob gesehen führt der Weg zu höheren Einnahmen über vier Routen:

● Du erhöhst den ***Wert*** Deines Angebots.	Zunahme des Wertes
● Du erhöhst die ***Effektivität*** Deiner Produktion.	Struktur
● Du baust bessere (smarte) ***Konzepte.***	Geschäftsmodell
● Du schaffst ***wiederkehrende Einnahmen.***	Recurring Income Stream

Träume nicht vom *One Hit Wonder* (Autoren von einem Bestseller, andere von dem Super-Auftrag). Das sind Lotto-Extrem-Träume. Überlege lieber, wie Du geplant Dein Einkommen Stück für Stück anhebst:

Stundenlohn / Preise anheben

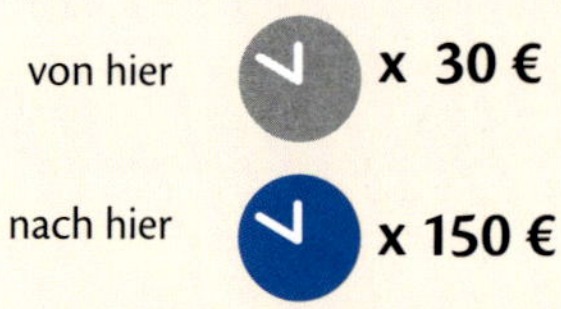

Der klassische Weg, seine Einnahmen zu erhöhen, ist eine ***Anhebung des Stundenlohns.*** Eine Verfünffachung wie oben ist vermutlich zu viel. Wie viel mehr könnte es aber sein? Und was wäre der Grund dafür?

Hochpreisprodukte

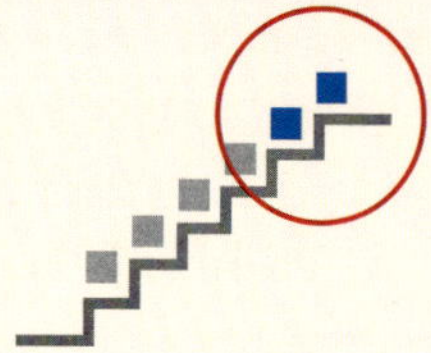

Stufe 5 und 6 der Produkt-Treppe® sind für Superuser und stehen für Hochpreisprodukte. Viele Anfänger wagen sich dort nicht heran. Wir raten dazu. Was „hoch" ist, hängt vom eigenen Horizont ab.

Mit Gruppen arbeiten

Die bekannteste Form der Skalierung ist die ***Gruppe***. Mehrere Personen gleichzeitig in Workshops, Klassen, Touren etc. zu betreuen, spart Zeit. Viele Gruppen-Formate gehen auch online. Sei also nicht denkfaul.

Mit Clustern arbeiten

Ein weiteres Erfolgsmuster: Jobs, Aufträge, Coachings etc. in ***Kohorten*** zu clustern. Bündelst Du Anfragen, sparst Du auf Deiner Seite etliches an Aufwand. Oft wird das in der Produktion auch als *Pooling* bezeichnet.

Standardisierung

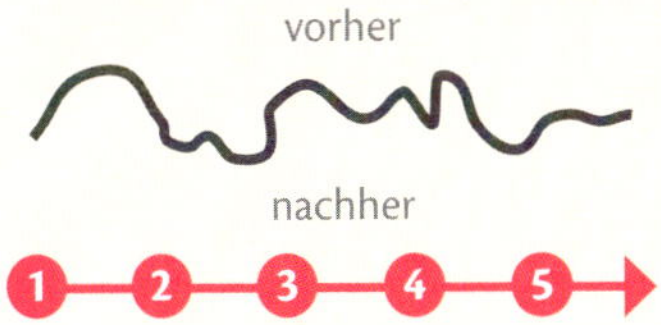

Wer nicht standardisiert, fängt jedes Mal von vorne an. Die Folge: Du verlierst viel Zeit und kannst nicht skalieren. Biete Individualisierung nur gegen viel Geld. Alles andere repliziert sich ***nach einem Standard.***

Smarte Konzepte

Denke Dein ***Geschäftsmodell*** mit smarten (strukturierten) Produkten. ***Produkt-Design*** zu verstehen, ist der Schlüssel für ein höheres Einkommen. Ein Produkt kann viel sein. Lerne, ***Produkt-Gattungen*** zu verstehen.

Win-Win-Kooperation

Als Inhaber solo zu bleiben, bedeutet nicht, dass man nicht mit anderen in ***Kooperation*** gehen kann. Wer würde Deine Produkte in besonders guter Weise promoten können und hat etwas davon, wenn er das tut?

Super-Sales

Wir setzen insgesamt auf Qualität, nicht auf Schnäppchen. Aber hin und wieder besonders viel in einem besonders ***attraktiven Paket*** verkaufen? Das bringt Geld in die Kasse. Warum nicht einmal ein Super-Sale?

Rechte / Tantiemen

Wiederkehrende Einnahmen durch Tantiemen

Autoren, Musiker, Erfinder verdienen oft an Nutzungsrechten (Tantiemen). Kann ein Produkt von Dir Affiliate-Tantieme, Mieten, Gebühren oder Lizenzeinnahmen erzeugen? Stichwort: *Recurring Income.*

Wiederkehrende Einnahmen

Wie kannst Du wiederkehrende Einnahmen erzeugen ohne NEUE Akquise? Ist es möglich, Serien oder Abo-Systeme zu schaffen? Wo kehren die Einnahmen automatisiert wieder? Stichwort: *Subscription Economy.*

Liquidität First

Selbstständigkeit kann zur Selbstausbeutung werden. Dies passiert, wenn Du falsch kalkulierst, Dein gesamtes Geld ständig in die Firma investierst und Dich als billigen Hansel immer zuletzt bedenkst.

Ein ***Selbstausbeutungs-Mindset*** sieht so aus:

> *Ich muss ständig viel in die Firma investieren, damit diese top ist. Erst wenn ich das und alle Kosten der Firma beglichen habe, zahle ich mir am Ende des Monats ein Mini-Gehalt aus (und nur dann).*

Profit First
Aus den USA stammt der Ansatz *„Profit First"* von *Mike Michalowicz*, der dieser Selbstausbeutung einen Strich durch die Rechnung macht. Der Trick ist dabei die Umkehrung in der Kalkulation:

- Achte darauf, dass Deine Firma immer Gewinn macht.
- Zahle Dir außerdem zuerst Dein Gehalt aus der Firma aus.

Du rechnest bei Profit First von hinten nach vorne. Du legst zunächst einen Gewinn und Dein Gehalt fest und ziehst beides sofort von den Einnahmen ab. Nur was übrig bleibt, darfst Du für die Firma ausgeben.

Dazu kommt bei *Profit First* dieses Kontenmodell:

Umsatzkonto	Ein Sammelkonto aller Betriebseinnahmen. Es dient als Verteilerkonto.
Gewinnkonto	Nach Abzug der Umsatzsteuer wird zuerst ein vorher festgelegter Prozentsatz auf das Gewinnkonto überwiesen (Profit First).
Gehaltskonto	Darauf wird dann als Nächstes Dein Gehalt vor allem anderen überwiesen.
Kostenkonto	Über das Konto werden dann alle anderen Kosten der Firma beglichen.
Steuerkonto	Steuern werden separat auf ein eigenes Konto zurückgelegt.

Dieses Vorgehen führt zur strengen Disziplin beim Cash-Management.

Arbeitest Du dann auch noch ohne Kredite, ist das eine ***Cashflow-Firma***: Du achtest darauf, Deine Liquidität ständig hoch zu halten, bezahlst aus dieser die laufenden Dinge und investierst auch nur, wenn Du das kannst.

Eine Cashflow-Firma mit hoher Liquidität ist die beste Voraussetzung, auch Deinen Freipunkt zu erreichen.

Unser *Finanz-Flow* läuft ähnlich wie *Profit First*

- Wir legen zuerst die Steuern weg (Steuern First).
- Wir haben anstelle des Gewinnkontos ein Rücklagen- und Investitionskonto. Das wird gefüllt und dann auf dem gewünschten Stand gehalten. Das führt zu einer hohen Ruhe bei Einnahmeschwankungen.

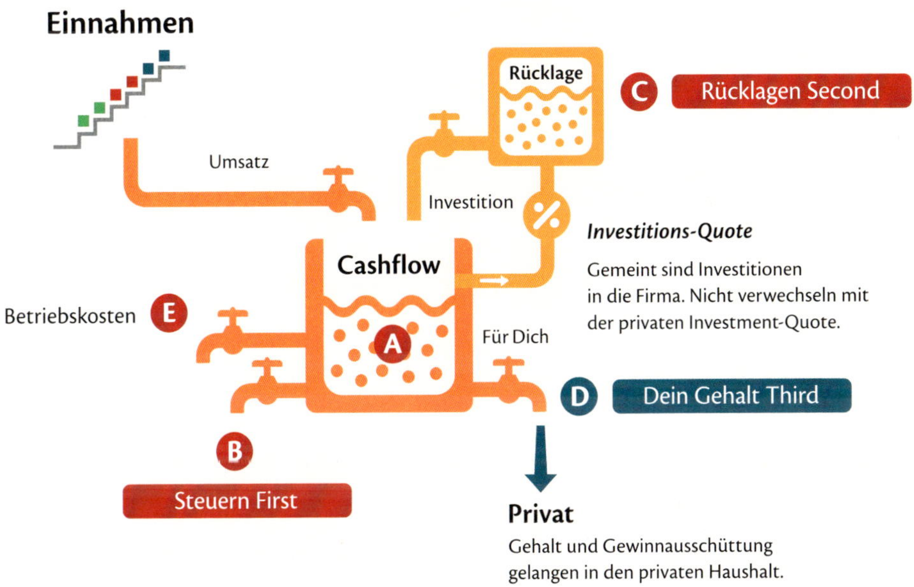

Unser Kontenmodell

A Umsatzkonto	Ein Sammelkonto aller Betriebseinnahmen. Es dient als Verteilerkonto.
B Steuerkonto	Steuern gehören Dir nicht. Sie werden sofort zur Seite gelegt. Eigenes Konto.
C Rücklagen + Investitionen	Du definierst eine bestimmte Rücklage und füllst diese mit hoher Priorität Stück für Stück auf. Diese Liquidität wird ab dann in der Firma auf einem getrennten Konto gehalten. Das ist für Notfälle und / oder Investitionen. Um das zu können, brauchst Du Gewinn. Diesen kannst Du wie bei *Profit First* mit einer festen Quote dem laufenden Betrieb entziehen. *Auch möglich:* Ein firmeneigenes Aktiendepot, wenn Du noch mehr Liquidität hast.
D Gehaltskonto	Darauf wird regelmäßig Dein Gehalt überwiesen = privates Konto.
E Firmenkosten	Über das Konto werden alle anderen Kosten der Firma beglichen.

Produktiv sein

Wenn Du arbeitest, was kommt dann am Ende des Tages dabei heraus? ***Unser Tipp:*** Stelle etwas Bleibendes her: Ein Werk oder Produkte. Dieses Ergebnis ist (fast immer) mehr wert als der Arbeitslohn für einige Stunden.

Dein Thema

Deine Kreativität

Dein System

Deine Produkte

Dein Kreativer Raum

Deine Soloagilität®

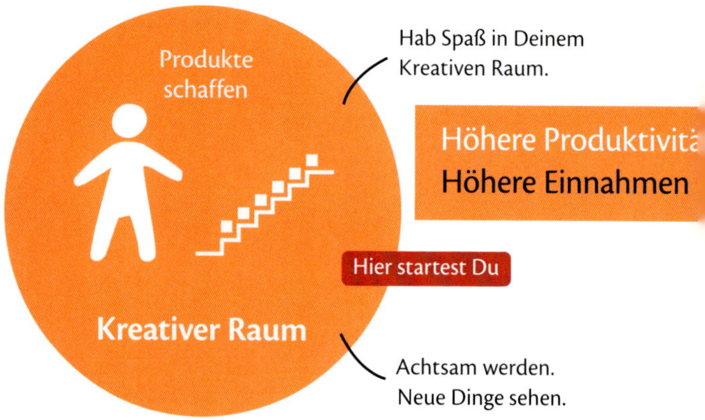

Produktivität und Solo-Kreativität

Deutschland ist noch nicht gut darin, einzelne zur Kreativität zu ermutigen. Vor allem, wenn es um Selbstständigkeit geht. In der Schule ist oft das einzige „kreative" Fach „Kunst". Das ist eine beschränkte Sicht. Kreativität ist viel mehr. Entwickelst Du zum Beispiel standardisierte Produkte, so ist dies ein hoch kreativer Akt!

Unsere Erfahrung:

- ***Produktentwicklung*** setzt viele Formen der Kreativität frei.
- Gerade Expertenprodukte brauchen viele Kreativitätsarten.
- Eigene Produkte, Services etc. „designed" zu haben, macht zufrieden.

Erfolgreiche Selbstständige ***wollen produktiv sein.*** Sie möchten für andere etwas tun, herstellen, sich selbst in Aktion erleben, sehen, wie Dinge wirksam werden. Diese Haltung ist in unseren Augen der Hauptmotor, um einen höheren Preis als der Durchschnitt erzielen zu können.

Starte damit, Deine Einnahmen (A) zu erhöhen

Ziel ist, alle Stellgrößen so zu verändern, dass Deine Sparrate 2 (privates Investment) zu Deinen Vermögenszielen passt. Quetsche Deine Firma dazu aber nicht aus wie eine Zitrone. Spare Kosten, aber mit Augenmaß.

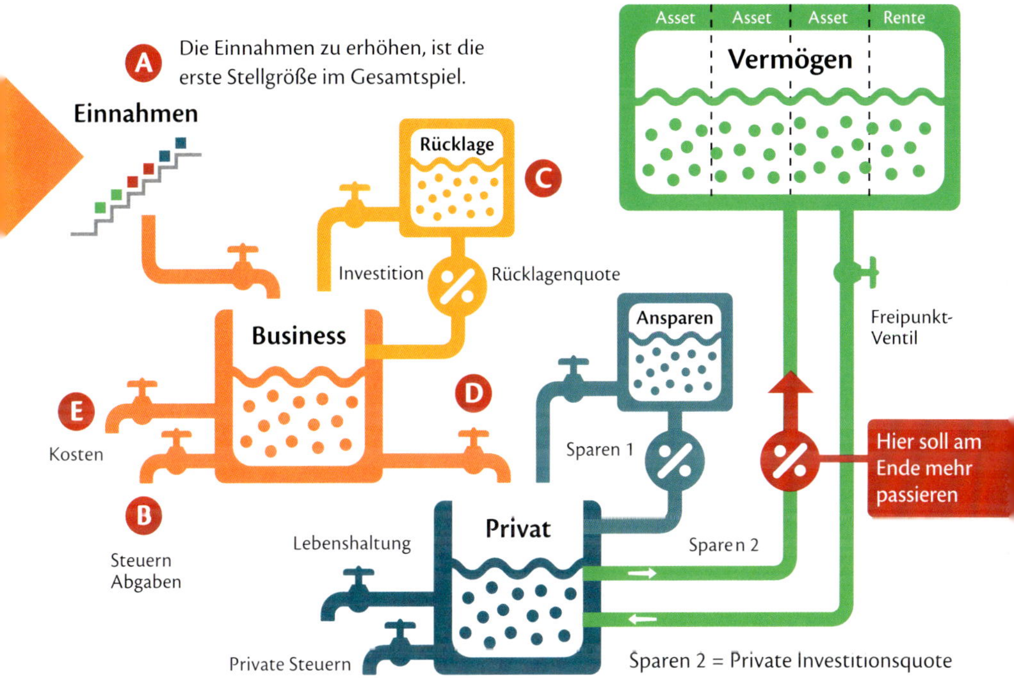

Den Flow regeln

A Einnahmen erhöhen	Das gelingt Dir durch bessere Produkte.	Smart denken
B Steuern professionell	Zahle Deine Steuern korrekt und professionell.	Zuteilung First
C Gute Rücklagen	Habe immer genug Wasser unter dem Kiel.	Zuteilung Second
D Gutes Gehalt	Brauchst Du für Deinen Vermögensaufbau.	Zuteilung Third
E Kosten sparen	Hohe Qualität sparsam herstellen, ist eine Kunst. Smarte Betriebe haben einen schlanken Überbau.	Low Cost High Quality

Bringe Produktivität und Finanz-Flow zusammen

Bekommst Du Deine ***Produktivität*** und den ***Finanz-Flow*** Deiner Firma in Einklang, dann fließt Dein Geld dort in einem guten Rhythmus (Flow). Du bist aus der Plackerei, die einige Selbstständige plagt, heraus. Eine gute Voraussetzung dafür, dass sich auch Dein Vermögen gut entwickelt.

Kreativität ist dabei wichtig. Aber anders, als oft gedacht. Häufig wird so getan, als ob es im Unternehmertum um verrückte Einfälle ginge. Wer die neueste und innovativste Idee hat, würde am meisten Erfolg haben. Es geht eher um ***Konsequenz in Deinem System.***

Bevor Du also irgendeiner schrägen Idee hinterherläufst, tue drei Dinge:

- Schaue Dir an, ***mit welchem System*** Du arbeitest.
- Überlege, ob Du mit ***Produkten*** arbeiten kannst.
- Überschlage früher als bisher, ***welche Einnahmen*** Du mit einer Idee erzielen kannst. Bevor Du ein neues Produkt entwickelst.

Das Stichwort „schneller Überschlagen" ist die Überleitung in das dritte Kapitel. Dort zeigen wir, wie Du mit der Treppe smart kalkulierst.

Bessere Produkte, bessere Einnahmen

Sei offen für Veränderungen. Das ist oft eine Frage an Dein Angebot. Eine Teilnehmerin unserer Meisterklasse (eine erfahrene Selbstständige) sagte am Ende: *„Mir ist auf einmal klar geworden, dass ich im falschen Kundenkreis arbeite. Das werde ich komplett ändern."* Solche Entscheidungen sind nicht trivial. Aber sie können wichtige Weichen sein, die ein neues, besseres Einkommen bringen. Das ist der Grund, warum wir bei *Smart Business Concepts* bestehende Konzepte oft umpositionieren.

Deine Einnahmen sind wichtig, aber setze nicht ausschließlich auf diese Stellschraube. Am Anfang haben wir gefragt: *„Warum stehst Du auf?"*. Wenn Du Deine Einnahmen zu hoch schraubst und dann den ganzen Apparat nicht mehr bedienen möchtest, ist etwas schief gelaufen. Nimm also die Einnahmen wichtig, fixiere Dich aber nicht alleine auf Deinen Umsatz. Dein *Finanz-Flow-System* hat viele Stellschrauben.

think smart!

Zusammenfassung

Du willst selbstständig sein

- Damit bist Du selbst verantwortlich für Deinen Geldfluss.
- Du brauchst keinen Moon-Shot-Erfolg, um Vermögen aufzubauen.
- Denke aber über Dein Einnahme-System nach.

In welchem System kannst Du für Dich bessere Produkte schaffen?

- Geschäfts-Typen haben unterschiedliche Chancen und Risiken.
- Entscheide bewusst, in welchem Business-System Du arbeiten willst.
- ***Ziel:*** Produkte, die mit weniger Stress bessere Einnahmen bringen.

Bringe Deine Produktivität und Deinen Finanz-Flow zusammen

- Schaffst Du Produkte, gehst Du dafür in Deinen Kreativen Raum.
- Versuche dort langsam und stetig, Deine Produktivität zu steigern.
- Um das zu können, kenne Dich mit Produkt-Designs aus.

Du bist mit diesem Schritt fertig, wenn Du dies beantworten kannst:

In welchem Geschäfts-System willst Du arbeiten?

Was für ein Selbstständiger bist Du?

Wie kannst Du Deine Einnahmen verbessern?

Wie wirst Du produktiver sein?

☺

02 FERTIG

Produkte rechnen

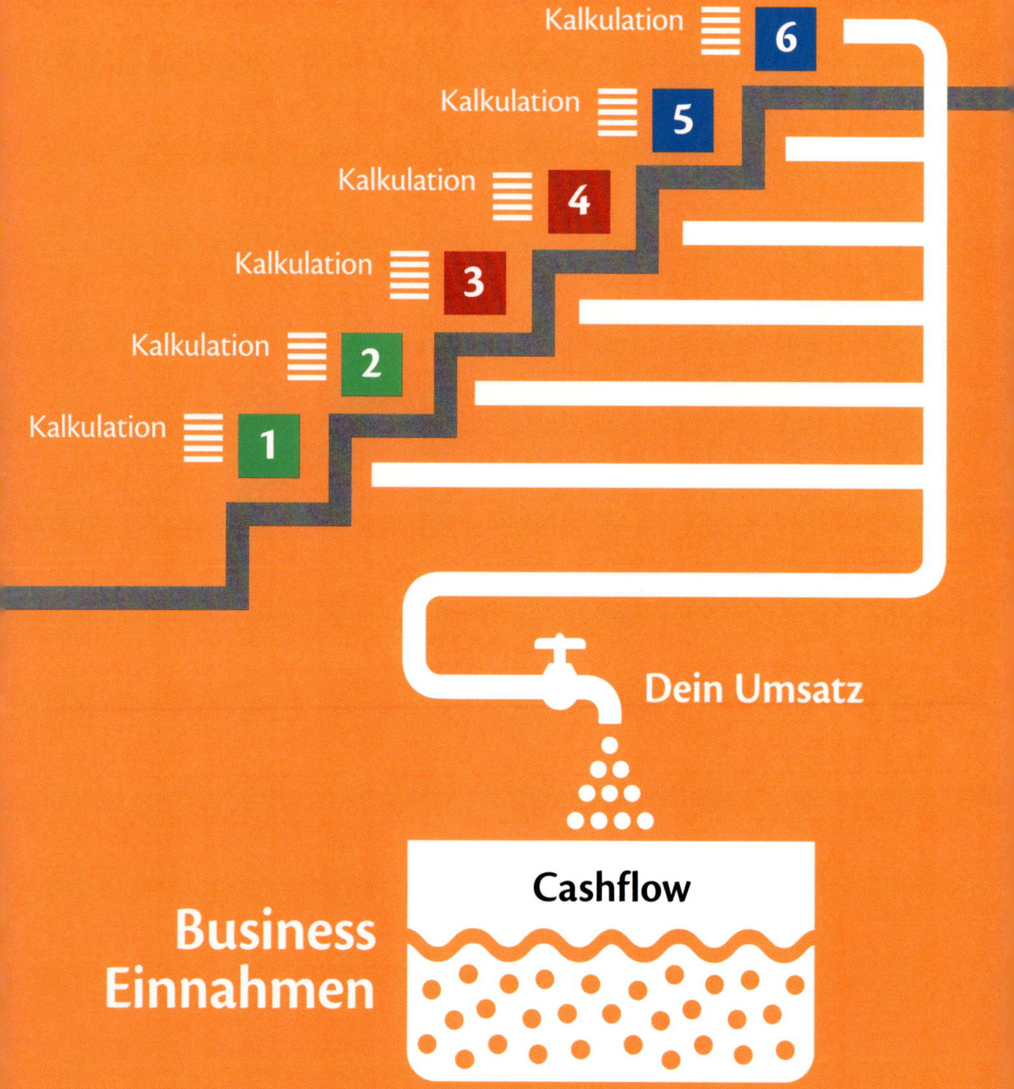

Kapitel 3 – Umsatz prognostizieren

3 Smart Business Kalkulation

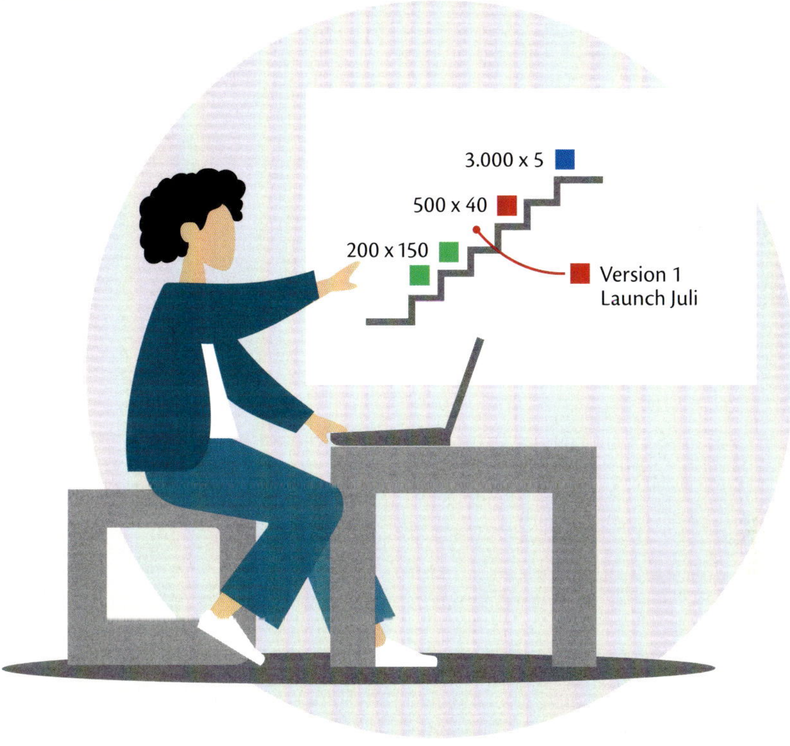

Wie kalkulierst Du eigentlich Deine Produkte?

Wir wissen: Es nervt, ständig herumzurechnen. Tabellen sind unspannend und hinterher kommt alles anders. Wenn Du aber lernst, mit der Produkt-Treppe® smart zu kalkulieren, kannst Du Dein Einkommen besser vorhersagen und steuern.

Smart Business Kalkulation

Idee ist gut, kalkulieren ist besser

Wir sind Produkt-Fans. Im vorlaufenden Kapitel haben wir gesagt: Denke über Deine Produkte nach. Viele Kreative werden das nun als Aufruf sehen, noch mehr Liebe und kreative Kraft in ihre Produkte zu stecken.

Das ist an sich auch richtig. Aber ...

... Detail-Verliebtheit ist noch nicht zwingend der Schlüssel zu besseren Einnahmen. Daher gehört, wenn wir ein Buch über die Finanzen von smarten Selbstständigen schreiben, unbedingt ein Kapitel über ***Produkt-Kalkulation*** dazu. Gerade Kreative erzielen nicht immer gute Einkommen.

- Gutes Geld verdienst Du nur, wenn Deine Produkte gut kalkuliert sind.
- Eigentlich sollte das selbstverständlich sein.
- Trotzdem tun sich viele Selbstständige schwer, Preise festzulegen.

Unsere Beobachtung

In der Praxis kalkulieren Selbstständige weniger, als man gemeinhin denkt. Sie kennen ihre Kontostände, überschlagen auch hin und wieder die „offenen Aufträge", haben auch Ziele, aber oft keine interne „Produkt-Politik".

Das kommt vielleicht daher, weil der in der BWL und bei Gründung gelehrte ***Businessplan*** nicht wirklich produktorientiert ist. Aus der Startup-Szene kennen wir „den Plan". Wir sind (waren) Gesellschafter in mehreren Startups / Firmen und haben die eine oder andere lange Stunde in Gesellschafterversammlungen erlebt, in der jede einzelne Zahl in langen Tabellen erklärt wurde. Das ist abstrakte Pflichtarbeit.

Alexander Osterwalder hat mit seiner Parole *„Burn the Businessplan"* dann vielen aus dem Herzen gesprochen. Weil diese Tabellen doch irgendwie nicht stimmen, die Kreativität hemmen etc. Damit begann die Zeit des ***Business Modellings***. *Canvas* und *Produkt-Treppe®* hielten Einzug.

Tabellen haben also nicht immer den besten Ruf. Aber es wäre wirklich ein absoluter Fehlschluss, wenn Du sie nicht nutzen würdest.

Selbstständig sein bedeutet, kalkulieren zu können

- In diesem Kapitel wollen wir Dich dafür begeistern, zu kalkulieren.
- Die gute Nachricht: Das muss nicht wie ein Businessplan aussehen.
- Geht es um Deine Firma, ***brauchst Du eine Produkt-Kalkulation!***

Deine Produkt-Kalkulation ist wie ein Zukunfts-Radar. Das brauchst Du wirklich, weil Du selbstständig auf freier Fahrt bist. Bei den Einnahmen unterscheidet sich das Leben in der Selbstständigkeit maßgeblich von einer Anstellung. Ein „fest" Angestellter kann sich hinsetzen und in wenigen Minuten prognostizieren, was er die nächsten Jahre verdient *(zumindest glaubt er das)*. Bei Dir ist das anders:

- Es gibt kein garantiert monatlich wiederkehrendes Einkommen.
- Die Einnahmen schwanken mit dem Erfolg Deiner Angebote.
- Du bestimmst selbst, wann Du welches Produkt herausbringst.
- Und ein wichtiger Faktor dabei ist der Preis.

Zeit gegen Geld oder Produkt-Kalkulation?

Grob gesehen gibt es zwei Modi, in denen Du arbeiten kannst:

Zeit gegen Geld = Job-Modus
- Du hast einen Stundensatz oder Honorarsätze.
- Dann kalkulierst Du über Stunden oder Manntage etc.
- Oft wird das von Kunden verlangt, daher nicht immer vermeidbar.

Oder Du gehst den Weg der smarten Konzepte:

Angebot zu einem festen Preis = Produkt-Modus
- Denke bei Produkt nicht nur an dingliche Produkte.
- Viele Experten haben Wissens- oder Service-Produkte.
- Früher wurde zwischen normalen und Online-Produkten unterschieden. Heute kann fast alles online gebucht werden.

So oder so: Du musst das kalkulieren. Die Produkt-Treppe® ermöglicht Dir eine Mischkalkulation: Verschiedene Produkte tragen unterschiedlich stark zu den Einnahmen bei (Reichweite, Tragschicht, Superuser).

Sprechen wir über Produkte

Lass uns einmal überprüfen, wie weit Du noch im ***Job-Modus*** arbeitest: Ein Auftrag kommt rein, Du bearbeitest ihn, danach Rechnung. Wenn dies Dein Modus ist, dann ist es Zeit, darüber nachzudenken, ob das eine oder andere standardisierte Produkt Dir in der Skalierung Deines Einkommens helfen kann *(falls Du nicht einen sehr guten Stundenlohn hast).*

Ganz wichtig:

1. Ein Produkt kann fast jede mögliche Gestalt haben

Jeder Job kann zu einem Produkt werden, wenn Du Deine Job-Lösung wie ein Produkt verkaufst, also ein Leistungs-Paket daraus machst. Denke Produkte nicht kompliziert. Es gibt viele bewährte Gattungen wie z.B.:

Maker	Food, Textilien, Ökologischer Grundstoff, Gerät, Designmöbel ...
Händler	Produkte in Sortimenten. Probierpakete, Regionalkisten ...
Experten	Fachprogramme, Contentprodukte, Education-Gruppen, Kurse ...
Services	Implementierung, Gutachten, Wartung, Reparatur, Liefer-Service ...
Kreative	Erlebnisse aller Art. Hörspiel, Kunstwerk, Roman, Musik, Event ...

2. Deine Produkt-Treppe® kann gemischt sein

Deine Produkt- und Preis-Strategie beginnt mit Deiner Treppe. Es gibt Smartianer, die ihre Treppe konsequent auf eines oder wenige digitalisierte Angebote umgestellt haben. Das erleichtert digitales Marketing.

Aber das ist nicht zwingend. Hast Du einen gewachsenen, klassischen Kundenstamm, kannst Du Deine Treppe langsam mit smarten Produkten ergänzen. Hin und wieder hilft es, dann mit zwei Treppen zu arbeiten: Dein klassisches Angebot auf der einen, Deine smarten Produkte auf der anderen Treppe. ***Aber Vorsicht mit zwei Treppen***. Wenn Du dabei nicht aufpasst, hast Du auf einmal zwei komplett unterschiedliche Tätigkeitsfelder (und Marketing-Strategien). Du willst ja entstressen. In der Regel nimmst Du daher nicht zwei Treppen, sondern schichtest eine bestehende Treppe Stück für Stück um. Und das kalkulierst Du.

ÜBUNG Wie viele Produkte hast Du schon?

Produkt-Modus-Check

Wo bietest Du klassisch Zeit gegen Geld an, wo hast Du Produkte?

Wichtig: Du kannst beides auf Deiner Treppe mischen. Es gibt KEINEN Zwang, 100 % smart zu werden. Aber erst einmal die Bestandsaufnahme:

- Auf welcher Stufe verkaufst Du Dich „*Zeit gegen Geld*"?
- Wo stehen eigene, online buchbare Services oder smarte Produkte?
- Hast Du eher einen Bauchladen oder wenige ausgesuchte Leistungen?
- Was könntest Du eigentlich endlich standardisieren?

Tipp – Clustern nach Gattungen

Hast Du mehr als 6 Angebote / Tätigkeiten, versuche diese nach Gattungen zu clustern.

Beispiel Projektleitung

Du bist in verschiedenen Formen leitend in Projekten tätig, dann nenne das z.B. „Projektleitung". Dort kommt erst einmal alles unsortiert rein. Eine solche Gattungs-Schublade bildest Du aber nur, wenn Du so viele Sachen hast, dass Du clustern musst. Hast Du einige wenige Projektleitungsarten, kannst Du überlegen, was die wichtigste Art bei Dir ist (die käme auf die Stufe 3). Eine besonders teure und seltene Projektleitungsart wäre Dein Superuser-Angebot und stünde auf Stufe 6 etc.

Mit der Produkt-Treppe® kalkulieren

Warum sind uns Produkte so wichtig? Erstens: Weil Du sie ***x-fach*** verkaufen kannst. Zweitens: Weil Du für sie ***aktiv Marketing*** betreiben kannst. Bei Aufträgen ist das oft anders: ***Du wartest auf die Aufträge***. Natürlich betreibst Du auch dort Akquise, aber den Satz *„mir sind dann die Aufträge eingebrochen"* haben wir häufig gehört. Oft sind das schmerzvolle Wendepunkte von erfolgreichen Phasen zu einer Durststrecke.

Bei eigenen Produkten hast Du auch Schwankungen, aber Du bist am Regiepult und kannst je nach Situation neues Marketing nachschieben. Das ist ein Grund, warum die meisten produktorientierten Solopreneure während der Coronakrise Einnahmesteigerungen hatten, während viele auftragsabhängige Selbstständige Einbußen verzeichneten.

Eigene Produkte kannst Du besser kalkulieren

Es gibt einen zweiten Punkt: Du kannst Deine Produkte so kalkulieren, dass Du Deine Ziele besser erreichst! Das macht sie doppelt spannend. Das geht mit der Produkt-Treppe® und mit dem *Smart Business Calculator.*

Dein Kopf mag keine Zahlen, aber die Produkt-Treppe®

Warum raten wir, mit der Treppe zu kalkulieren? Wir sind plastisch denkende Menschen, keine Steuerberaterinnen oder Steuerberater. Dir hilft es nicht, wenn in der Spalte *„Einnahmen aus sonstigen Leistungen"* eine Zahl steht. Das ist für das Finanzamt gut, nicht aber für unseren Kopf.

- Du willst Deine Zahlen „fühlen".
- Du willst einschätzen, wie kreativ (produktiv) Du sein musst.
- Du willst einen Zusammenhang zwischen Verkauf und Ergebnis.
- Du willst wissen, was Du tun musst, damit etwas passiert.

Von daher halte es in einer smarten Kalkulation einfach und plastisch: Orientiere Dich an Deinen Produkten. Denn dort buchen und kaufen Deine Kunden. Was sind dort die Renner, was geht nicht?

Tipp: Schalte um auf eine dingliche, produktorientierte Kalkulation

Kalkulation eines Programmes für Führungskräfte

Zukunfts-Treppe

Beispiel einer vollständig geplanten Treppe.

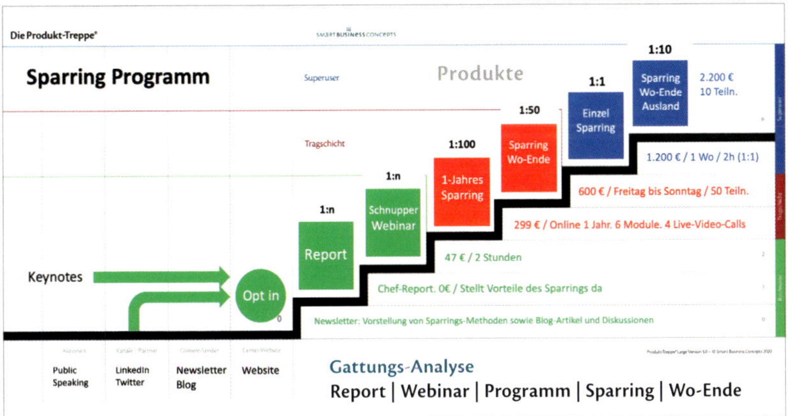

Pilot-Treppe

Du musst nicht mit allen geplanten Produkten sofort starten.
Hier Start mit reduzierter Treppe. In diesem Fall wird das Produkt auf Stufe 4 genutzt, um das eigentliche Haupt-Produkt auf Stufe 3 zu testen und zu pilotieren.

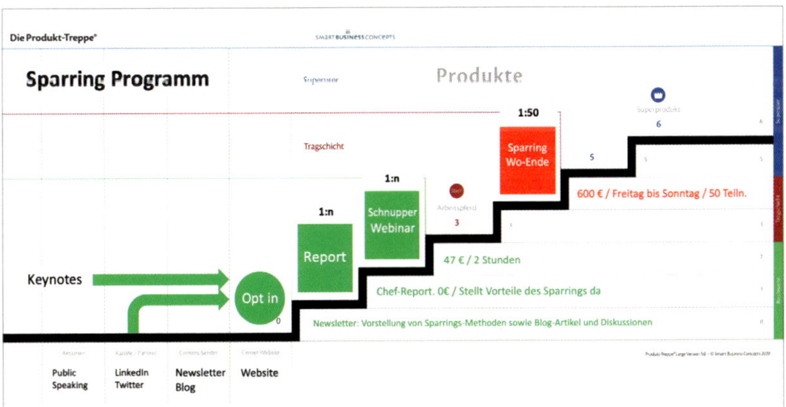

Das Fallbeispiel ist fiktiv, es zeigt mögliche Ordnungs-Kriterien in einem smarten Konzept.

Schritt 1 – Schnelle erste Visualisierung

Bevor Du Zahlen in eine Tabelle einträgst, kannst Du auf einem Board schnelle erste Überlegungen anstellen. Dabei heftest Du Zettel mit den ersten Schätzzahlen an. Halte das einfach. Das ist keine Buchhaltung.

Schnelle Umsatzabschätzung am Whiteboard

Produkte auf der Treppe aus Kundensicht brutto denken.
Umsatzprognose intern ist dann netto.

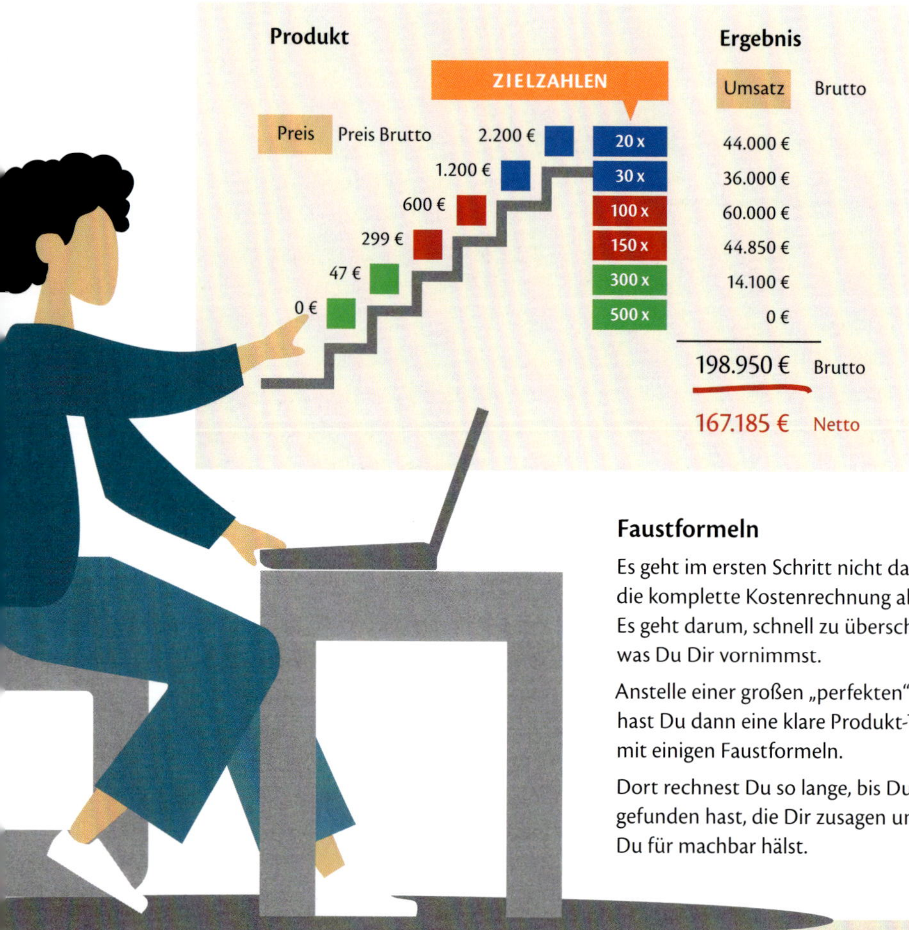

Faustformeln

Es geht im ersten Schritt nicht darum, die komplette Kostenrechnung abzubilden. Es geht darum, schnell zu überschlagen, was Du Dir vornimmst.

Anstelle einer großen „perfekten" Tabelle hast Du dann eine klare Produkt-Treppe® mit einigen Faustformeln.

Dort rechnest Du so lange, bis Du Ziele gefunden hast, die Dir zusagen und die Du für machbar hälst.

Produktorientierte Kalkulation

Jede Produkt-Stufe ist eine Kalkulations-Ebene

Wir ermutigen, mit wenigen Produkten zu arbeiten. Damit die Klarheit in Deinem System größer wird. Es müssen nicht alle Stufen belegt sein. Jedes Produkt bekommt seine eigene Kalkulation und eigene Zielzahlen.

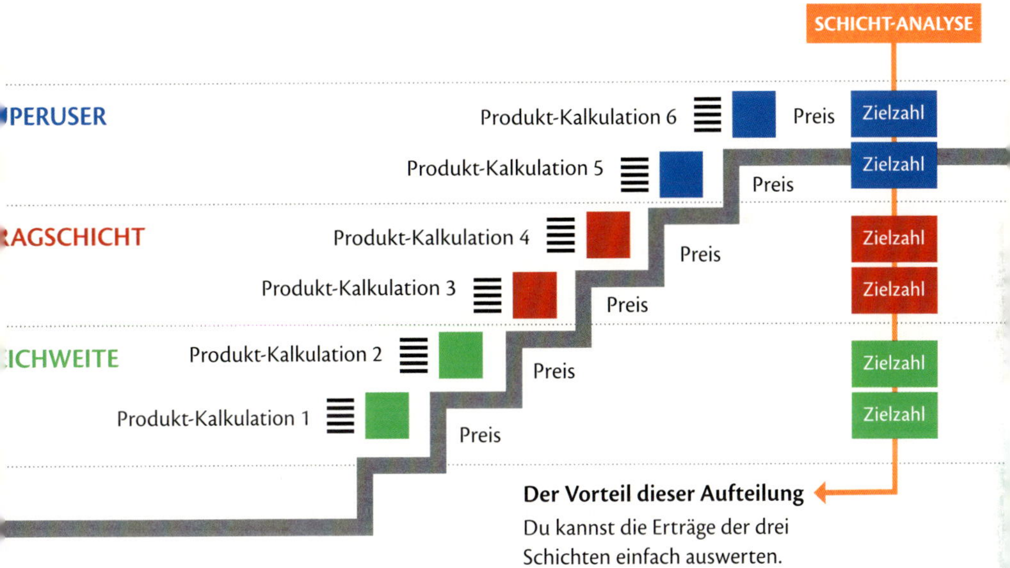

Produkt-Kalkulation Wie viel bringt welches Produkt?

Jedes Produkt einzeln kalkulieren

- Je nach Produkt-Gattung unterscheidet sich der Kalkulationsrahmen.
- Im Kern hast Du aber immer ähnliche Parameter pro Produkt:

Preis	Netto / Brutto	
USt.	Der jeweils gültige Umsatzsteuer-Satz	
Kosten	Herstellungskosten Deines Produktes	*fix + variable Anteile*
Zielzahl	Wie viel Du verkaufen willst *(Stück)* oder anderer Indikator	

Oft wird bei einer Verbesserung der Einnahmen nur an eine Erhöhung der Zielzahlen gedacht. Du kannst aber auch den Preis ändern.

Schritt 2 – Denke in Kunden, nicht in Zahlen

- Denke in Kunden, nicht in Einnahmearten oder Kostenstellen.
- Wie viele Kunden kaufen Produkt 1, 2 oder 3?

Beim Businessplan machen viele den Fehler, Einnahmen einfach linear hochzurechnen. Als wenn alles, wie mit dem Lineal gezogen, eintreffen würde. Formuliere Deine Zielzahlen in für Dich verständliche Größen um. Was bedeutet die Zielzahl genau? Wie viele Kunden erreichst Du wie?

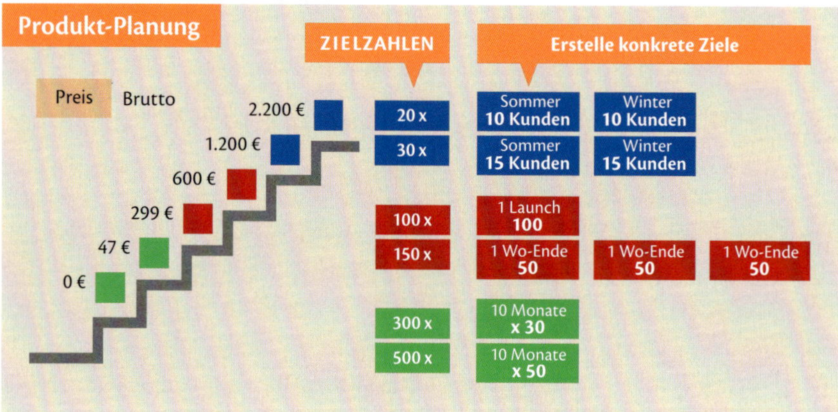

Verteile dann diese Ziel-Cluster auf das Jahr

Sieh Dir an, ob sich das gut auf Dein Jahr verteilen lässt. Wann würdest Du einen Launch etc. ansetzen? Passt das gut und organisch in Dein Jahr?

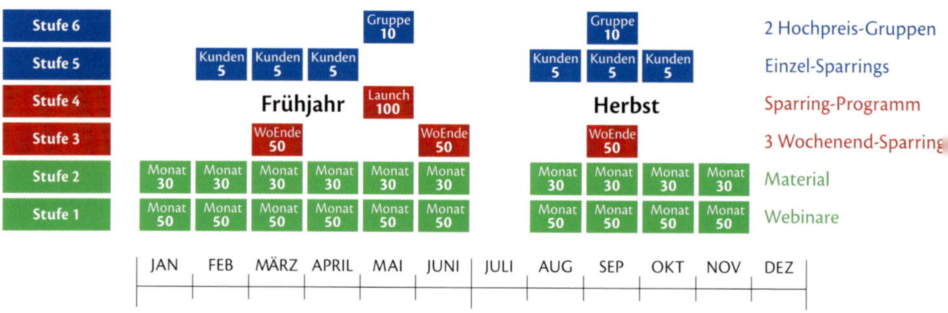

Tipp: Plane monatliche Verkäufe mit 10 Monaten. Damit rechnet es sich schneller. Und Du hast 2 Monate Reserve, wenn es nicht so läuft.

Herbst: Sei vorsichtig, weil die 2. Hälfte des Jahres sehr kurz ist. Juli und Dezember wären in dieser Planung Urlaub.

Schritt 3 – Vom Umsatz zum Ertrag

Ziehe die Umsatzsteuer und die Kosten ab (hast Du die Kosten nicht im Detail, arbeite mit Kostenquoten). Das Ergebnis ist der Ertrag vor Steuern. Damit sind wir aber noch nicht fertig. In Kapitel 2 haben wir dann einen Dreischritt vorgeschlagen:

1. Steuern* begleichen | 2. Rücklage bilden | 3. Dein Gehalt ausschütten.

nden kaufen für 200 TSD €

Alle Zahlen zur vereinfachten Darstellung stark gerundet

rodukt-Planung | **Umsatzprognose**

Kosten	USt.	Brutto Preis	ZIEL	Brutto-Umsatz	Netto-Umsatz [in €]	USt.	Kosten	Ertrag
20%	19%	2.200 €	20 x	44.000	36.975	7.025	7.400	29.575
30%	19%	1.200 €	30 x	36.000	30.250	5.750	9.000	21.250
50%	19%	600 €	100 x	60.000	50.400	9.580	25.200	25.200
40%	19%	299 €	150 x	44.850	37.700	7.160	15.000	22.700
14 €	19%	47 €	300 x	14.100	11.850	2.250	4.200	7.650
10 €	0 €		500 x	0	0	0	5.000	- 5.000
				200.00	167.185			

	USt.	32.000 €	Ertrag vor Steuern	101.000 €
10 %	Rücklage	10.000 €	GewSt.	11.000 €

Rücklagenquote
Wir haben im Fallbeispiel eine von 10 %. Hältst Du das 5 Jahre durch, hättest Du eine Rücklage von 50 TSD. Damit könntest Du bereits einige Zeit ohne Einnahmen puffern. ***Ziel:*** Kosten + Gehalt für 1 Jahr.

Achtung: Die privaten Einnahmen sind noch privat zu versteuern.

Halte Deine Produkt-Kalkulation einfach

Ziel einer schnellen Produkt-Kalkulation ist, dass Du jederzeit Deine Produktpreise überschlagen kannst. Du musst dafür die Größenordnungen wissen, nicht die genauen Beträge mit Kommastellen. Die exakte Buchhaltung stellst Du mit Deinem Steuerberater auf.

Du weißt nun: Produkte, Produktpreise, Ertrag und was unter dem Strich bei Dir ankommt.

* Unter Steuern sind zwei Dinge zu verstehen: Die Umsatzsteuer (sie wird so oder so gleich zur Seite gelegt) und die Steuern auf den Ertrag der Firma (Gewerbesteuer oder Körperschaftssteuer).

Mit der Produkt-Treppe® rechnen

Die vorgestellte Kalkulation ist einfach, aber Fleißarbeit. Damit Du Dir dafür keine eigene Tabelle erstellen musst, haben wir für Dich den *Smart Business Calculator* entwickelt. Damit kalkulierst Du spielerisch in wenigen Minuten komplexe Dinge.

Smart Business Calculator

- Programmierter Calculator basierend auf *Microsoft Excel.*
- Eingabe der ***Produkte*** über die Startseite.
- Eingabe der ***Zielzahlen*** und anderer Parameter auf der Folgeseite.
- Der Calculator leitet eine ***3-Jahres-Umsatzprognose*** ab.

Mit dem Calculator ist das schnell möglich:

- ***Verifizierung:*** Produkt-Ideen einmal schnell durchkalkulieren.
- ***Mischkalkulation:*** Du kalkulierst über das gesamte Produkt-Portfolio.
- ***Schicht-Analyse:*** Übersicht, mit wie viel Prozent welche Schicht (Superuser, Tragschicht, Reichweite) zu Deinem Umsatz beiträgt. Öffnet Dir oft die Augen, auf was Du Dich konzentrieren solltest.
- ***Bundle-Generator:*** Bundles anlegen und mitkalkulieren.
- ***Einfache Kostenrechnung:*** Du hinterlegst eine grobe Kostenquote.
- ***Detaillierte Kostenrechnung:*** Du hinterlegst pro Produkt Zahlen.

Der Calculator ersetzt keine Buchhaltung oder Steuerberechnung. Er ist auch nicht als Businessplan geeignet. Das soll er auch gar nicht.

- Er hilft Dir, im Alltag den Überblick zu behalten.
- Er ist ein schnelles, strategisches Werkzeug.

Lieber öfter und schneller kalkulieren

Der Calculator kann Dein Verhalten ändern. Zahlen werden nicht am Ende des Jahres für die Steuer zusammengestellt, sondern als Vorschau genutzt, um zu entscheiden, wie Du Deine Einnahmen verbesserst.

Willst Du mehr über den Calculator wissen:
smartbusinessconcepts.de/smart-business-calculator

Smart Business Calculator

Von den Produkten her denken – Preis brutto eingeben

Der Calculator ermöglicht es, intuitiv auf der Produkt-Treppe® zu rechnen.
Start ist die Treppen-Ansicht. Pro Stufe können 4 Produkte angelegt werden.

Produkt-Treppe®

Experten-Programm — **Sparring Programm**

Die ockerfarbenen Felder kannst Du nicht ausfüllen

	Produkt	Stufe	Beschreibung	Jahresumsatz netto pro Stufe in €	in %	
Superuser	Sparring Gruppe 2.200,00 €	6	**Sparring-WoEnde** Ausland, 10erGruppe	36.975 €	22%	6
	1:1 Sparring 1.200,00 €	5	**Einzel-Sparring** online für fortgeschrittene Führungskräfte + C-Level	30.252 €	18%	5
Tragschicht	Sparring Wochenende 600,00 €	4	**Sparring-Wochende** in Deutschland mit 50 Personen	50.420 €	30%	4
	1 Jahres Sparring 299,00 €	3	**1-Jahres-Sparring mit 6 Modulen** Hybrid: Kursmodule mit Live-Video-Calls Stark automatisiert und online	37.689 €	23%	3
Reichweite	Schnupper Webinar 47,00 €	2	**2-Stunden-Webinar** mit zentralen Sparrings-Impulsen Appetizer-Produkt online	11.849 €	7%	2
	Chef-Report 0,00 €	1	**Sofort-Download** mit Programm-Einführung	0 €	0%	1
Aktionen	Bundles / Bundle Gesamt		Du kannst den Umsatz des Jahres wählen:	**167.185 €**	**100%**	

© Copyright Smart Business Concepts

Umsatzprognose netto – Drei Jahre in die Zukunft schauen

Nachdem die Zielzahlen eingetragen sind, siehst Du sofort, wohin sich Deine Einnahmen entwickeln könnten. Die Tabelle ist für Details ausklappbar.

Umsatzprognose 3 Jahre

Trage bitte das Startjahr ein.
Alle Zahlen in der Tabelle sind netto
Umsatz pro Produkt: Bitte Tabelle nach rechts aufklappen.

Prognose zweites Jahr

Stufe	Netto Umsatz Jahr 1 Startjahr Stufe gesamt	↑ aufklappen Plus-Symbol oben – USt. Rücklage	Netto Umsatz Jahr 2 Zweites Jahr Stufe gesamt	↑ aufklappen Plus-Symbol oben – USt. Rücklage	Netto Umsatz Jahr 3 Drittes Jahr Stufe gesamt	↑ aufklappen Plus-Symbol oben – USt. Rücklage	
6	36.975 €	7.025 €	36.975 €	7.025 €	36.975 €	7.025 €	6
5	20.168 €	3.832 €	30.252 €	5.748 €	35.294 €	6.706 €	5
4	25.210 €	4.790 €	50.420 €	9.580 €	60.504 €	11.496 €	4
3	25.126 €	4.774 €	37.689 €	7.161 €	62.815 €	11.935 €	3
2	7.899 €	1.501 €	11.849 €	2.251 €	15.798 €	3.002 €	2
1							1
Nettoumsatz gesamt pro Jahr	**115.378 €**		**167.185 €**		**211.387 €**		**USt.-Rücklage**

Im Fallbeispiel werden die Zielzahlen mit 167 TSD Umsatz im zweiten Jahr erreicht. Du kannst ausprobieren, wie sich die Zahlen ändern und dann den für Dich passenden Fall wählen.

Innovation oder Kontinuität?

Du willst Deine Einnahmen verbessern. Wie gelingt Dir das am besten? Indem Du möglichst oft neue Produkte herausbringst oder indem Du kontinuierlich als Spezialist gezielt eine Leistung über Jahre mit gleich hoher Qualität erbringst?

Diese Frage können wir für Dich nicht beantworten.

Aber wir ermutigen Dich, in beiden Fällen häufiger und frühzeitig Deine Produkte und Leistungen zu kalkulieren.

Besonders hilfreich hat sich dabei die Schicht-Analyse herausgestellt. Sie zeigt Dir, wie viel Deines Umsatzes in welcher Schicht erwirtschaftet wird.

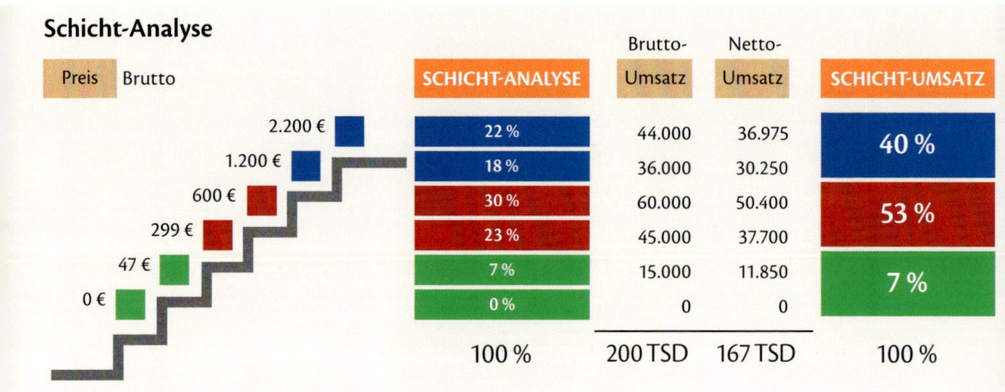

Preisfindung

Viele Selbstständige bewegen sich nur in der Tragschicht. Das ist der Bereich, in dem sie sich wohlfühlen und ohne große Anstrengung ihre Leistung erbringen. Sie wagen sich nicht an Hochpreis-Produkte heran. Oben in der Schicht-Analyse siehst Du in der Superuser-Schicht einen Umsatz von 40 %. Und das (in unserem Beispiel) mit nur 50 Kunden. Diese Analyse kann Dir Hinweise geben, wie Du Dein Portfolio neu „umschichtest“. Das bedeutet nicht, dass Du hochpreisig sein musst. Es ist nur ein Beispiel, wie Deine Kalkulation sich auswirken kann.

think smart!

Zusammenfassung

Kalkuliere über Deine Produkte

- Reduziere und standardisiere Deine Angebote.
- Stelle sie auf die Produkt-Treppe® – Du hast 6 Kalkulationsebenen.
- Ordne sie nach Reichweite / Tragschicht / Superuser.

Kalkuliere öfter, mache es gerne

- Überschlage strategisch, wohin Dich welches Portfolio bringt.
- Nutze die Schicht-Analyse, um Deine Preispolitik zu überdenken.
- Denke auch an Hochpreis-Produkte, wenn Du diese noch nicht hast.

Visualisiere Deine wichtigsten Zielzahlen

- Mache Deine *Smart Business Kalkulation* sichtbar und fühlbar.
- Visualisiere Deine 6 wichtigsten Zielzahlen.
- Schaue Deine Zielzahlen und Deine Ergebnisse regelmäßig an.

Du bist mit diesem Schritt fertig, wenn Du dies beantworten kannst:

Welche Produkte haben bei Dir welchen Preis?

Ordne Dein Angebots-Portfolio besser

Welche 6 zentralen Zielzahlen hast Du?

Kalkuliere und setze Dir klare Ziele

☺

03 FERTIG

Zeit für Pause und Notizen

Der Finanz-Flow-Circle

Vermögensbilanz

Finde heraus, zu welchem finanziellen Resultat Dein bisheriges Leben geführt hat

Wir starten ab hier mit dem Finanz-Flow-Circle

Kapitel 4 – Das finanzielle Ergebnis Deines Lebens

4 Smarte Vermögensbilanz

Was ist bisher gekommen und geblieben?

Beginnen wir nun damit, Deinen Freipunkt auszurechnen.
Im ersten Schritt des Finanz-Flow-Circles erstellst Du eine Bilanz Deines Vermögens. Damit Du siehst, welche Assets Du bereits hast.

- Welche Vermögensgegenstände sind bereits vorhanden?
- Und mit welchen Mitteln sind sie finanziert?

Smart Business Vermögensbilanz

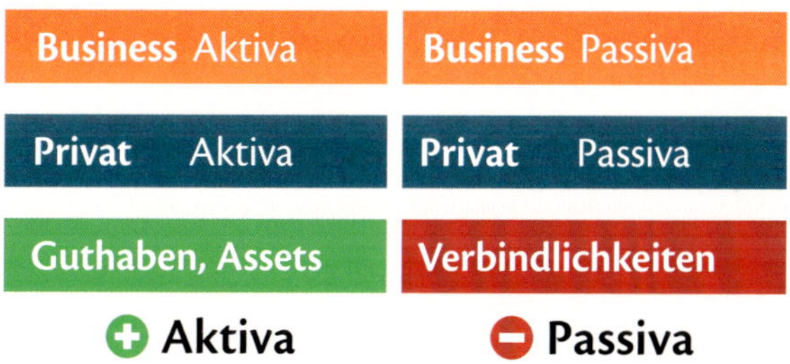

Business und Privat bilanzieren wir zusammen.

Ergebnis: Nettovermögen

Was ist bisher bei Dir hängengeblieben?

Wenn Du Dein Nettovermögen kennst, weißt Du, wo Du finanziell stehst.

Wenn Du zusätzlich weißt, wohin Du willst, zeigt die Vermögensbilanz, ab wann Du genug hast.

Die Vermögensbilanz ist daher ein zentrales Werkzeug.

Was ist eine Vermögensbilanz?

Eine Vermögensbilanz zeigt Dein ***Vermögen*** und ***Schulden*** auf einen Blick. Diese Gegenüberstellung kann eine Tabelle mit zwei Spalten sein:

- Links wird das Vermögen eingetragen. *Aktiva*
- Rechts stehen die Schulden. *Passiva*

Aktiva **Passiva**

	A	B	D	E
1	**Vermögensbilanz**			
2	Stand: 27.2.20XX			
3				
4	**Vermögen (Aktiva)**		**Schulden (Passiva)**	
5	**1. Anlagevermögen Büro**	**16.092,00**	**1. Langzeitschulden**	**164.641,62**
6	lt. Schlussbilanz 31.12.20XX	16.092,00	LBS Bausparvertrag Nr. 253 24 453	131.146,63
7			Wüstenrot Darlehen 342 424 644	31.097,30
8	**2. Konten, Wertpapiere**	**141.191,10**	Privates Baudarlehen von Sabine	2.397,69
9	Sparkasse Trier Geschäftskonto	4.799,88		
10	Volksbank Geschäftskonto	3.747,88	**2. Kurzfristschulden**	**20.270,00**
11	Volksbank Haushaltskonto	1.311,12	Ratenkauf HD-Fernseher mit Surround-Boxen	4.354,34
12	DiBa-Tagesgeldkonto	5.000,00	Ratenzahlung Südafrika-Reise	3.172,43
13	Deutsche Bank Hausverwaltungskonto	768,94	Autokredit	12.743,23
14	Depot Deutsche Bank	32.358,27	Kreditkarte	1.563,40
15	Wüstenrot Bausparvertrag für Dachausbau	31.097,30		
16	Wüstenrot Vermögenswirksame Leistungen	960,00	**3. Rückstellungen**	**32.500,00**
17			Wärmedämmung Goethestraße 257A, Trier	25.000,00
18	**3. Versicherungen**	**51.484,33**	Leipzig Wohnung 59 qm neuer Heizkessel	7.500,00
19	Debeka Lebensversicherung	9.663,38		
20	DBV Winterthur	2.039,00	**Summe Schulden**	217.411,62
21	Standard Life	6.632,79		
22	Allianz	13.266,96	**Nettovermögen**	**513.539,31**
23	Swisslife	6.160,79		
24	Standard Life	13.721,41		
25				
26	**4. Tom (1. Kind)**	**11.025,53**		
27	Sparkasse Trier Sparkonto	1.523,23		
28	comdirect bank Wertpapierdepot	9.502,30		
29				
30	**5. Lara (2. Kind)**	**8.523,23**		
31	comdirect bank Wertpapierdepot	8.523,23		
32				
33	**6. Immobilien**	**383.000,00**		
34	Goethestraße 257A, Trier	318.000,00		
35	Leipzig Wohnung 59 qm ohne Stellplatz	65.000,00		
36	Leipzig Wohnung 86 qm inkl. Stellplatz	95.000,00		
37				
38	**7. Forderungen**	**2.104,74**		
39	Meier GmbH	2.104,74		
40				
41	**8. Unternehmensbeteiligungen**	**50.000,00**		
42	Siebte Dachfonds KG	15.000,00		
43	Windpark GmbH & Co. KG	25.000,00		
44	Öko-Consult Oberberg AG	10.000,00		
45				
46	**9. Eigene Firmen**	**67.530,00**		
47	ABC Holding GmbH Gewinnvortrag	67.530,00		
48				
49	**Summe Vermögen**	**730.950,93**	**Passiva Gesamt**	**730.950,93**

Vermögen minus Schulden = Nettovermöge
Schulden + Nettovermögen ergibt summier
gleiche Zahl wie linke Spalte (Summe Vermö

Welchen Nutzen hat eine Vermögensbilanz?

Die Vermögensbilanz schafft Klarheit darüber, wo Du heute stehst. Weitere Benefits:

- ***Transparenz***
  Du siehst auf einen Blick alles, was finanziell relevant ist.
- ***Handlungsbedarf erkennen***
  Bist Du auf einem guten Weg? Oder musst Du Dein Nettovermögen erhöhen, um langfristig das Leben so gestalten zu können, wie Du es Dir wünschst?
- ***Grundlage für fundierte Entscheidungen***
  Wo gibt es noch Schulden und sonstige Verbindlichkeiten, die abzubauen sind? Gibt es mit Blick auf Deine Vermögenswerte ein Klumpenrisiko? Um wie viel muss Dein Nettovermögen noch wachsen, bis Du Deinen Freipunkt erreicht hast?
- ***Info für Kreditverhandlungen***
  Wenn Du eine Immobilie finanzierst oder geschäftlich einen Kredit brauchst, will die Bank eine Aufstellung Deiner Vermögenswerte und Verbindlichkeiten sehen. Die Vermögensbilanz liefert genau das.
- ***Info für Hausratversicherung***
  Um die Versicherungssumme bestimmen zu können, muss die Versicherungsgesellschaft wissen, welche Werte zu versichern sind. Sind wesentliche Wertgegenstände Teil der Vermögensbilanz, können sie beim Ermitteln des Vertragsumfangs entsprechend berücksichtigt werden.
- ***Liste der Wertgegenstände im Schadensfall***
  Ob Brand, Einbruch oder Vandalismus: Auch für die Abwicklung der Entschädigung ist es hilfreich, eine Liste der Wertgegenstände parat zu haben.
- ***Hilfe beim Erstellen eines Testaments***
  Beim Ordnen des Erbes ist es gut zu sehen, was überhaupt vererbt werden kann.
- ***Entlastung für Angehörige im Todesfall***
  Oft wissen selbst die nächsten Angehörigen nicht, welche Konten und Depots es gibt und welche sonstigen Werte vorhanden sind. Die Folge: Manches, was Wert hat, wird übersehen und geht verloren (Stichwort „verwaiste Konten"). Eine Vermögensbilanz kann Punkt für Punkt bearbeitet werden: Konten können gelöscht, Versicherungen informiert, Beteiligungen und Immobilien übertragen werden.
- ***Selbsterkenntnis***
  Deine Vermögensbilanz zeigt, wie viel von dem, was Du verdient hast, eigentlich hängen geblieben ist.

Starte mit der Aktivseite Deiner Vermögensbilanz

Du beginnst damit aufzulisten, was Du besitzt. Es geht also um die linke Seite der Vermögensbilanz. Das ist übrigens sehr einfach getan:

Lege auf Deinem Rechner einen Ordner an. Nenne ihn z.B. *„Mein smartes Vermögen"*. Erstelle eine Tabellendatei und speichere sie dort ab.

Liste nun in dieser Tabelle zunächst in der linken Seite Deine Aktiva auf. Für diesen ersten Schritt reichen oft bereits 30 Minuten Zeit aus. Die erste Fassung muss nicht vollständig sein. Später kannst Du sie ergänzen. Aber wenn Du noch keine Bilanz hast: Es ist wichtig, damit zu starten!

Trage jeweils den aktuell verfügbaren Wert Deines Besitzes in die Tabelle ein. Nutze für jeden Vermögenswert (zum Beispiel für ein Tagesgeldkonto) eine eigene Zeile.

Schritt 1

Beginne mit *liquiden* Vermögensbestandteilen. Dazu zählen:

- Barguthaben und Guthaben auf Konten
- Denke auch an Mietkautionskonten etc. (falls vorhanden)
- Wertpapierdepots, Bausparverträge

Schritt 2

Schaue Dir anschließend die jüngsten Mitteilungen Deiner *Renten- und Lebensversicherungsverträge* durch. Trage die Rückkaufswerte ein.

Rückkaufswert

Aus garantierter Leistung	**8.827,65 EUR**
garantierte Leistung aus der Berufsunfähigkeits-Zusatzversicherung	109,02 EUR
Leistung aus Überschüssen	224,12 EUR

Der Rückkaufswert ist ohne Berücksichtigung eventueller Prämien- und Zinsrückstände, möglicher einzubehaltender Steuern, Vorauszahlungen, Zulagenrückforderungen bzw. Rückforderung von Steuervorteilen sowie Schlussüberschussanteilen ausgewiesen.

(Ansprüche aus der staatlichen Rentenversicherung kommen später dran.)

Schritt 3

Führe nun Deine *Immobilien* auf (soweit vorhanden).

Schritt 4

Wenn Du an Unternehmen beteiligt bist, führe die jeweiligen aktuellen Werte Deiner Beteiligungen ebenfalls auf.

Mit *Unternehmensbeteiligungen* sind hier nicht börsennotierte Aktien gemeint, sondern direkte Beteiligungen: Gesellschaftsanteile einer GmbH, Anteile an nicht börsennotierten Aktiengesellschaften, Genossenschaftsanteile, Kapital, das in eine Kommanditgesellschaft eingebracht wurde und ähnliche Positionen. Berücksichtige ggf. einen Risikoabschlag.

Schritt 5

Solltest Du Dinge von nennenswertem monetären Wert besitzen – etwa teuren Schmuck, Gemälde, besondere Möbel – kannst Du sie unter einer eigenen Kategorie „Sonstiges" aufführen. Sei hier aber vorsichtig: Real erzielen solche Gegenstände oft weniger, als man sich wünscht.

Was Du für den Umgang mit Deiner Vermögensbilanz wissen solltest

- Die Bilanz ist wie ein Schnappschuss. Sie bezieht sich immer auf einen Stichtag.
- Sie setzt sich aus Elementen zusammen, die einem ständigen Wandel unterliegen. Denke etwa an das Guthaben eines Kontos oder an Wertpapiere, deren Kurs an jedem Handelstag neu bestimmt wird.
- Sie ändert sich also ständig!
- Wenn Du die Vermögensbilanz zum ersten Mal erstellst, dann beginnst Du zum Stichtag „heute" damit und verwertest das am heutigen Tag vorhandene Material.
- Um Entwicklungen sichtbar zu machen, erfasse die Werte künftig an einem bestimmten Stichtag, zum Beispiel zum Ende eines Jahres oder Quartals.

Übrigens: Was in Deiner Vermögensbilanz NICHT eingetragen wird, sind Deine staatlichen Rentenansprüche. Zwar sind diese Ansprüche ebenfalls wichtig. Wir werden sie aber später an anderer Stelle betrachten.

Weiter geht es mit der Passivseite der Vermögensbilanz

Nun erstelle die Passivseite, also die rechte Seite Deiner Tabelle.

Trage jeweils den aktuell verfügbaren Wert Deiner Verbindlichkeiten in die Tabelle ein. Mit anderen Worten: Führe auf, welche finanziellen Verpflichtungen (Schulden) Du anderen gegenüber hast.

Für diesen Schritt reichen zunächst wieder 30 Minuten aus. Keine Angst: Auch hier muss die erste Fassung nicht sofort vollständig sein. Später kannst Du wieder Angaben ergänzen.

In die rechte Seite der Tabelle kommen alle Informationen über die Werte hinein, die Du anderen Institutionen (vor allem Banken) bzw. Personen schuldest. Plus die Rückstellungen, die Du zwingend ausgeben wirst.

Tipp
Unterteile Deine Passivseite in Langzeitschulden und Kurzfristschulden.

Hintergrund: Unterscheidung Langzeitschulden und Kurzfristschulden

Mit der Unterscheidung von Langzeitschulden und Kurzfristschulden verschaffst Du der Passivseite eine sinnvolle Untergliederung:

- *Langzeitschulden* entstehen häufig durch Finanzierungen, die einen werterhaltenden Charakter haben. Das ist zum Beispiel bei einem Hauskredit der Fall.
- *Kurzfristschulden* entstehen dagegen oft durch Finanzierungen für Produkte, die an Wert verlieren – zumindest, wenn man den Wert in Geld misst. Ein Beispiel wäre hier der Kredit für ein Auto oder eine Reise. Zu nennen sind hier auch typische Konsumkredite, wie sie etwa von Versandhäusern angeboten werden. In Ländern wie den USA, in denen Kreditkartenkäufe weit verbreitet sind, würden auch die auf Kartenverträge gebuchten aktuellen Verbindlichkeiten aufgeführt.

Rückstellungen sind Verbindlichkeiten an die Zukunft

Falls Du eine Immobilie besitzt, trage bitte auch *Rückstellungen* ein. Im Falle Deines Hauses wären als Rückstellungen beispielsweise die Kosten für eine anstehende Wärmedämmung, Heizungssanierung oder ähnliche Positionen zu berücksichtigen.

Rückstellungen sind nicht nur mit Blick auf eine Immobilie sinnvoll. Gehe mal die linke Seite Deiner Vermögensbilanz durch und überlege, ob dort Positionen enthalten sind, die in absehbarer Zeit Aufwendungen verursachen werden, die dem Werterhalt bzw. der Wertsteigerung dienen. Wenn Du zum Beispiel ein Segelboot hast und dieses in absehbarer Zeit reparieren lassen willst, kannst Du für die kommenden Reparaturkosten auf der rechten Seite einen Schätzwert eintragen.

Nachdem Du Deine Langzeitschulden, Kurzfristschulden sowie Rückstellungen in die Tabelle eingetragen hast, fasse die Werte unten in einem Summenfeld zusammen. Nutze die Funktionen der Tabellenkalkulation so, dass sich die Summe von allein aktualisiert, sobald Du einen Wert bei Deinen Schulden bzw. Rückstellungen änderst.

Das Ergebnis sieht nun etwa so aus, wie in diesem Beispiel. Die Nummerierung der einzelnen Bereiche kann bei Dir wieder abweichen, so wie auch die Inhalte bei Dir anders aussehen werden – erstelle die Auflistung auch hier so, wie sie zu Deiner aktuellen Situation passt.

Schulden (Passiva)	
1. Langzeitschulden	**164.641,62**
LBS Bausparvortrag Nr. 253 24 453	131.146,63
Wüstenrot Darlehen 342 424 644	31.097,30
Privates Baudarlehen von Sabine	2.397,69
2. Kurzfristschulden	**20.270,00**
Ratenkauf HD-Fernseher mit Surround-Boxen	4.354,34
Ratenzahlung Südafrika-Reise	3.172,43
Autokredit	12.743,23
Kreditkarte	1.563,40
3. Rückstellungen	**32.500,00**
Wärmedämmung Goethestraße 257A, Trier	25.000,00
Leipzig Wohnung 59 qm neuer Heizkessel	7.500,00
Summe Schulden	217.411,62

Verbindlichkeiten sind nicht nur Kredite. Es sind auch Verpflichtungen der Zukunft (Rückstellungen). Was Du NIE MACHST: Status auf Pump finanzieren.

Gehören auch geschäftliche Werte in die Tabelle?

In der Vermögensbilanz geht es um Dein GESAMTES Vermögen. Es ist also eine Zusammenschau Deines privaten Vermögens unter Berücksichtigung Deiner Firmenwerte. Also gehört Deine Firma mit allem dazu.

Aber sei vorsichtig!

- Viele teuer für die Firma gekauften Dinge kannst Du gebraucht nicht mehr verkaufen. Rechne Dich da nicht künstlich reich.
- Du stellst also nur die Dinge in Deine Vermögensbilanz, die Du wirklich zu Geld machen könntest, würdest Du Deine Firma auflösen. Das ist meist weniger, als Du denkst.

Entwickle keine hohe Fantasie vom Firmenwert

Hin und wieder vertrauen Selbstständige einfach darauf, das eigene Unternehmen eines Tages zur Finanzierung des Lebensabends verkaufen zu können. Meist erweist sich dies jedoch als Trugschluss bzw. der Verkaufspreis liegt weit unter dem, was erhofft wurde. Gerade Firmen von Solopreneuren sind häufig unverkäuflich, da die Wertschöpfung stark an die Reputation der eigenen Person gebunden ist.

Trage daher nur die Firmenwerte in Deine Smarte Vermögensbilanz, die Du wirklich erzielen würdest, wenn Du heute Deine Firma aufgeben würdest. Etwa vorhandenes Eigenkapital, das Du Dir dann ausschütten kannst, Kontenguthaben, die wirklich übrig bleiben.

Diese Positionen sind leicht zu erfassen. Das ist wichtig, schließlich soll das vollständige Aktualisieren der Vermögensbilanz im Laufe der Zeit nicht mehr als jeweils maximal eine halbe Stunde kosten.

Frage in Deinem Steuerberatungsbüro beim nächsten Gespräch doch mal, was Dein Unternehmen aus dessen Sicht eigentlich wert ist. Die Aussage aus Sicht der Steuerberatung ist aber theoretisch, da Du im Verkaufsfall erstmal jemanden finden musst, der dazu bereit ist, den theoretischen Wert zu zahlen. Im Zweifel bewertest Du den Verkaufswert Deiner Firma mit 0. Das ist am sichersten.

Falls Du Dir Pensionsansprüche in einer GmbH aufgebaut hast, könntest Du die dafür innerhalb der GmbH gebildeten Rückstellungen in Deine private Vermögensbilanz nehmen (dort kommen sie dann auf die linke Seite, denn diese Ansprüche spielen privat eine ähnliche Rolle wie die Rückkaufwerte privater Rentenversicherungsverträge).

Ob GmbH oder Einzelunternehmen – wir gehen hier davon aus, dass Du als Alleingesellschafter Inhaberin bzw. Inhaber bist. Dann gehören Dir alle Aktiva der Firma. Du stehst aber auch für Deine Firma mit allen Passiva gerade. So musst Du möglicherweise privat für Unternehmenskredite haften. Das gilt zum Beispiel dann, wenn etwa in einer GmbH aus Sicht der Bank nicht genug Sicherheiten vorhanden sind. Daher sollte in Deiner Vermögensbilanz auf der Passivseite bei ***Firmenkredite*** der Wert eingetragen werden, der an die Bank zu zahlen wäre, falls diese Sicherheit eingefordert würde.

Was gehört von Deiner Firma alles auf die Passivseite?

Faustformel: Du hörst heute mit Deiner Firma auf, was hättest Du wem noch zu bezahlen? Das trägst Du als offene Schulden ein.

Dazu gehören übrigens auch ***Rückbaukosten***. Musst Du zum Beispiel ein gemietetes Firmenbüro in den Originalzustand zurückbauen, wenn Du es kündigst, solltest Du diese Rückbaukosten als Passiva eintragen. Gleiches gilt für Abfindungen, wenn Du Mitarbeitenden kündigst etc. Solopreneure haben glücklicherweise selten hohe Rückbaukosten. Bedenke aber: Aufhören und Abbauen kostet immer Geld. Stelle dafür die entsprechenden Rückstellungen ein.

Auch Steuern sind Forderungen an Dich

Auch Steuerschulden könntest Du in der Passivseite aufführen:

• *Umsatzsteuer* (gemäß Umsatzsteuervoranmeldung)	USt
• *Gewerbesteuer* (Nachzahlungen, Vorauszahlungen)	GewSt
• *Einkommensteuer* (Nachzahlungen, Vorauszahlungen)	ESt

Es gibt hier kein generelles Richtig oder Falsch. Nimm die geschäftlichen Werte auf, die zu Deiner Situation passen.

Ermittle Dein Nettovermögen

Deine letzte Aufgabe beim Erstellen der Vermögensbilanz besteht darin, das Nettovermögen zu ermitteln. Verkürzt: Guthaben minus Schulden.

Das Nettovermögen ist eine der wichtigsten Kennzahlen, wenn es darum geht, Klarheit über Deine aktuelle Situation zu gewinnen.

Dein Nettovermögen zu kennen, ist Teil der Bestandsaufnahme, bei der Du einen Blick auf die langfristigen Zusammenhänge Deines Lebens wirfst.

Hintergrund: Nettovermögen

- Eine andere Bezeichnung für das Nettovermögen lautet *Reinvermögen.*
- Im englischen Sprachraum lautet die Bezeichnung *net worth.*
- Das Nettovermögen entspricht Deinem verfügbaren *Eigenkapital.*

Vermögen hat die Eigenschaft, dass es zeitlich unbefristet zur Verfügung steht.

Das Nettovermögen steht rechts in Deiner Bilanz

Um die Höhe des Nettovermögens zu ermitteln, ist nur ein einziger Schritt nötig: Du ziehst die Summe der Schulden von der Summe der Aktiva ab. Das Ergebnis ist Dein Nettovermögen.

	A	B	C	D	E
1	**Vermögensbilanz**				
2	Stand: 27.2.20XX				
3					
4	**Vermögen (Aktiva)**			**Schulden (Passiva)**	
5	**1. Anlagevermögen Büro**	**16.092,00**		**1. Langzeitschulden**	**164.641,62**
6	lt. Schlussbilanz 31.12.20XX	16.092,00		LBS Bausparvertrag Nr. 253 24 453	131.146,63
7				Wüstenrot Darlehen 342 424 644	31.097,30
8	**2. Konten, Wertpapiere**	**141.191,10**		Privates Baudarlehen von Sabine	2.397,69
9	Sparkasse Trier Geschäftskonto	4.799,88			
10	Volksbank Geschäftskonto	3.747,88		**2. Kurzfristschulden**	**20.270,00**
11	Volksbank Haushaltskonto	1.311,12		Ratenkauf HD-Fernseher mit Surround-Boxen	4.354,34
12	DiBa-Tagesgeldkonto	5.000,00		Ratenzahlung Südafrika-Reise	3.172,43
13	Deutsche Bank Hausverwaltungskonto	768,94		Autokredit	12.743,23
14	Depot Deutsche Bank	32.358,27		Kreditkarte	1.563,40
15	Wüstenrot Bausparvertrag für Dachausbau	31.097,30			
16	Wüstenrot Vermögenswirksame Leistungen	960,00		**3. Rückstellungen**	**32.500,00**
17				Wärmedämmung Goethestraße 257A, Trier	25.000,00
18	**3. Versicherungen**	**51.484,33**		Leipzig Wohnung 59 qm neuer Heizkessel	7.500,00
19	Debeka Lebensversicherung	9.663,38			
20	DBV Winterthur	2.039,00		**Summe Schulden**	217.411,62
21	Standard Life	6.632,79			
22	Allianz	13.266,96		**Nettovermögen**	**513.539,31**
23	Swisslife	6.160,79			

Immer dann, wenn sich irgendein Wert ändert – sei es auf der Seite der Aktiva oder in der Spalte der Passiva – verändert sich entsprechend auch das Nettovermögen.

- Im Grunde ist Deine Vermögensbilanz jetzt fertig.
- Eine Sache lässt sich aber noch etwas abrunden.

Das Nettovermögen ist ein Teil der Passivseite der Bilanz. Um die *Summe der Passiva* zu bilden, wird das Feld *„Summe Schulden"* mit dem Nettovermögen addiert. Bei einer Bilanz ist es so, dass die linke Seite immer so groß ist wie die rechte Seite. Dies ist auch bei unserer Bilanz der Fall:

A	B	D	E
Vermögensbilanz			
Stand: 27.2.20XX			
Vermögen (Aktiva)		**Schulden (Passiva)**	
1. Anlagevermögen Büro	**16.092,00**	**1. Langzeitschulden**	**164.641,62**
lt. Schlussbilanz 31.12.20XX	16.092,00	LBS Bausparvertrag Nr. 253 24 453	131.146,63
		Wüstenrot Darlehen 342 424 644	31.097,30
2. Konten, Wertpapiere	**141.191,10**	Privates Baudarlehen von Sabine	2.397,69
Sparkasse Trier Geschäftskonto	4.799,88		
Volksbank Geschäftskonto	3.747,88	**2. Kurzfristschulden**	**20.270,00**
Volksbank Haushaltskonto	1.311,12	Ratenkauf HD-Fernseher mit Surround-Boxen	4.354,34
DiBa-Tagesgeldkonto	5.000,00	Ratenzahlung Südafrika-Reise	3.172,43
Deutsche Bank Hausverwaltungskonto	768,94	Autokredit	12.743,23
Depot Deutsche Bank	32.358,27	Kreditkarte	1.563,40
Wüstenrot Bausparvertrag für Dachausbau	31.097,30		
Wüstenrot Vermögenswirksame Leistungen	960,00	**3. Rückstellungen**	**32.500,00**
		Wärmedämmung Goethestraße 257A, Trier	25.000,00
3. Versicherungen	**51.484,33**	Leipzig Wohnung 59 qm neuer Heizkessel	7.500,00
Debeka Lebensversicherung	9.663,38		
DBV Winterthur	2.039,00	**Summe Schulden**	217.411,62
Standard Life	6.632,79		
Allianz	13.266,96	**Nettovermögen**	**513.539,31**
Swisslife	6.160,79		
Standard Life	13.721,41		
4. Tom (1. Kind)	**11.025,53**		
Sparkasse Trier Sparkonto	1.523,23		
comdirect bank Wertpapierdepot	9.502,30		
5. Lara (2. Kind)	**8.523,23**		
comdirect bank Wertpapierdepot	8.523,23		
6. Immobilien	**383.000,00**		
Goethestraße 257A, Trier	318.000,00		
Leipzig Wohnung 59 qm ohne Stellplatz	65.000,00		
Leipzig Wohnung 86 qm inkl. Stellplatz	95.000,00		
7. Forderungen	**2.104,74**		
Meier GmbH	2.104,74		
8. Unternehmensbeteiligungen	**50.000,00**		
Siebte Dachfonds KG	15.000,00		
Windpark GmbH & Co. KG	25.000,00		
Öko-Consult Oberberg AG	10.000,00		
9. Eigene Firmen	**67.530,00**		
ABC Holding GmbH Gewinnvortrag	67.530,00		
Summe Vermögen	**730.950,93**	**Passiva Gesamt**	**730.950,93**

Wie viel Geld, das in Dein Leben kam, ist geblieben?

Zahlen sprechen eine trockene Sprache. Wörter wie Nettovermögen, Passiva oder Bilanz erzeugen auch nicht gerade eine Atmosphäre, die vor Spannung knistert. Doch der Schein trügt: Die Sache ist viel interessanter, als sie klingt. Denn Deine Zahlen bilden ab, wie gut Du mit dem Geld, das Du verdient hast, umgegangen bist.

„Es gehört ebenso viel Verstand dazu, Geld zu behalten, wie es zu verdienen." (Mark Twain)

Schau Dir Deine Vermögensbilanz unter diesem Gesichtspunkt noch einmal genauer an. Sie verschafft Dir nicht nur Klarheit darüber, wo Du heute stehst. Sondern sie zeigt Dir auch, wie viel von Deinem Einkommen, das in Dein Leben hinein geflossen ist, eigentlich „hängen geblieben" ist.

Du kannst dazu einmal Deine Erwerbsgeschichte anschauen und in einer separaten Tabelle alle Zahlen zusammenrechnen – von der Ausbildung bis heute. Du gewinnst damit eine Vorstellung davon, wie viel Geld bisher in Dein Leben hinein gekommen ist.

So gehst Du vor

Schau Deine *Verdienstbescheinigungen* durch (für die Jahre, in denen Du angestellt gearbeitet hast). Falls Du rentenversicherungspflichtig beschäftigt warst, schau in die *Unterlagen der Deutschen Rentenversicherung*. Die Deutsche Rentenversicherung dokumentiert es im Versicherungsverlauf.

Möglicherweise gibt es auch Vermögenszugänge, die beim Arbeitseinkommen nicht dokumentiert sind. Zwei Beispiele:

- Erbschaft von den Großeltern in Höhe von 15.000 Euro.
- Übertragung eines Wertpapierdepots der Eltern im Rahmen einer Schenkung. Kurswert zum Stichtag der Übertragung: 25.000 Euro.

Berücksichtige auch solche Zugänge. Schließlich willst Du herausfinden, wie viel Geld bisher in Dein Leben hineingekommen ist.

Für die Jahre, in denen Du freiberuflich gearbeitet oder ein Gewerbe betrieben hast, ist das Erfassen des bisherigen Einkommens ebenfalls meist nicht besonders aufwendig, da es Einkommensteuerbescheide gibt, die den Gewinn Deiner beruflichen Tätigkeit ausweisen.

Du kannst die Tabelle auch noch um eine Spalte ergänzen, die das Nachsteuer-Einkommen ausweist. Das ist sinnvoll, denn nur über diesen Einkommensanteil kannst Du mit Deinen Entscheidungen verfügen. Gehe dazu die Einkommen- (und ggf. Gewerbe-)Steuerbescheide der einzelnen Jahre durch und ziehe vom Gewinn die entsprechenden Steuern ab.

Was zeigen Dir die Zahlen?

Die Zahlen zeigen Dir in jedem Fall, dass Du in der Lage bist, Geld in Dein Leben zu bringen. Andererseits: Wer über die Jahre sehr wenig Geld verdient hat, würde durch die Tabelle erkennen, in der Lage zu sein, mit wenig Mitteln auszukommen. Auch das wäre eine wichtige Erkenntnis. Du kannst nun Dein Nettovermögen mit dem Gesamtwert vergleichen, der über die Jahre in Dein Leben hineingeflossen ist.

Wie viel von dem, was Du verdient hast, ist „hängen geblieben"?

Beispiel

Summe der Einkünfte über alle bisherigen Jahre:	1.223.483 Euro
Aktuelles Nettovermögen:	390.770 Euro
Anteil des Nettovermögens in Bezug zum Gesamteinkommen:	32 Prozent

Wie lässt sich das nun einordnen?

- Bei Menschen, die recht sparsam wirtschaften und das Ersparte ertragreich investiert haben, kann das Nettovermögen beispielsweise die Hälfte dessen ausmachen, was verdient wurde.
- Bei weniger sparsamen Menschen bewegt sich der Wert deutlich darunter; viele werden nur einen einstelligen Prozentwert haben.
- Wer aus welchen Gründen auch immer schlecht gewirtschaftet hat, bei dem ist der Wert sogar negativ: Die Mittel reichen nicht, um die Schulden zu begleichen.

Willst Du Dich wirklich mit anderen vergleichen?

Was würdest Du sagen:

Bist Du eher arm oder eher reich? Und woran machst Du das fest?

Ein beliebtes Spiel unserer Gesellschaft ist, abzuschätzen, wie vermögend jemand ist. Daran werden oft Status und Ansehen festgemacht. Die Frage ist dabei freilich, mit wem Du Dich vergleichst – denn es wird immer Menschen geben, die ärmer sind als Du oder die reicher sind.

- Mit Abstand am meisten Nettofinanzanlagen (also Vermögen ohne Berücksichtigung von Immobilien) besitzen die Menschen in den USA. 2022 betrug es dort pro Kopf 253.450 Euro.
- Es folgten die Schweiz (238.780 Euro), Dänemark (163.830 Euro), Singapur (151.200 Euro) und Taiwan (141.600 Euro).
- *Deutschland* kommt international auf *Platz 19 (63.540 Euro).*

Die Zahlen stammen von der Allianz Group Economic Research der Allianz SE (*„Allianz Global Wealth Report“*). Ähnliche Zusammenstellungen auf der Zahlenbasis der UBS (früher Credit Suisse) gibt es bei *Wikipedia* im Artikel „Liste der Länder nach Vermögen pro Kopf“.

Weitere Zahl

Rechnet man Ansprüche gegenüber Versicherungen hinzu, konnte jede private Person in Deutschland zum Ende des Jahres 2022 über ein Geldvermögen in Höhe von etwa 88.600 Euro verfügen. Wenn Du verheiratet bist und Ihr zusammen auf ein Nettovermögen von rund 177.200 Euro verfügt, liegt Ihr in Deutschland genau im Durchschnitt. Für Solopreneure sagt diese Zahl allerdings nicht besonders viel aus. Denn wir müssen meist einen nennenswerten Teil unserer Altersvorsorge aus unserem Vermögen bestreiten. Renten- und Pensionsansprüche werden in den zitierten Vermögensübersichten aber nicht berücksichtigt. Um auf das gleiche Versorgungsniveau wie ein Rentner oder Pensionär zu kommen, muss unser Vermögen daher entsprechend höher sein.

Es gibt noch mehr solcher Zahlen. Die spannende Frage ist aber: Was helfen solche Vergleiche? Bringen sie Dir relevante Informationen?

Aufhören, sich zu vergleichen

Es ist erstaunlich, wie sehr Menschen sich vergleichen wollen. Bitte höre an dieser Stelle damit auf: Wer glücklich sein will, vergleicht sich nicht ständig mit anderen.

Uns geht es in diesem Buch und in unserer *Smart Business Freipunktgruppe* darum, dass Du das zu Dir passende Vermögen aufbaust. Wie arm oder reich Du dabei im Vergleich mit anderen bist, ist gar nicht wichtig. Es geht in unseren Angeboten nicht darum, dass Du durch das Bearbeiten der Anregungen im Laufe der Zeit zum „Millionär" wirst (wobei das durchaus passieren und auch notwendig sein kann). Übrigens ist „Millionär" ein Fantasiebegriff. Viele Deutsche kennen ihr eigenes Vermögen nicht und wären erstaunt, wie viel sie (inkl. Pensionsansprüche) bereits haben.

> Werde an dieser Stelle einfach nüchterner und nutze die Smarte Vermögensbilanz, um zu wissen, wovon Du sprichst. Es geht nicht um eine imaginäre Fantasie-Zahl, als vielmehr darum, Deinen Umgang mit Geld so zu gestalten:
>
> - dass er zu Deinem Leben passt,
> - Dich beim Erreichen Deiner Ziele unterstützt,
> - Dir letztlich mehr Ruhe, Muße und Freiraum in Dein Leben bringt.

Bekommst Du Dein Geld in einen guten Flow, kannst Du bereits mit geringem Vermögen Dein Wunschleben gestalten und entspannter leben.

Daher gilt für uns:

Deutlich relevanter als der Vergleich mit anderen ist es, wo Du im Vergleich mit dem stehst, was Dir wichtig ist.

Und genau darum geht es im *Finanz-Flow-System*: Das Zusammenspiel zwischen Deinem Vermögen und Deinen Lebenswünschen so in die Waage zu bekommen, dass Du das zu Deinen Zielen passende Vermögen hast. Dies schauen wir uns in den nächsten Kapiteln genau an.

Wir vergleichen uns nicht mit anderen, beobachten uns aber selbst genau.

4

Was zeigt Dir die Vermögensbilanz?

minus = Nettovermögen

Drei (etwas übertrieben dargestellte) Szenarien:

16 Money Types **Spender & Jongleure**

Aktiva = gering
Passiva = gering

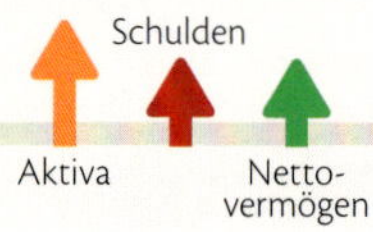

Aktiva = hoch
Passiva = hoch

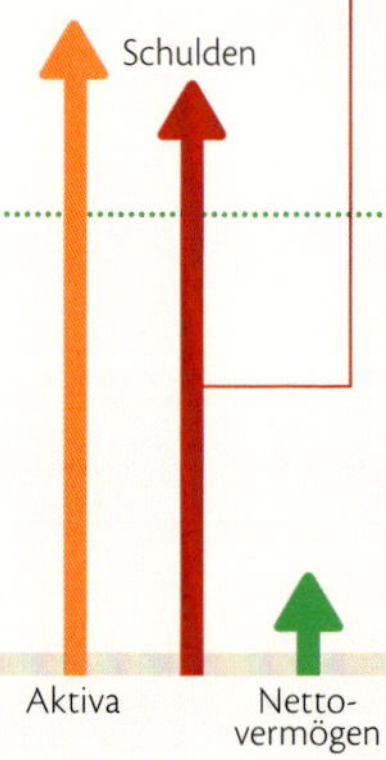

Szenario Nr. 1

Du bemerkst, dass Du viele Jahre lang gut verdient hast. Das Geld floss aber auch schnell wieder aus Deinen Händen heraus.

Im Grunde blieb nicht viel übrig.

Weder die linke noch die rechte Spalte Deiner Vermögensbilanz weist größere Summen auf.

Die Zahl, die Du beim Nettovermögen ermittelt hast, ist daher recht klein. Du hast keine nennenswerten Reserven. Es ist noch unklar, wovon Du im Alter leben wirst. Und die Option, deutlich vor dem Renteneintrittsalter mit dem Arbeiten aufzuhören, steht Dir bisher gar nicht erst zur Verfügung.

16 Money Types **Der Frust der knappen Haushalter**

Sie sind stolz, immer auf den Euro genau zu leben. Streng haben sie gehaushaltet – und alles ausgegeben. Die Bilanz bringt ans Licht: Es ist wenig geblieben.

Szenario Nr. 2

Du stellst fest, dass Du zwar ein beeindruckendes Auto fährst, großzügig wohnst und Dir auch ansonsten viel leistest.

Da aber vieles per Kredit bzw. Leasing finanziert ist, ist die rechte Seite Deiner Vermögensbilanz in etwa so groß wie die linke Seite. Ein Nettovermögen ist auch in diesem Fall nicht nennenswert vorhanden. Deine Freunde halten Dich daher für wohlhabender, als Du es wirklich bist.

Zur Beschreibung dieses Lebensstils passt in einigen Fällen das Bonmot: *„Viele geben Geld aus, das sie nicht haben, für Sachen, die sie nicht brauchen, um Menschen zu beeindrucken, die sie gar nicht mögen."*

In anderen Fällen geht es gar nicht darum, andere zu beeindrucken, sondern einfach darum, das Leben jetzt in vollen Zügen zu genießen, indem so viel konsumiert wird, wie es eben geht. Viele aus der Boomer-Generation leben so. Dass dies ziemlich stressig sein und negative Folgen haben kann, und es auch ganz andere Formen des Daseinsgenusses gibt, ist noch nicht im Blick.

16 Money Types **Genügsame Wirtschafter**

Was hat das mit dem Freipunkt zu tun?

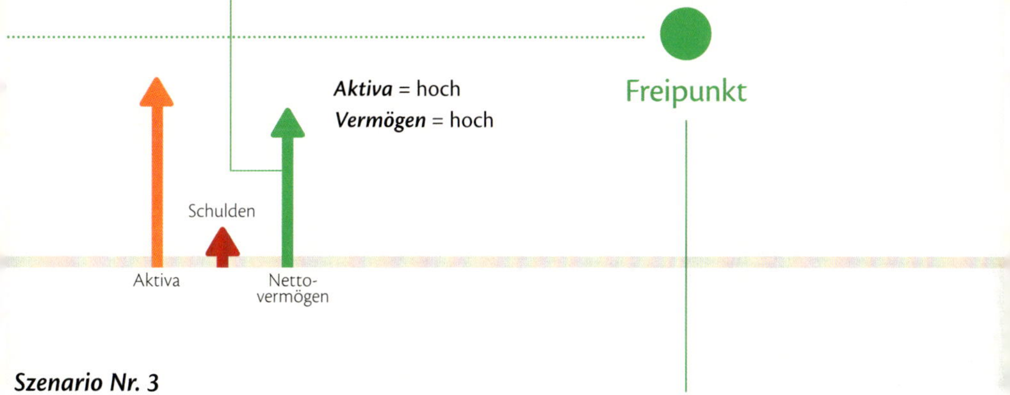

Szenario Nr. 3

Du verdienst vielleicht gar nicht so viel, hast aber für Dich schon halbwegs herausgefunden, wie viel **genug** ist, und legst den Rest konsequent zur Seite.

Im Laufe der Jahre entstand dadurch ein Nettovermögen, das gar nicht mehr so klein ist.

Du bildest Dir zwar nicht besonders viel darauf ein, bist aber froh, nicht von der Hand in den Mund leben zu müssen.

Wenn Du wolltest, könntest Du einige Dinge in Deinem Leben ändern, etwa nur noch zwei oder drei Tage pro Woche arbeiten, ohne dass Du Dich in Deinem Lebenswandel spürbar einschränken müsstest.

Der genügsame Wirtschafter

Er entspricht an vielen Stellen dem gründlich wirtschaftenden Haushalter. Aber das reicht nicht aus (knapper Haushalter). Es gibt zusätzlich den Aspekt der Achtsamkeit (das Genug zu kennen) und den Aspekt, auch wirklich anlegen und Vermögen mehren zu wollen.

Dein ***Nettovermögen*** ist ein erster Indikator, ob Du bereits in der Nähe Deines Freipunktes bist oder nicht.

Der Zusammenhang zwischen Deinem Nettovermögen und dem Freipunkt hat aber mehrere Aspekte.

Nicht der absolute Wert Deines Nettovermögens ist relevant, sondern der Zusammenhang zwischen dem, was Dir genug ist, und Deinem Vermögen.

Mit der Vermögensbilanz weißt Du noch NICHT, wie passend Dein Vermögen ist! Der Freipunkt oben ist willkürlich gesetzt.

Deine Bilanz alleine sagt noch wenig aus

- Mit der Vermögensbilanz weißt Du, was bei Dir bereits vorhanden ist.
- Was ist im ***Vermögenstank*** bereits angekommen?
- Und wie viel ***Verbindlichkeiten*** stehen dagegen?

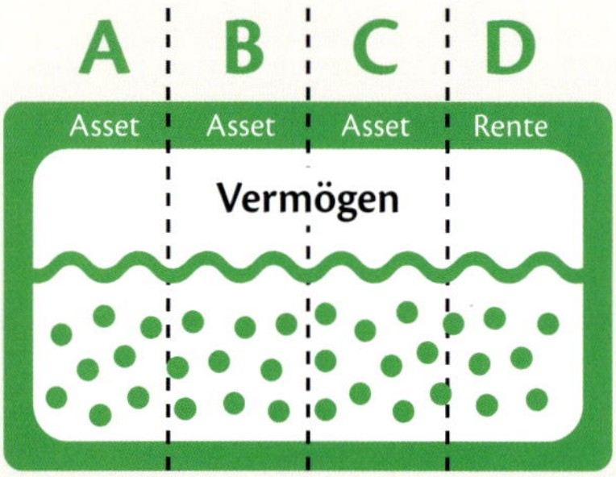

Bilanzieren
In der Bilanz wird der Schuldensack vom Vermögen abgezogen.

Das Problem

Es ist gut, wenn Du Deine Bilanz aufgestellt hast. Es ist gut, eine Zahl zu haben. Das Problem: ***Viele hören damit auf!*** Sie glauben, dass eine Zahl bereits die Antwort ist. Viele träumen bei einem Vermögen von einer bestimmten Zahl. Einer Million oder irgendeinem anderen Wert.

Du hast mit einer Bilanz eine Zahl, aber noch keinen Zusammenhang

Das ist die zentrale Aussage dieses Buches: Die Zahl, die Du in Deiner Vermögensbilanz am Ende als Nettovermögen ermittelt hast, sagt – alleine für sich – noch nichts aus. Du kennst damit weder Dein Genug, noch Deinen Freipunkt, noch, was Du tun kannst oder solltest.

Die drei vereinfachten Szenarien auf der Vorseite sollen Eines zeigen:

Viele Menschen leben eines der Szenarien unbewusst. Es passiert einfach. Und das ist vor allem bei Szenario 1 so. Du gibst aus, was hereinkommt. Die knappen Haushalter haben das Gefühl: Ich komme genau mit meinem Geld aus. Mit ihrem Verhalten verlieren sie aber ihren Freipunkt aus dem Auge. Ohne bewusstes Geldverhalten baut sich kein Vermögen auf.

think smart!

Zusammenfassung

Das Nettovermögen zeigt Dir, wo Du stehst

- Du hast eine Übersicht Deiner Vermögenswerte.
- Du bist Dir Deiner Verbindlichkeiten bewusst.
- In Deinem Kopf herrscht Klarheit über Deine finanzielle Lage.

Du bist in der Lage, Deine Situation einzuordnen

- In etwa ist Dir klar, wie viel Dir von dem Geld blieb, das in Dein Leben kam.
- Du weißt, wo Du in etwa im Vergleich mit anderen stehst.
- Wichtiger ist Dir der Vergleich mit dem, was für Dich zählt.

Du reflektierst Deinen Umgang mit Geld

- Fließt das, was Du verdienst, schnell wieder ab?
- Scheinst Du nach außen wohlhabender, als Du wirklich bist?
- Hast Du Dir bewusst ein Nettovermögen und damit Freiheiten geschaffen?

Du bist mit diesem Schritt fertig, wenn Du dies beantworten kannst:

Wie hoch ist Dein Nettovermögen?

Hier kommt die aktuelle Zahl hin.

Bist Du zufrieden mit dieser Zahl?

Wenn nicht, nutze dies als Motivation für neue Entscheidungen.

☺

04 FERTIG

Zeit für Pause und Notizen

Der Finanz-Flow-Circle

Flowtracking

Betrachte, an welchen Stellen
das Geld aus Deinem Leben abfließt

Kapitel 5 – Wo fließt das Geld aus Deinem Leben?

5 Flowtracking

In diesem Kapitel zeigen wir, wie Du Dein System trackst.

Das Flowtracking ist ein extrem nützliches Vorgehen, um im Umgang mit den eigenen Finanzen souveräner zu werden.

Beim ***Flowtracking*** geht es vor allem um Deinen ***Privattank***:

- Welche Geld-Zuflüsse gibt es dort?
- Wohin fließt das Geld, das Du privat zur Verfügung hast?

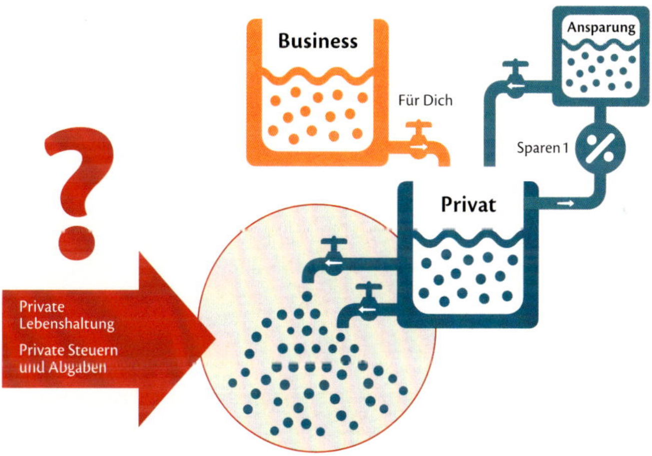

Sparen für private Anschaffungen

Sparen 1

Wenn Du monatlich etwas zur Seite legst, um privat etwas anzuschaffen, dann ist das Deine ***private Sparrate*** oder ***Sparquote***.

Nicht zu verwechseln mit der Investitions-Sparquote, die wir später besprechen.

Wohin fließt das Geld aus Deinem Leben?

Begreife, an welchen Stellen das Geld aus Deinem Leben abfließt. Erst wenn Du eine Übersicht hast, kannst Du Dein Ausgabeverhalten durchschauen und smarter gestalten.

Das Problem

Fast jeder von uns hat einen Locheimer und keinen geschlossenen Finanz-Flow.

Der Loch-Eimer

Der Loch-Eimer Steckt nicht in jedem von uns ein Loch-Eimer?

Unachtsamkeit, das Laster der Moderne

Die *Subscription Economy* setzt darauf, dass durch Abos regelmäßig kleinere Beträge von Deinem Konto abgezogen werden. Das sieht auf den ersten Blick nicht nach viel aus. Aber das summiert sich.

Der Loch-Eimer ist ein Mensch, der dabei nicht genau hinschaut

Er lässt die Dinge einfach laufen. Das rechnet sich nicht.

- Viele kleine Verbraucher fressen Strom. Standby-Modus ist immer an.
- Viele kleine Online-Abos sind bequem – und teuer.
- Ständig werden (kleinere) Sachen nebenbei zusätzlich eingekauft.

Die Lösung

16 Money Types

Der Flow-Tracker

Einnahmen und Ausgaben wirklich regelmäßig mit System tracken.

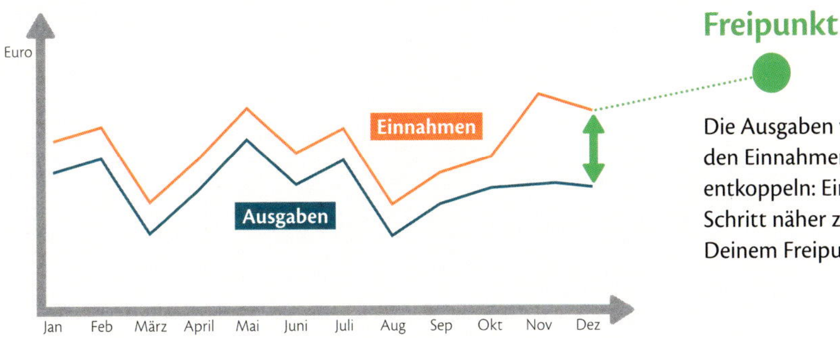

Die Ausgaben von den Einnahmen entkoppeln: Ein Schritt näher zu Deinem Freipunkt.

Klingt eigentlich selbstverständlich. Dies tun aber die Wenigsten! Und vor allem FEHLT meist der Zusammenhang mit Deinem Freipunkt.

Der Flow-Tracker | Stopft regelmäßig Löcher im Eimer

Regelmäßige Achtsamkeit mit System

Flowtracking ist eine Verhaltensänderung. Natürlich denkst Du über Dein Geld nach. Aber Du tust es in der Regel ohne System. Zumindest ohne ein modernes Tracking-System.

Flowtracking ist heute, was früher das Haushaltsbuch war

Früher konnte man Finanzen noch mit Papier und Bleistift im Auge behalten. In einer digitalen Welt mit vielen Konten ist das nicht der Fall.

- Du brauchst eine neue Methodik, die viele Bewegungen versteht.
- Du musst es tun – denn sonst wird der Eimer viele Löcher haben.

Was ist Flowtracking?

Um Deine Finanzen zu ordnen und Dein Vermögen so aufzubauen, dass Du genug hast, musst Du zunächst herausfinden: Wo stehe ich?

Dafür gibt es zwei Instrumente:

- Das erste kennst Du bereits. Es ist die *Vermögensbilanz.*
- Um das zweite Instrument geht es in diesem Kapitel: das *Flowtracking.*

Warum wir das Flowtracking nennen

Hier geht es um das, was in den USA *spending tracking, expense tracking* oder *financial tracking* genannt wird, wobei *financial tracking* allgemeiner ist und auch Einnahmen umfassen kann – so wie auch das **Flowtracking** alle Geldflüsse erfasst.

Die deutschen Begriffe haben einen eher trockenen, bürokratischen Klang: Haushaltsbuch, Ausgabentabelle oder Budgetkontrolle. Letzteres passt auch inhaltlich nicht gut – Budgets haben zu viele Nachteile. Wir haben uns daher dazu entschieden, das Erfassen der Geldströme *Flowtracking* zu nennen.

Beim Flowtracking schaust Du Dir Dein privates Haushaltskonto an. Systematisch und vollständig. Die Buchungen in den (hoffentlich auch bei Dir bereits digitalen) Kontoauszügen zeigen Dir dabei, wohin aus Deinem Leben das Geld aktuell geht. Du kommst dem Loch-Eimer auf die Spur.

Wie bei der *Vermögensbilanz* sind auch beim *Flowtracking* die Zahlen ein Abbild Deiner Entscheidungen. Und auch dieses Instrument wird helfen, noch mehr Verantwortung für die finanzielle Seite Deines Lebens zu übernehmen.

Machst Du Dich auf den Weg, Dein Leben finanziell smart zu gestalten, dann gehe bitte von Deinem Leben aus, so wie es ist. Also nicht von dem Leben, wie wir es uns wünschen, sondern von den Verhältnissen, in denen Du Dich aktuell bewegst. Und das erkennst Du durch das Flowtracking.

Übrigens: Laut Sparkassen- und Giroverband erfassen sechs von sieben Deutschen nicht, wofür sie ihr Geld ausgeben. Solltest auch Du dazu gehören, wirst Du mit dem Flowtracking nun die Seiten wechseln.

Flowtracking und Achtsamkeit bringen viel

Wenn Du im Flowtracking bist, kannst Du diese Minuten nutzen, Dich bei jeder Buchung einen Moment lang zu fragen, ob sie zu Deinen Werten passt ***und Dich Deinen Lebenszielen näher bringt.*** Du gewinnst so ein tiefes Verständnis dafür, **WARUM** Du eigentlich Geld ausgibst – und wie viel.

Bringt das etwas? Und ob.

Deine Selbsterkenntnis wächst

Es sind nicht Deine Fähigkeiten, die ausmachen, wer Du wirklich bist **– es sind Deine Entscheidungen.** Das Flowtracking zeigt, welche Entscheidungen Du getroffen hast. So gut wie jede Entscheidung schlägt sich finanziell nieder. Du wirst Muster erkennen. Gute Muster kannst Du stärken. Schädliche Muster schwächen.

Es starten gute Veränderungen

Du hast vielleicht schon den Spruch gehört: *„What gets measured gets managed."* Das gilt besonders im Blick auf Deine eigenen Zahlen. Manche Veränderung wird fast wie von allein passieren. Andere wirst Du bewusst anstoßen.

Du wirst freier werden

Mit einem größer werdenden arbeitsunabhängigen Einkommen wächst auch Deine persönliche Freiheit. Das wird Dich inspirieren, am Flowtracking dranzubleiben oder es neu aufzunehmen, falls Du es mal in einer Lebensphase gestoppt haben solltest.

Du siehst Deine persönliche Inflationsrate

Du siehst, wie sich bestimmte Kategorien im Laufe der Jahre bei Dir entwickelt haben. Manches wird teurer, aber nicht alles. Das hilft Dir bei der Lebensvorschau.

All dies ist wichtig. Denn nur, wenn Du Deine eigenen Zahlen kennst und verstehst, kannst Du Deine Entscheidungen einordnen und künftig besser gestalten.

Ergebnis des ***Flowtracking*** ist eine Übersicht im Zeitverlauf.
Schaust Du sie an, bekommst Du Antworten auf Fragen wie:

- Wie viel habe ich im *vergangenen* Jahr insgesamt ausgegeben?
- Wie sieht es *aktuell* aus? Gebe ich momentan mehr aus? Oder weniger?
- Was kommt dieses Jahr in etwa *noch auf mich zu?* (Mit den Zahlen des Vorjahres kannst Du schätzen, wie viel Du in den kommenden Monaten ausgeben wirst.)
- Welche *Einsparungen* sind sinnvoll und möglich?
- Was kannst Du noch für Deinen *Vermögensaufbau* tun?
- Mit wie viel Geld kannst Du Gutes tun (*Spenden oder anderes*)?

Welches Tool ist das beste für Dein Flowtracking?

Du brauchst ein Tracking-Tool. Sonst schaffst Du Dein Flowtracking nicht. **Die Zahlen lassen sich durch Dein Gefühl nicht ersetzen.** Wirklich nicht.

Durch das Flowtracking siehst Du, wohin das Geld aus Deinem Leben abfließt. Um dieses Ziel zu erreichen, gibt es viele Wege:

- Du kannst ein **Haushaltsbuch in Papierform** führen. Das Kakebo als Haushaltsbuch nach japanischem Vorbild ist inzwischen auch in Deutschland verbreitet. ***Nachteil:*** Du musst Summen und Prozentwerte (wie später bei der Sparquote) von Hand bzw. mit Taschenrechner ermitteln. Das ist umständlich.
- Du kannst eine **App** nutzen – auf dem Smartphone und/oder auf dem Computer. Es gibt viele Tools, die Dir dabei helfen sollen. In Amerika sind zum Beispiel Mint und YNAB (You Need a Budget) weit verbreitet. Auch in Deutschland sind solche Tools im Kommen. Banken und Dienstleister bieten inzwischen oft selbst diverse Auswertungsmöglichkeiten an. Für viele Menschen wird dies ausreichen. ***Nachteil:*** Du bist auf den Funktionsumfang der App angewiesen. Die Grenzen der App sind zugleich die Grenzen dessen, was Du erfassen und auswerten kannst. Es wird Fragen geben, auf die Dir diese Tools keine Antwort geben können.
- Du kannst eine **individuell anpassbare Tabelle** verwenden (Excel, Google Sheets). ***Vorteil:*** Du kannst alles kostenlos individuell gestalten. ***Nachteil:*** Falls Du keine Erfahrung mit Tabellen hast, ist der Anfang etwas mühsamer.

Du siehst: Jeder Weg hat Vor- und Nachteile. Aber es gibt für uns eine klare Empfehlung: **Arbeite am besten mit einer EIGENEN Tabelle.**

Unser Rat lautet aufgrund unserer langjährigen Erfahrungen:

- Nutze **keine App** (egal, ob kostenlos oder kostenpflichtig).
- Nutze eine **Tabelle,** die Du selbst auf- und ausbaust. Und zwar so, dass sie zu Deinem Leben passt und Dir die Informationen gibt, die für Dich wertvoll sind.
- Nutze den **Computer** statt das Smartphone. Der größere Bildschirm macht den Überblick leichter. Zudem lassen sich Tabelle und Konto parallel öffnen.

Die Stärke der eigenen Tabelle besteht darin, dass sie Dir genau diejenigen Fragen beantworten kann, die Dich umtreiben. So eine Tabelle ist eine Datei, die sich gemeinsam mit Deinem Leben entwickeln kann und wird.

Erstelle zum ersten Mal eine Übersicht Deiner Geldflüsse

Lege nun Deine Tabelle an. Diese könnte zum Beispiel so aussehen:

6	**Einnahmen-Ausgaben-Übersicht**	Januar	Februar	März	April	Mai	Juni	Juli	August
7	Vormonat	0,00	0,00	0,00	0,00	0,00	0,00	0,00	0,00
8									
9	**Einnahmen**	**0,00**	**0,00**	**0,00**	**0,00**	**0,00**	**0,00**	**0,00**	**0,00**
10	Privatentnahmen	0,00	0,00	0,00	0,00	0,00	0,00	0,00	0,00
11	Gehalt	0,00	0,00	0,00	0,00	0,00	0,00	0,00	0,00
12	Kindergeld	0,00	0,00	0,00	0,00	0,00	0,00	0,00	0,00
13	Mieteinnahmen	0,00	0,00	0,00	0,00	0,00	0,00	0,00	0,00
14	Dividenden	0,00	0,00	0,00	0,00	0,00	0,00	0,00	0,00
15	Sonstige	0,00	0,00	0,00	0,00	0,00	0,00	0,00	0,00
16									
17	**Ausgaben**	**0,00**	**0,00**	**0,00**	**0,00**	**0,00**	**0,00**	**0,00**	**0,00**
18	**Wohnen**	0,00	0,00	0,00	0,00	0,00	0,00	0,00	0,00
19	Miete	0,00	0,00	0,00	0,00	0,00	0,00	0,00	0,00
20	Heizung	0,00	0,00	0,00	0,00	0,00	0,00	0,00	0,00
21	Strom	0,00	0,00	0,00	0,00	0,00	0,00	0,00	0,00
22	Wasser	0,00	0,00	0,00	0,00	0,00	0,00	0,00	0,00
23	Müllabfuhr	0,00	0,00	0,00	0,00	0,00	0,00	0,00	0,00
24	Reparaturen an Haus und Grundstück	0,00	0,00	0,00	0,00	0,00	0,00	0,00	0,00
25	Wohngebäudeversicherung	0,00	0,00	0,00	0,00	0,00	0,00	0,00	0,00
26	Straßenreinigung, Winterdienst, Grundsteuer	0,00	0,00	0,00	0,00	0,00	0,00	0,00	0,00
27	Sonstige Nebenkosten (Schornsteinfeger etc.)	0,00	0,00	0,00	0,00	0,00	0,00	0,00	0,00
28									
29	**Essen und Trinken**	**0,00**	**0,00**	**0,00**	**0,00**	**0,00**	**0,00**	**0,00**	**0,00**
30									
31	**Kleidung**	**0,00**	**0,00**	**0,00**	**0,00**	**0,00**	**0,00**	**0,00**	**0,00**
32									
33	**Gesundheit**	**0,00**	**0,00**	**0,00**	**0,00**	**0,00**	**0,00**	**0,00**	**0,00**
34	Krankenkasse	0,00	0,00	0,00	0,00	0,00	0,00	0,00	0,00
35	Medikamente	0,00	0,00	0,00	0,00	0,00	0,00	0,00	0,00
36	Arztkosten etc.	0,00	0,00	0,00	0,00	0,00	0,00	0,00	0,00
37									
38	**Kinder**	**0,00**	**0,00**	**0,00**	**0,00**	**0,00**	**0,00**	**0,00**	**0,00**
39	Kindergarten, Schule	0,00	0,00	0,00	0,00	0,00	0,00	0,00	0,00
40	Kleidung	0,00	0,00	0,00	0,00	0,00	0,00	0,00	0,00
41	Sonstiges	0,00	0,00	0,00	0,00	0,00	0,00	0,00	0,00
42									
43	**Mobilität**	**0,00**	**0,00**	**0,00**	**0,00**	**0,00**	**0,00**	**0,00**	**0,00**
44	Tanken	0,00	0,00	0,00	0,00	0,00	0,00	0,00	0,00
45	Werkstatt	0,00	0,00	0,00	0,00	0,00	0,00	0,00	0,00
46	Steuer, Versicherung	0,00	0,00	0,00	0,00	0,00	0,00	0,00	0,00
47	Bahn, Bus, Flixbus	0,00	0,00	0,00	0,00	0,00	0,00	0,00	0,00
48									
49	**Sonstige Notwendigkeiten**	**0,00**	**0,00**	**0,00**	**0,00**	**0,00**	**0,00**	**0,00**	**0,00**
50	Rundfunkbeitrag	0,00	0,00	0,00	0,00	0,00	0,00	0,00	0,00
51	Mobiltelefon	0,00	0,00	0,00	0,00	0,00	0,00	0,00	0,00
52	Haftpflichtversicherung	0,00	0,00	0,00	0,00	0,00	0,00	0,00	0,00
53	Friseur	0,00	0,00	0,00	0,00	0,00	0,00	0,00	0,00
54	Sonstige	0,00	0,00	0,00	0,00	0,00	0,00	0,00	0,00
55									
56	**Barabhebungen**	**0,00**	**0,00**	**0,00**	**0,00**	**0,00**	**0,00**	**0,00**	**0,00**
57									
58	**Hobby**	**0,00**	**0,00**	**0,00**	**0,00**	**0,00**	**0,00**	**0,00**	**0,00**
59	Sportkleidung	0,00	0,00	0,00	0,00	0,00	0,00	0,00	0,00
60	Tools	0,00	0,00	0,00	0,00	0,00	0,00	0,00	0,00
61	Sonstiges (Versicherung etc.)	0,00	0,00	0,00	0,00	0,00	0,00	0,00	0,00
62									
63	**Urlaub**	**0,00**	**0,00**	**0,00**	**0,00**	**0,00**	**0,00**	**0,00**	**0,00**
64									
65	**Wünsche und Bedürfnisse**	**0,00**	**0,00**	**0,00**	**0,00**	**0,00**	**0,00**	**0,00**	**0,00**
66	Private Fortbildung	0,00	0,00	0,00	0,00	0,00	0,00	0,00	0,00
67	Geschenke	0,00	0,00	0,00	0,00	0,00	0,00	0,00	0,00
68	Spenden	0,00	0,00	0,00	0,00	0,00	0,00	0,00	0,00
69	Freizeit (Kino, Restaurants, Ausflüge)	0,00	0,00	0,00	0,00	0,00	0,00	0,00	0,00
70	Feste	0,00	0,00	0,00	0,00	0,00	0,00	0,00	0,00
71	Sonstige Wants	0,00	0,00	0,00	0,00	0,00	0,00	0,00	0,00
72									
73	**Gespart**	**0,00**	**0,00**	**0,00**	**0,00**	**0,00**	**0,00**	**0,00**	**0,00**
74									
75	Ungeklärte Differenzen	0,00	0,00	0,00	0,00	0,00	0,00	0,00	0,00
76									
77	**Saldo**	0,00	0,00	0,00	0,00	0,00	0,00	0,00	0,00

Tipps zum Aufbau der Flowtracking-Tabelle

Unter die orange **hinterlegte Zeile kommen Deine Einnahmen**

- Falls Du ein *Gehalt* beziehst und *Privatentnahmen* aus Deinem Einzelunternehmen tätigst, findest Du jeweils Zeilen für diese Einkünfte.
- Solltest Du *Kindergeld* beziehen, kannst Du es hier eintragen.
- Fließen Dir *Mieteinnahmen, Dividenden* oder *sonstige Gutschriften* zu, ist hier der richtige Platz, um sie zu notieren.

Unter die blau **hinterlegte Zeile kommen Deine Ausgaben**

Diese sind geordnet nach Kategorien:

- Wohnen
- Essen und Trinken
- Kleidung
- Gesundheit
- Kinder
- Mobilität
- Sonstige Notwendigkeiten
- Barabhebungen
- Hobby
- Urlaub
- Wünsche und Bedürfnisse (Sonstige Wants)

Dann kommt eine grün **hinterlegte Zeile**

Dort notierst Du Beträge, die Du in Richtung Vermögenstank überweist (*Sparen 2*).

Trick: Zeile „Ungeklärte Differenzen"

Normalerweise stimmt der Saldo Deines Kontoauszuges mit dem Saldo Deiner Tabelle überein. Manchmal jedoch passt es nicht. Wenn die Zahl klein ist, lohnt es sich nicht, lange nach der Ursache zu suchen. Damit der Saldo wieder stimmt, gibt es die Zeile „Ungeklärte Differenzen". Hier kannst Du die Zahl eintragen, die nötig ist, damit der Saldo wieder stimmt.

Lege die Felder in der Zeile mit den ***Salden*** so an, dass sie sich automatisch errechnen.

Passe die Kategorien an Dein Leben an

Schau Dir die vorgeschlagenen Kategorien nun aufmerksam an:

- Ist eine dabei, die auf Dein Leben nicht zutrifft? Wenn Du zum Beispiel keine Kinder hast, brauchst Du die betroffenen Zeilen nicht anlegen.
- Gibt es Kategorien, bei denen Du schon jetzt weißt, dass sie in der Tabelle vorkommen sollten? Dann ergänze sie entsprechend.

Tipp: Schau Deine Kontoauszüge durch. Findest Du dort Ausgaben, die immer wieder vorkommmen, aber in der Tabelle nicht berücksichtigt sind? Dann ergänze die Tabelle entsprechend. Beispiele: Versicherungen, Festnetztelefon und Internet, Abonnements.

Die Kategorien sollen Dein Leben widerspiegeln

Wenn Du bestimmte Bereiche genauer durchleuchten willst, nutze Unterkategorien.

Beispiel: Essen und Trinken

Mögliche Unterkategorien könnten sein:

- Lebensmitteleinkäufe
- Restaurantbesuche
- Kantine
- Gemüsekiste

Wo die Grenze des Sinnvollen erreicht ist, bestimmst Du allein. Lass Dich vom Wunsch leiten, „Löcher im Eimer" aufzuspüren: Wenn Du immer noch die Frage in Dir spürst: „Wo geht nur das ganze Geld hin?", ist eine weitere Unterteilung der Kategorien angeraten.

Notwendigkeit oder Wunsch?

Bei *„Sonstige Notwendigkeiten"* kannst Du alles eintragen, was in Deinem Leben als zwingende Kosten auftaucht. Gut, wenn das nicht allzu viel ist.

Weiter unten bei *„Wünsche und Bedürfnisse"* kommt alles rein, was Du angenehm und wünschenswert findest, was aber nicht überlebensnotwendig ist.

Die Kategorien werden sich im Laufe der Jahre verändern – so wie Dein Leben

Hab keine Angst, etwas zu vergessen. Die Kategorien sind nicht ein für alle Mal fix, es gibt hier kein Richtig oder Falsch. Im Laufe der Zeit kannst Du neue Kategorien hinzufügen bzw. mehrere Kategorien wieder zu einer zusammenfassen. **Mach es jetzt nicht zu kompliziert.** Wichtig ist nur, dass Du anfängst.

1. Trage die wiederkehrenden Kosten ein

- Beginne nun, die Tabelle auszufüllen.
- Starte mit den *wiederkehrenden* Kosten.

Es gibt Beträge, die monatlich (z.B. Strom), quartalsweise (z.B. Rundfunkbeitrag) oder jährlich abgebucht werden (z.B. Grundsteuer).

Trage von Januar bis Dezember ein, welche Beträge abgebucht werden. Eine Hilfe dabei sind wieder Deine Kontoauszüge bzw. die Suchfunktion im Onlinebanking. Schaue bei Bedarf nach, in welchem Monat welcher Betrag abgebucht wurde und füge die Beträge in die Tabelle ein. Solltest Du etwas vergessen, ärgere Dich nicht, sondern trage die vergessenen Angaben später einfach nach.

Hast Du die wiederkehrenden Kosten eingetragen, dann hat Deine Tabelle bereits eine gute Grundstruktur. Du weißt jetzt, wie viel Geld Du in welchem Monat auf jeden Fall ausgeben wirst, um Deine Verträge einzuhalten.

2. Trage die variablen Kosten ein

Fülle nun die Felder, in denen sich die Zahlen von Monat zu Monat unterscheiden (*variable* Kosten). Das betrifft zum Beispiel Essen und Trinken, Tanken, Geschenke und Freizeit.

Es gibt dafür zwei Möglichkeiten. Wähle die aus, die besser in Dein Leben passt:

Möglichkeit 1: Du nimmst den Kontoauszug des vergangenen Monats zur Hand.

- Du beginnst mit der ersten Buchung und trägst diese ins betreffende Feld ein.
- Sollte es sich um eine wiederkehrende Buchung handeln und diese schon im Feld stehen, gehst Du zur nächsten Buchung über und trägst diese ins zugehörige Feld ein.
- So gehst Du Buchung für Buchung, bis zur letzten Buchung des Monats, weiter.
- Wenn in einem Feld schon ein Wert steht (in der Zeile „Essen und Trinken" zum Beispiel eine Kartenzahlung für den Einkauf beim Bäcker), setzt Du ein + vor die Zahl, die Du eintippst. Das sieht dann so aus:
  =13,7+36,05+8,8+45,69+180,08+7,08+20,6+29,72+18,57+56+89,13+15,15+10,55
- Die Werte werden dann addiert. Das Feld zeigt die Summe an. **696,27**
- Für den vergangenen Monat hast Du nun alles eingetragen.

- Um zu sehen, was auf Dich zukommt, rundest die Beträge und trägst die gerundete Zahl in die Felder der anderen Monate ein. Damit hast Du eine Schätzung, was im jeweiligen Monat an Kosten so anfällt.
- Ist wieder ein Monat um, beginnst Du erneut mit der ersten Buchung auf Deinem Kontoauszug. Du trägst die Werte nach und nach ein, bis Du bei der letzten Buchung angekommen bist. Felder mit gerundeten Werten ersetzt Du durch die realen Zahlen.
  Vorteil: Die Methode lässt sich relativ zügig umsetzen. Wer ohnehin Schwierigkeiten damit hat, sich an die Tabelle zu machen, der sollte diesen Weg gehen.
  Nachteil: Die Tabelle enthält Schätzungen und ist daher noch ungenau. Dennoch ist es möglich, mit ihr in den kommenden Kapiteln weiterzuarbeiten.

Möglichkeit 2:
Du nimmst die Kontoauszüge der vergangenen zwölf Monate zur Hand.

- Du gehst vor, wie in Möglichkeit 1 beschrieben, nur eben für alle zwölf zurückliegenden Monate.
  Vorteil: Die Zahlen sind genauer. Wer Genauigkeit mag und die Zeit aufbringen kann, sollte diesen Weg gehen. Speichere Zwischenstände immer mal wieder ab, damit Deine Arbeit nicht verloren geht, falls das Programm mal abstürzen sollte.
  Nachteil: Du musst die nötige Geduld mitbringen.

Hast Du nun eine Tabelle, deren Kategorien in etwa Dein Leben widerspiegeln und in der die wiederkehrenden Kosten für das gesamte Jahr sowie die variablen Kosten mindestens für den Vormonat eingetragen sind? Prima! Du wirst sehen: Es hilft Dir und rechnet sich wirklich, regelmäßig auf die Zahlen zu schauen.

Christoph Post
www.fokusschaerfen.de

„Was ich mit Eurer Methode bei mir an unnötigen Ausgaben transparent machen konnte, ist klasse.“

Teilnehmer Freipunktgruppe

Warum wir nicht mit festen Budgets arbeiten

Viele amerikanische Vermögens-Systeme arbeiten mit dem ***Jar-System*** (Jar = Marmeladenglas). Historisch bekamen Familien in den USA ihr Gehalt per Bargeld in Lohntüten. Sie teilten es dann in „Untertüten" auf (Briefumschläge oder eben wirklich in Jars).

Investment-Sparquote ist hier oft 10 %

Money-Jar-System – arbeitet mit festen Budgets

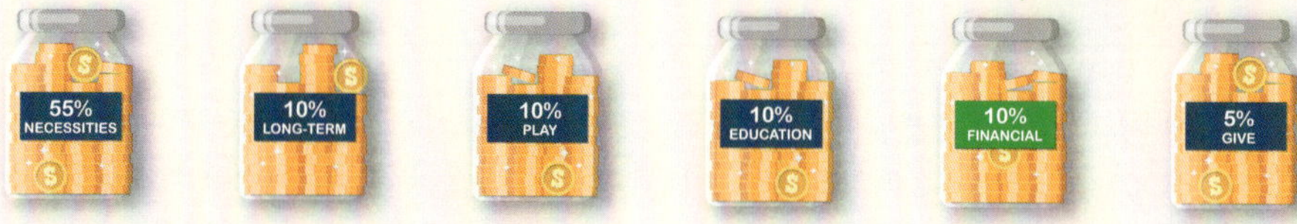

- Miete
- Essen
- Rechnungen

- Urlaub
- Gesundheit
- Anschaffungen

- Freizeit
- Hobbys

- Bildung
- Coaching
- Bücher

- Investment

- Spenden

In der modernen Betriebswirtschaft sind diese „Untertüten" *Budgets.*

Und jetzt kommt ein wichtiger Punkt

Vielleicht arbeitest Du schon mit einer Tabelle und trägst dort ähnlich feste Budgets ein. Ein Budget ist ***ein fester Wert*** (als Rate oder als prozentuale Quote). Beispielsweise hast Du mal festgelegt, dass Du monatlich 400 Euro für Nahrungsmittel ausgibst. In der Tabelle würden dann bei „Essen und Trinken" 400 Euro stehen. Und vielleicht hast Du einen Briefumschlag (oder ein Unterkonto), wo Du zum Monatsbeginn 400 Euro einstellst und aus dem Du immer dann Geld entnimmst, wenn Du Lebensmittel einkaufst, bis dann Dein Budget ausgegeben ist. Eine gute Methode, sein Budget nicht zu überschreiten. ***Aber das ist KEIN Flowtracking!***

Wir arbeiten NICHT mit Budgets – und das aus guten Gründen!

- Wenn Du mit Budgets arbeitest, bedeutet das eine ***Begrenzung Deines Verhaltens*** – oft mit negativen Emotionen: Wenn Du das Budget einer Kategorie überschritten hast, fühlst Du Dich möglicherweise schuldig.
- Oder Du nimmst Geld aus einer anderen Kategorie, um die Zahlen wieder auszugleichen, trickst also herum.

- Wenn Du andererseits unter Deinem Budget bleibst, ***gibst Du in der Regel unnötig Geld aus*** – weil es ja da ist und Du dann immer noch im Rahmen Deines Budgets bleibst. Doch das Geld ist fort, obwohl das gar nicht nötig gewesen wäre!
- *Erfahrung von Brigitte:* Viele Finanzprobleme der öffentlichen Hand (Behörden) sind begründet in der festen Budgetierung. Alle, die eine Abteilung leiten, geben dort ***auf jeden Fall*** das Budget aus. Denn wer weniger ausgibt, wird nicht dafür belohnt. Es kommt dadurch zu keinem wirklichen Wirtschaften.
- Budgets sind beliebt. Sie vermitteln ein Gefühl der Kontrolle. Wer genau hinsieht, wird aber merken: Feste Monats-Budgets sind kein Flow. Ein Flow kann mit unterschiedlichen Wasserständen umgehen.

Flowtracking funktioniert komplett anders!

- Arbeitest Du dagegen ohne Budgets und trackst Dein reales Ausgabeverhalten, hilft Dir das, Dich selbst besser zu verstehen und zwischen regelmäßigen und außerplanmäßigen Ausgaben zu differenzieren.
- Die monatlich geführte Tabelle wird Dir dabei helfen, Muster zu erkennen und fundiertere Entscheidungen zu treffen.

Flowtracking nutzt also KEINE festen Budgets. Es geht dabei darum, dass Du mehr Klarheit über Deinen *realen* Umgang mit Geld bekommst.

Wir raten zum Flowtracking, auch wenn Du mit Budgets arbeitest

Solltest Du dennoch mit Budgets arbeiten und zum Beispiel das Geld für bestimmte Ausgaben mit Briefumschlägen (Budgets) organisieren, *gehe zusätzlich parallel* so vor, wie in diesem Kapitel beschrieben: Führe eine Tabelle mit Deinen realen Geldflüssen. Du wirst sehen: Das ist besser.

Was wir gut finden: Geld zügig auf verschiedene Konten zu verteilen

Auch wenn wir uns gegen eine feste Budgetierung aussprechen, bedeutet das nicht, dass Du Dein Geld achtlos auf ein einziges Konto wirfst. Geld gezielt auf unterschiedliche Konten zu verteilen (in unterschiedliche „Tüten" zu stecken), hat psychologisch große Vorteile: Geld liegt dann „sicher" an verschiedenen Stellen, an denen Du nicht einfach zugreifst.

Barausgaben ins Flowtracking einbinden

Wohin Dein Geld fließt, kannst Du gut nachvollziehen, wenn Du mit Karte zahlst. Doch neben den bargeldlosen Ausgaben gibt es auch noch die ***Barausgaben***. Sie lassen sich nicht so leicht überblicken.

Das Sammeln und spätere Auswerten der einzelnen Barbelege ist nur für sehr gründliche und geduldige Menschen eine Lösung. Wie geht das aber einfacher? Eine Idee, die funktioniert und deren Umsetzung wenig Zeit kostet, ist eine zusätzliche Zeile in der Flowtracking-Tabelle, in der in Kategorien wie Essen und Trinken oder Mobilität jeweils nur die Barausgaben notiert werden.

TIPP – Nutze einen Barausgaben-Zettel

Lege in Dein Portemonnaie einen Zettel, auf dem Du jede Barausgabe sofort notierst und einer Kategorie zuweist. Nach Ablauf des Monats siehst Du alle Barausgaben mit einem Blick. So funktioniert es:

Schritt 1 – Definiere Deine Kategorien

Im ersten Schritt überlegst Du, welche Kategorien Du tracken willst. Welche Produkte und Dienstleistungen bezahlst Du überhaupt bar?

Die meisten Ausgaben lassen sich in wenige Kategorien einordnen. Du kannst Dich am hier abgebildeten Beispiel orientieren und es auf Deine Situation anpassen:

Barausgaben Monat:

1 Freizeit (Tango, Ausgehen, Museum, Ausflüge, Kino)
2 Feste (Geburtstage, Souper, Weihnachten etc.)
3 Geschenke (Hochzeiten, Geburtstage etc.)
4 Nahrung
5 Kleidung
6 Friseur, Kosmetika
7 Urlaub, Wochenendreisen
8 Sonstiges (Kollekten etc.)
9 Kinderbetreuung

Datum	Betrag	Was/Schlüssel

Barausgaben-Zettel

Es sollten zwischen drei und zehn Kategorien sein.

Dass Du die Kategorien gut gewählt hast, erkennst Du daran, dass sich in „Sonstiges“ keine Gruppen bilden, die eine eigene Kategorie verdient hätten.

Du kannst die Kategorien im Laufe der Zeit anpassen. Wichtig ist im Moment, dass Du überhaupt damit beginnst, Deine Barausgaben zu erfassen. Optional kannst Du die Ausgabe noch spezifizieren („Blumen“, „Bäckerei“, „Bücherei“).

Schritt 2 – Erstelle eine Vorlage und drucke den Zettel aus

Erstelle eine Vorlage, die Du ausdrucken kannst. Drucke die Vorlage aus, schneide die Zettel aus, falte sie und lege einen dieser Zettel in Dein Portemonnaie.

Schritt 3 – Trage Deine Barausgaben auf dem Zettel ein

Wenn Du eine Ausgabe bar bezahlst, nimmst Du den Zettel aus dem Portemonnaie. Trage das Datum, den Betrag und das Kürzel für die Kategorie ein. Das ist in wenigen Sekunden erledigt und sieht nach einer Weile so aus wie in diesem Beispiel:

Barausgaben-Zettel in der Praxis

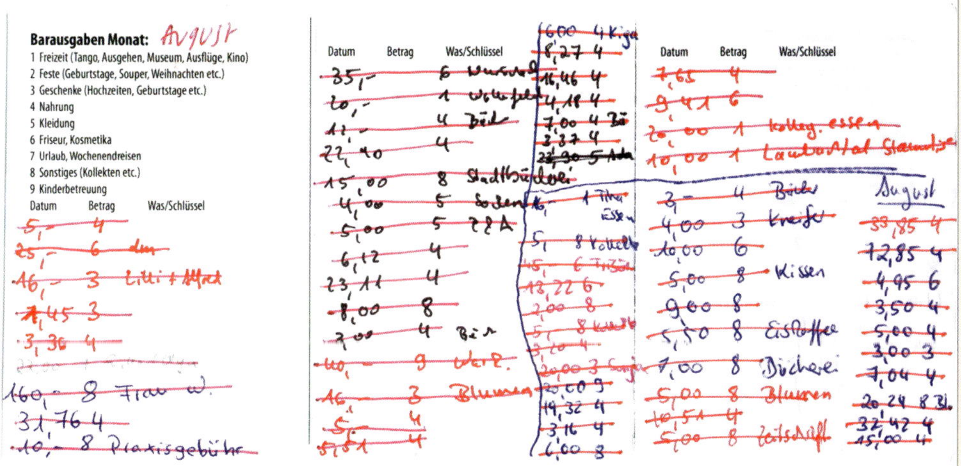

Die einzelne Ausgabe braucht kein Datum

Im Beispiel ist das Datum nicht eingetragen. Es ist auch nicht nötig, wenn Du jeden Monat einen neuen Zettel nutzt. Nötig sind dagegen Betrag und Kategorienschlüssel.

Sei nicht zu genau

Beim Eintragen der Kategorie solltest Du Dich wieder davor in Acht nehmen, zu sehr ins Detail zu gehen. **Eine grobe Angabe reicht aus.**

Wenn Du z.B. im Supermarkt für 85 Euro eingekauft hast, und dieser Einkauf umfasst Lebensmittel im Wert von 75 Euro und Kosmetika im Wert von 10 Euro, würden wir dennoch die gesamten 85 Euro mit dem Kategorienschlüssel für Nahrung eintragen. Wenn Du beginnst, Kassenzettel auseinanderzuklamüsern, verlierst Du zu viel Zeit. Eine gewisse Schlampigkeit hilft sehr, die Sache fertig zu bekommen.

Einige Tipps zur Erfassung von Daten

Flowtracking ist Arbeit. Gerade bei kleinen Ausgaben kann die Erfassung nerven.

Tipp für mehr Geschwindigkeit

Falls vorhanden, bitte für das Eingeben der Barausgaben in die Tabelle Deinen Partner um Hilfe: Einer kann die Eintragungen vorlesen, der andere tippt sie ein.

Dies dauert, wenn Ihr Euch konzentriert und ein bisschen Übung gewonnen habt, nicht länger als fünf Minuten. Zudem kann es sein, dass Ihr über Eure Ausgaben ins Gespräch kommt und Ideen dafür gewinnt, was Ihr künftig anders machen wollt.

Muss es unbedingt ein Zettel sein?

Die Version mit dem Zettel haben wir vorgestellt, weil sie sich bewährt hat. Sie ist einfach und zugleich wirkungsvoll. Der Zettel erfüllt seinen Zweck ohne Abstriche: Er ist schnell zur Hand, und das Notieren der nötigen Ziffern dauert keine zehn Sekunden.

Wenn Du ein Smartphone nutzt und dieses ständig bei Dir hast, kannst Du Deine Ausgaben natürlich auch elektronisch erfassen.

Wie Du Deine Barausgaben dokumentierst, bleibt Dir überlassen. Wichtig ist nur, dass Du es machst.

Ist es wirklich nötig, jede Ausgabe zu erfasssen?

Ja, im Grunde schon. Denn auch kleine Ausgaben summieren sich und nagen an Deinem Freipunkt. Halte Dir vor Augen: Jeder Euro, den Du unnötig ausgibst, kostet Dich Freipunkt-Lebenszeit. Das gilt zumindest so lange, wie Du Geld durch Arbeit in Dein Leben bringst und nicht durch arbeitsunabhängige Wege wie Mieteinnahmen, Dividenden oder Vermögensentnahmen.

Jede Stunde, jede Minute Deines Lebens ist kostbar. Du kannst sie nur einmal erleben. Wenn Du Geld ausgibst, dann gibst Du letztlich Lebenszeit aus, die Du mit Arbeit verbracht hast, um diesen Euro zu verdienen. Und es ist nur fair, wenn Du für diese wertvolle Lebenszeit auch einen entsprechenden Gegenwert bekommst. Der Umgang mit dem Zettel wird Dein Bewusstsein für diesen Gegenwert schärfen.

Achtung: Es geht nicht darum, pingelig zu werden. Es geht darum, dieses Aufzeichnen als Gewohnheit einzuüben. Es geht darum, für Dich selbst aus den Aufzeichnungen einen Nutzen zu ziehen. Wo Du die Grenze setzt, bleibt Dir überlassen.

Wird es tatsächlich möglich sein, jede Ausgabe zu erfassen?

Vermutlich nicht. Doch es geht darum, so achtsam wie möglich zu werden. Wenn Du das Aufzeichnen mal versäumst: Sei nicht frustriert, sondern mache bei der nächsten Ausgabe wieder weiter.

Aktualisiere die Übersicht jeden Monat

Ist ein Monat um, bekommst Du einen neuen Kontoauszug (PDF ist dabei besser als Papier, da durchsuchbar). Falls Du keine monatlichen Kontoauszüge bekommst, bitte Deine Bank, die Einstellungen entsprechend zu ändern. Der neue Auszug ist der Auslöser für das Flowtracking. Damit Du es nicht vergisst, trage es Dir ggf. in den Kalender ein.

Mach es Dir zur Gewohnheit, bei Vorliegen eines neuen Kontoauszuges die Tabelle zu öffnen und Dich dem Flowtracking zu widmen. Anfangs mag das bis zu einer Stunde lang dauern – die Dauer hängt von der Anzahl Deiner Buchungen ab, aber eben auch von Deiner Routine. Später, mit mehr Übung, dauert es dann nicht mehr so lange. Wie lang auch immer es dauert – die Zeit ist gut investiert!

So gehst Du vor:

1. Du duplizierst die Datei mit der Tabelle.
2. Du nimmst den Kontoauszug des vergangenen Monats zur Hand.
3. Du prüfst oben den Wert in der Zeile „Vormonat". Diese Zahl sollte mit dem Wert übereinstimmen, der auf Deinem Kontoauszug bei „alter Kontostand" steht.
4. Diesen Schritt kennst Du schon: Du gehst nun Buchung für Buchung durch und trägst sie in die zugehörigen Felder ein.
5. Höre für einen Moment in Dich hinein: Hat diese Buchung Dein Wohlbefinden gestärkt? Oder hätte sich an Deiner Lebensqualität nichts geändert, wenn es diese Buchung gar nicht gäbe?
6. Hake erledigte Buchungen auf dem Kontoauszug ab.
7. Hast Du alle Buchungen eingetragen, prüfst Du den Saldo.

Saldo	5.135,25

   Die Zahl sollte mit dem Wert übereinstimmen, der auf Deinem Kontoauszug bei „neuer Kontostand" steht. Ist dies nicht der Fall, kannst Du die Belege nochmal durchgehen und prüfen, wo die Ursache zu finden ist.

   Wenn der Betrag aber klein ist, lohnt sich der Aufwand meist nicht, dem Flüchtigkeitsfehler auf die Spur zu kommen. Für diesen Fall gibt es die Zeile „Ungeklärte Differenzen". Trage dort diejenige Zahl ein, die dazu führt, dass der Saldo Deiner Tabelle mit Deinem Kontoauszug übereinstimmt.

Worauf kommt es beim Flowtracking an?

Fang an

Wichtig ist es, überhaupt zu starten. Das ist besser, als ein perfektes System anzustreben, damit aber in der Praxis nie zu beginnen. So gesehen ist es im doppelten Sinne gut, *einfach loszulegen:*

- Beginne.
- Mach es gerade am Anfang nicht zu kompliziert.

Im weiteren Verlauf kannst Du bei Bedarf optimieren. Jetzt geht es erstmal darum, eine vernünftige Ausgangsbasis zu schaffen, mit der Du dann weiterarbeiten kannst. Je länger Du durchhältst, desto leichter wird es.

Bleib dran

Nimm das Pflegen der Tabelle ernst. Übe es als Gewohnheit ein, bis es Dir in Fleisch und Blut übergegangen ist. Wenn Du die Pflege mal versäumt hast, trage die Zahlen nach.

Niemand kümmert sich intensiver um Dein Geld als Du selbst. Wenn Du Dich mit Deinen Finanzen beschäftigst, betreibst Du zugleich Selbstsorge. Solange Du Deine Einnahmen und Ausgaben verfolgst, ruht Deine Lebensversorgung auf einer soliden Datenbasis. Sobald Du nachlässig wirst, verlierst Du die Übersicht. In der Folge wird sich Deine Finanzlage mit großer Wahrscheinlichkeit verschlechtern.

Vereinfache

Prüfe, welche monatlichen Buchungen Du auf eine jährliche Zahlweise umstellen kannst. Dies ist auch nachträglich machbar. Es ist beispielsweise meist bei Versicherungsverträgen möglich, etwa bei der privaten Krankenversicherung oder bei Rentenversicherungen.

Die Vorteile:

- Die Zahl der Buchungen verringert sich – Du hast beim Flowtracking weniger zu tun.
- Oft bekommst Du für die jährliche Zahlweise ein Skonto gewährt.

Sei nicht zu genau – der Kategorie-Trick

Beim Einkaufen kommt meist eine Mischung verschiedener Waren in den Korb. Zum Beispiel Lebensmittel, Hundefutter, Zahnpasta etc. Es lohnt sich nicht, den Kassenbeleg durchzugehen und diese einzelnen Waren den jeweiligen Kategorien zuzuordnen. Das hält zu lange auf. Zudem ist der Erkenntnisgewinn meist nicht groß genug, um den Aufwand zu rechtfertigen. Tipp: Buche den Gesamtbetrag in der Kategorie, die den größten Anteil ausmacht. Das reicht meist aus. Nur wenn Du merkst, dass Du es genauer wissen willst, gehe die Sache differenzierter an.

Schau nach vorn

Ist die Tabelle auf dem Schirm, schau die kommenden Buchungen an:

- Welche Buchungen fallen in den kommenden Wochen an? Ist das Konto gedeckt, um alle Abbuchungen auszuhalten?
- Welche größeren Abbuchungen kommen in den nächsten Monaten auf Dich zu? Hast Du dafür genügend Reserven?

Flowtracking hilft, Dein Ausgabeverhalten bewusster zu gestalten

Ein häufig anzutreffendes Muster sieht so aus, dass Menschen das Geld ausgeben, das sie verdienen. Verdienen sie mehr, geben sie mehr aus.

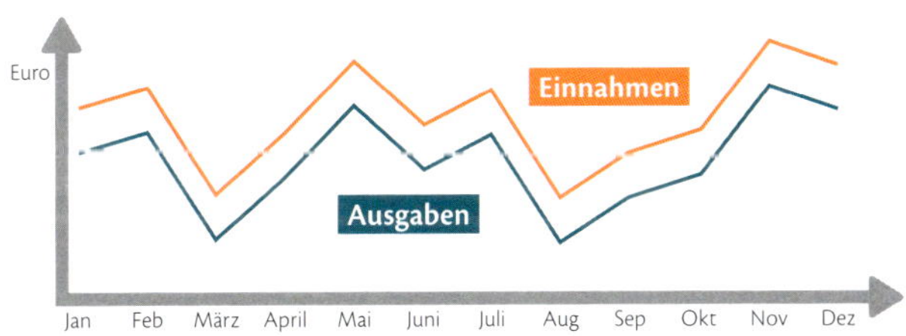

Doch das ist nicht smart. Wenn Deine Ausgaben mit Deinen Einnahmen parallel verlaufen, dann hast Du das Problem, dass Du nie zu dem Punkt kommen wirst, an dem Du Deine Lebenshaltungskosten unabhängig von Deinem Erwerbseinkommen finanzieren kannst.

Läuft es schlecht, musst Du bis zum Ende Deiner Tage Einkommen erzielen. Ja, es ist schön, auch im Alter noch arbeiten zu können. Aber wenn es zum Zwang wird, verliert sich diese Schönheit ziemlich schnell.

Ziel: Entkopple Einnahmen und Ausgaben

Viele Menschen leben von der Hand in den Mund. Einnahmen sind unmittelbar mit Ausgaben verbunden. Smarte Finanz-Flower stellen sich anders auf. Beginne, die Kurven Deiner Einnahmen und Ausgaben voneinander zu entkoppeln.

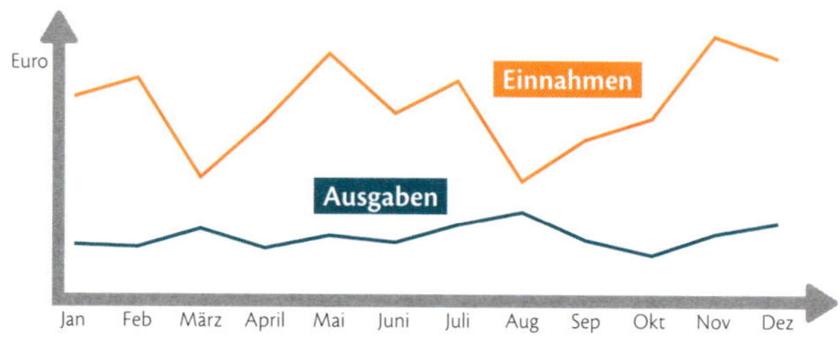

- *Schlüssel Nummer 1 = Impulskontrolle*
  Das Entkoppeln geschieht, indem Du Distanz zu Deinen Impulsen gewinnst und Dein Geld bewusster ausgibst.
- *Schlüssel Nummer 2 = Überblick gewinnen und Löcher stopfen*
  Wenn Du die Zahl der Löcher im Eimer verringerst, bleibt mehr zum Aufbau Deines Vermögens. Versuche also möglichst viele Löcher zu stopfen oder den Abfluss zu verringern. Je weniger Geld abfließt, desto mehr kann dann auch in Deinen Vermögenstank fließen.

Vielleicht fragst Du Dich beim Blick auf das Flowtracking: Warum dieser ganze Aufwand? Die Antwort hat wieder mit dem Freipunkt zu tun:

- Das Flowtracking zeigt Dir, wie viel Du derzeit ausgibst.
- Davon hängt ab, wie groß Dein Freipunkt-Vermögen sein muss.
- Wenn Du Deine Ausgaben nicht kennst, kannst Du Deinen Freipunkt nicht ermitteln. Wir greifen das später noch auf.

Wenn Du den Zusammenhang zwischen Deinem Flowtracking und Deinem Freipunkt verstanden hast, wird Dich dies motivieren, das Flowtracking wirklich zu machen – Monat für Monat. Es kann dann sogar eine Quelle der Inspiration sein.

think smart!

Zusammenfassung

Flowtracking ist ein hilfreiches Werkzeug

- Du überblickst die Einnahmen und Ausgaben Deines Lebens.
- Du erkennst in Deinen Finanzflüssen Muster.
- Flowtracking kann eine kraftvolle Achtsamkeitsübung sein.

Für das Flowtracking nutzt Du am besten eine Tabelle

- Du kannst sie individuell anpassen.
- Die Kategorien spiegeln Dein Leben wider.
- Flowtracking bedeutet nicht, mit Budgets zu arbeiten.

Es gibt ein paar hilfreiche Gewohnheiten

- Mach es gerade am Anfang nicht zu kompliziert.
- Bleib dran, denn niemand kümmert sich intensiver um Dein Geld als Du.
- Entkopple Einnahmen und Ausgaben.

Du bist mit diesem Schritt fertig, wenn Du dies beantworten kannst:

Wo fließt wie viel Geld aus Deinem Leben ab?

Die Flowtracking-Tabelle zeigt die Antwort.

Passen die Abflüsse zu Deinen Lebenszielen?

Wenn nicht, kannst Du das ändern.

☺

05 FERTIG

Zeit für Pause und Notizen

Der Finanz-Flow-Circle

Lebensvorschau

Spiele Deine Finanzflüsse durch, um Deinen Bedarf zu verstehen

Kapitel 6 – Finanzflüsse prognostizieren

6 Lebensvorschau

In diesem Kapitel wirst Du in die Zukunft blicken

Ist Dein Freipunkt eigentlich schon gesichert oder nicht?

Wie bringst Du in Erfahrung, ob Deine Ausgaben später durch arbeitsunabhängige Einnahmen gedeckt werden? Mit der Lebensvorschau schaust Du Deine Anwartschaften an und wie sich Deine Ausgaben verändern werden.

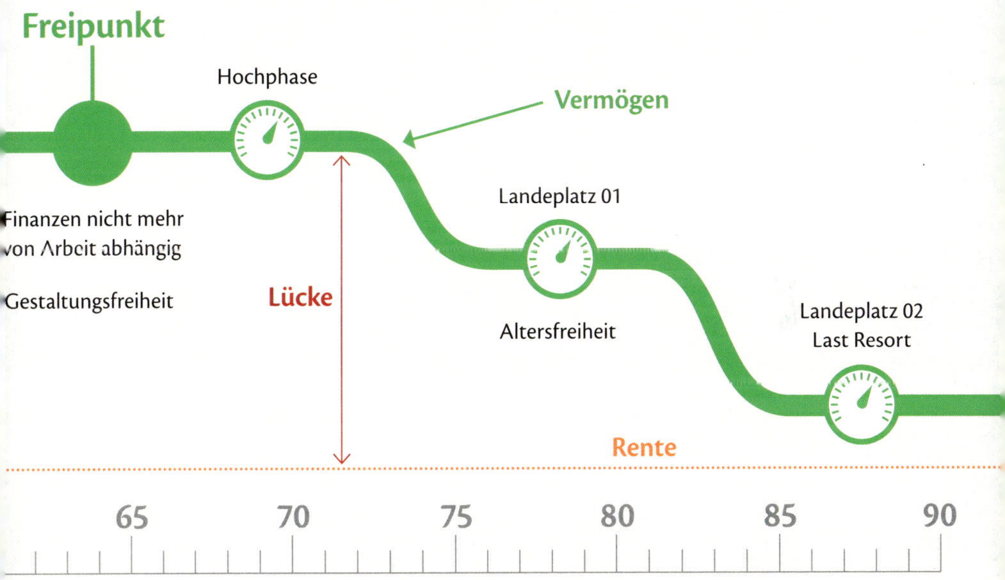

Spiele Deine Finanzflüsse für später durch

Kenne Deine Anwartschaften und schaue, wie sich Deine Ausgaben verändern werden. Das hilft, Deinen Handlungsbedarf zu verstehen.

Worum geht es bei der Lebensvorschau?

Im Alter musst Du Deine Ausgaben durch arbeitsunabhängige Einnahmen finanzieren. Spätestens dann muss Dein Vermögen dafür reichen.

- Beamte machen das mit ihrer Pension.
- Arbeiter und Angestellte tun es mit der staatlichen Rente, ergänzt durch Betriebsrenten sowie eigene Vorsorge.
- Bei kammerfähigen freien Berufen *(also zum Beispiel Ärzte, Apotheker, Notare, Architekten, Patentanwälte, Rechtsanwälte, Steuerberater)* ruht ein nennenswerter Teil der Altersversorgung auf den Leistungen der berufsständischen Versorgungswerke.

Wer weder verbeamtet ist, noch Beiträge in die Deutsche Rentenversicherung einzahlt, noch Pflichtmitglied einer Versorgungseinrichtung ist, muss in Eigenregie vorsorgen. Auch wenn das Vorurteil vom prekären Soloselbstständigen in Medien und Politik oft wiederholt wird – die meisten Soloselbstständigen kümmern sich sehr wohl um ihre Altersvorsorge. Die Frage ist mehr: Tust Du genug und tust Du es mit System?

Passen Deine Zahlen zusammen?

Damit Deine finanzielle Versorgung am Ende auch gelingt, müssen später Deine Ausgaben mit den zu erwartenden Einnahmen zusammenpassen. Aus diesem Grund schaust Du in diesem Modul in die Zukunft. Zunächst geht es dabei wieder um das Zusammentragen der harten Fakten:

- Welche Renten-Anwartschaften hast Du erworben?
- Wann werden diese ausgezahlt?
- Welche Ausgaben werden später wegfallen oder neu hinzukommen?

Wenn Du das zum ersten Mal machst, wirst Du unsicher sein. Das ist normal. Prognosen sind immer mit Ungewissheiten verbunden. Wenn Du alle Kapitel in diesem Buch durchgearbeitet hast, dann hat der Grund, auf dem Du stehst, an Festigkeit gewonnen. Wenn Du später die Prognose im Zuge Deines Finanz-Rhythmus immer wieder anschaust, wird auch ein Teil Deiner Ängste und Sorgen verflogen sein. Das ist das Ziel.

Welche Gelder fließen später wann in welcher Höhe?

Schaue jetzt voraus in Deine Alterszeit. Trage alle Deine voraussichtlichen Einnahmen sowie Anwartschaften zusammen.

Was sind Anwartschaften?

Es sind, juristisch gesprochen, die rechtlich unentziehbaren Erwerbsaussichten auf ein Recht, dessen Voraussetzungen noch nicht (voll) erfüllt sind.

Die Erlangung des Rechts wird dabei nur noch durch das Handeln des Empfängers bestimmt. Diese Rechtsposition kann von Dritten nicht mehr behindert werden.

Zum Beispiel erwirbt der Versicherungspflichtige oder freiwillig Versicherte durch Einzahlen in die gesetzliche Rentenversicherung Rentenanwartschaften, die Eigentumsschutz im verfassungsrechtlichen Sinn (Art. 14 GG) genießen.

Was steht Dir im Alter verbindlich zu? Dies könnten sein:

- Regelaltersrente der Deutschen Rentenversicherung
- Ansprüche aus der betrieblichen Altersvorsorge sowie Entgeltumwandlung
- Private Rentenversicherungen
- Riesterrente, Rüruprente
- Dividenden von Aktien (mit gewissen Unsicherheiten)
- Ausschüttungen aus Unternehmensbeteiligungen (z.B. GmbH, Kommanditgesellschaft)
- Mieterträge aus vermieteten Immobilien

Deutsche Rentenversicherung

Schau in die Renteninformation, die Du einmal im Jahr von der Deutschen Rentenversicherung bekommst. Welcher Betrag ist im Feld „Höhe Ihrer künftigen Regelaltersrente" ausgewiesen? Arbeite zunächst damit. Berücksichtige dabei, dass von Deiner Rente Steuern sowie Beiträge zur Kranken- und Pflegeversicherung abgehen.

Ist Dein Versicherungsverlauf vollständig? Falls nicht alle rentenrechtlichen Zeiten enthalten sind, stelle einen Antrag auf Kontenklärung. Du stößt damit einen Prozess an, der sich über Monate hinziehen wird. Lass Dich davon nicht ablenken, sondern bearbeite weiter die folgenden Seiten.

Vereinbare am besten einen Termin bei der Deutschen Rentenversicherung. Sie unterhält lokale Beratungsstellen. Bringe Geduld mit und arbeite Dich durch die Formulare. Das ist wichtig, denn nur ein vollständiges Versicherungskonto sichert Dir die Dir zustehende Rente.

Ansprüche aus der betriebl. Altersvorsorge sowie Entgeltumwandlung

Verstehe, was bei Deinen Verträgen zutrifft:

- Die an Dich fließenden Gelder sind ggf. voll zu *versteuern*.
- Zudem sind bei der Auszahlung ggf. auch Kranken- und Pflegeversicherungsbeiträge fällig: Seit Ende 2019 ist für Versorgungsbezieher nur noch der Betrag in der *Krankenversicherung* beitragspflichtig, der die Freigrenze übersteigt. Sie wird jährlich angepasst. In der *Pflegeversicherung* besteht weiterhin aber Beitragspflicht für den *kompletten* Versorgungsbezug, sofern dieser einen bestimmten Grenzwert übersteigt.

All das mindert die ausgewiesenen Rentenbeträge entsprechend.

Private Rentenversicherungen, Riesterrente, Rüruprente

Zunächst: Rechne bei solchen Verträgen generell ausschließlich mit den *Garantiewerten* – und nicht mit eventuell prognostizierten Werten, die bei Abschluss des Vertrages vielleicht teils deutlich über den Garantiewerten gelegen haben. Prüfe auch bei diesen Verträgen, ob bei der Auszahlung Steuern zu zahlen sind.

Du solltest zudem im Kopf haben, dass selbst der Garantiewert *nicht wirklich sicher* ist. Denn *„Alle Arten von Zahlungen, besonders Versicherungsleistungen, Gewinnverteilungen und bei Lebensversicherungen der Rückkauf oder die Beleihung des Versicherungsscheins sowie Vorauszahlungen darauf, können zeitweilig verboten werden."* Dies steht im Gesetz über die Beaufsichtigung der Versicherungsunternehmen (§ 314, Absatz 1). Voraussetzung ist, dass sich bei Prüfung der Vermögenslage eines Unternehmens zeigt, dass dieses dauerhaft nicht mehr imstande ist, zu zahlen.

Die Geschäftsgrundlagen können also nachträglich noch geändert werden – so steht es im Gesetz. Und in Absatz 2 heißt es, dass Versicherungssummen auch herabgesetzt werden können. Allerdings: *„Die Pflicht der Versicherungsnehmer, die Versicherungsentgelte in der bisherigen Höhe weiterzuzahlen, wird durch die Herabsetzung nicht berührt."*

Dir sollte klar sein, dass die ausgewiesenen Garantiewerte *nicht* zu 100 Prozent sicher sind und im Falle einer wirtschaftlichen Schieflage auf Kosten des Versicherungsnehmers zunächst das Unternehmen gerettet wird, um einen Totalverlust zu vermeiden.

Haben wir unsere eigenen Verträge nun alle gekündigt? Manche ja, andere nicht. Wichtig ist für uns vor allem das Wissen, dass „Garantiewert" keine hundertprozentige Sicherheit bedeutet, dass die ausgewiesenen Beträge auch tatsächlich fließen werden.

Dividenden

Du besitzt Einzelaktien oder ausschüttende Fonds? Du hast vor, diese nicht zu verkaufen, sondern die Dividenden im Alter als zusätzliche Einkommensquelle zu nutzen? Dann berücksichtige auch die realen Werte, die aus diesen Assets ausgeschüttet werden. Rechne nicht mit der vollen Dividende, sondern mit den versteuerten Einnahmen.

Ausschüttungen aus Unternehmensbeteiligungen

Bist Du Kommanditist, Teilhaber einer GmbH oder Aktionär einer AG, die nicht börsennotiert ist? Wenn Du vorhast, auch diese Anteile bis ins hohe Alter zu halten und wenn diese Gesellschaften Geld an Dich ausschütten, berücksichtige auch diese Beträge (wieder nach Steuern).

Mieterträge aus vermieteten Immobilien

Falls Du eine Immobilie besitzt und diese vermietest, rechne mit dem aktuellen Nettomietertrag. Berücksichtige dabei die Frage, ob für die Immobilie zum Zeitpunkt Deines Renteneintritts noch ein Kredit abzuzahlen ist. Falls absehbar ist, dass Du jetzt noch einen Kredit abzahlst, dann aber nicht mehr, kannst Du später auch über den Betrag verfügen, der jetzt an den Kreditgeber abfließt.

Welche Ausgaben werden später wegfallen?

Du kannst nun durchdenken, wie sich Deine Finanzen im Alter verändern. Beginne mit den aktuellen Ausgaben, die voraussichtlich *entfallen* werden.

Beispiele

- Bezahlst Du eine Berufsunfähigkeitsversicherung? Diese wirst Du nicht mehr brauchen, wenn Du Deinen Beruf nicht mehr ausübst.
- Hast Du aktuell Haustiere und weißt, dass Du, wenn sie eines Tages gestorben sein werden, keine neuen anschaffen wirst?
- Besitzt Du ein Auto, das Du später nicht mehr halten wirst?
- Gibt es Vereinsmitgliedschaften, die Du im Alter kündigen möchtest?
- Läuft ein Kredit, der im Alter abbezahlt sein wird?
- Hast Du derzeit Abonnements, die Du im Alter nicht mehr brauchst?

Du musst hier nicht zu kleinteilig sein und brauchst auch keine Sorge zu haben, etwas zu vergessen. Es geht zunächst um ein erstes Verständnis für Deine Geldflüsse im Alter. Du verfeinerst das dann.

Tipp: Prognose-Logbuch

Damit Du auch später weißt, wie Du auf die Zahlen gekommen bist und was Dir so alles durch den Kopf ging, lege ein Heft an, in dem Du Deine finanziellen Überlegungen notierst.

Ergänze Deine Tabelle um die Kategorie „Entfällt im Alter“ und verschiebe die betroffenen Ausgaben an diese Stelle.

Das Ergebnis sieht dann zum Beispiel so aus:

Entfällt im Alter	265,29	391,87	312,46
Jenny BU+LV Debeka	190,00	190,00	190,00
Unfallversicherung Jenny, Tom	35	35	35
Hund Boston und sonstige Tiere	40,29	20,87	87,46
USt. Vermietung Klosterweg	0,00	146,00	0,00
Zweitauto	454,61	62,81	1.048,87

Welche Ausgaben werden später hinzukommen?

Konzentriere Dich nun auf die Ausgaben, die voraussichtlich *hinzukommen* werden. Auch hier geht es darum, ein erstes Verständnis zu gewinnen.

Beispiele

- Du willst den Segelschein machen und ein Boot erwerben. Für Unterhalt des Bootes inklusive Instandhaltung, kleinere bis mittlere Reparaturen und Liege-, Versicherungs- sowie Überführungskosten rechnest Du mit 500 Euro im Monat (ohne Anfangsinvestitionen).
- Du möchtest die Zeit nutzen, um der eigenen Familiengeschichte nachzugehen. Dazu gehören Reisen zu Verwandten sowie zu Archiven, die sich teils in anderen Ländern befinden.
  Dafür setzt Du durchschnittlich 250 Euro im Monat an.
- Du hast einen Garten, den Du nicht mehr selbst pflegen möchtest. Für die Arbeiten eines Dienstleisters werden Kosten anfallen.
- Für die stundenweise Unterstützung durch eine Haushaltshilfe rechnest Du künftig mit 250 Euro pro Monat.

Hierher gehören auch Kosten, die durch gesundheitliche Beeinträchtigungen hinzukommen können. Werde achtsamer. Vielleicht besuchst Du mal Freunde, die eine oder zwei Generationen älter sind als Du selbst. Nimm mit wachen Sinnen deren Situation wahr: Gibt es Krankheiten, die sie belasten? Wie sieht ihr Alltag aus? Haben sie ihr Zuhause umgestaltet (Treppenlift)? Oder haben sie ein neues Zuhause gesucht und gefunden?

Sprich mit ihnen über die Situation. Dabei wird sich zeigen, was Du Dir für Dein eigenes Leben vorstellen kannst und was Du völlig anders machen würdest – und mit welchen Kosten das jeweils verbunden sein kann.

Ergänze Deine Tabelle um die Kategorie *„Kommt im Alter dazu"* und ergänze Deine Flowtracking-Tabelle dabei um die entsprechenden Zeilen.

Kommt im Alter dazu	1.100,00
Segeln	500,00
Familienforschung	250,00
Unterstützung im Garten	100,00
Haushaltshilfe	250,00

Kannst Du Deinen Freipunkt nach vorne holen?

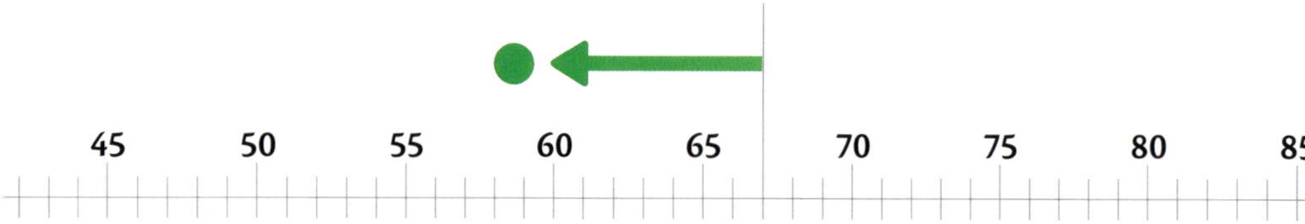

Träume einmal

Es geht um ein ***Gedankenspiel***.

Was wäre, wenn Du zum Schluss kommst, dass Du schon deutlich vor dem staatlich festgesetzten Renteneintrittsalter aus dem Erwerbsleben (ganz oder schrittweise) aussteigen könntest und dies finanziell unter dem Strich kein Nachteil wäre, wenn Teile Deiner arbeitsbedingten Kosten wegfallen? Gibt es weitere Dinge, die Du unter der Kategorie *„Entfällt im Alter"* auflisten kannst (es geht nicht darum, alles bis auf den Euro genau zu erfassen. Schätzungen reichen völlig aus)?

- Wie viel wärst Du bereit, sein zu lassen, um ein freies Leben zu führen?

Spüre einmal dem Leben nach, das Du führen würdest, wenn genug arbeitsunabhängige Einnahmen für Dich da wären. Du stehst morgens auf und es stehen keine oder viel weniger berufliche Termine an. Der Tag liegt vor Dir und Du kannst ihn so gestalten, wie Du es wünschst. Du könntest in hohem Maße bestimmen, was Du tust.

- Was würde das für Dich bedeuten?
- Wovon würde es abhängen, damit sich das für Dich rund anfühlt?

Hansjoerg Probst
www.omnication.de

„Ich merke jetzt schon sehr, wie das Ganze den Blick öffnet. Es gibt viel mehr Stellschrauben, als man beim Thema Geld und Vermögen so denkt."

Teilnehmer Freipunktgruppe

Gedankenspiel

Bliebe Dein Finanzfluss gleich?

- **Haushaltshilfe**
  Würdest Du die Arbeiten im Haushalt selbst machen, wenn Du nicht mehr arbeiten würdest? Welche Kosten für Hilfe würden wegfallen?
- **Kleidung**
  Kaufst Du bestimmte Kleidung (zum Beispiel Kostüm bzw. Anzug), die Du privat nicht erwerben würdest?
- **Auto**
  Manche Selbstständige fahren ein teures Auto, weil sie ihren Geschäftspartnern Erfolg signalisieren wollen. Würdest Du im Falle Deiner finanziellen Unabhängigkeit ein weniger teures Auto fahren? Was wäre, wenn Du dieses einfachere Auto schon heute anschaffst? Durch die geringeren Kosten holst Du Deinen Freipunkt nach vorne. Welche Nachteile würden sich ergeben? Welche davon sind real und welche eingebildet?
- **Pendlerkosten**
  Entstehen Dir aktuell Kosten, um Dein Büro zu erreichen? Diese sowie auch die Kosten für das externe Büro könnten wegfallen.
- **Arbeitsbedingte Ernährung**
  Was für Kosten entstehen für Verpflegung während der Arbeitszeit? Vom Coffee to go bis Kantine. Da summieren sich oft hohe Beträge.
- **Geschäftliche administrative Kosten**
  Die Kosten für Buchführung und Steuerberatung dürften zurückgehen, wenn sich die Komplexität Deines Lebens verringert.
- **Komponenten-Kosten**
  Hast Du eine Liste mit allen Software-Komponenten, für die Du monatlich oder jährlich zahlst? Welche kündigst Du wann?
- **Ausbildungen, Verbände, Supervision**
  Wie lange willst Du das weiterführen?

Wie würdest Du Deine Zeit verbringen, wenn Du für Geld nicht mehr arbeiten müsstest?

Setze das Gedankenspiel von eben fort

Wie sieht Dein Leben aus, wenn Du Dein berufliches Engagement zurückfahren könntest? Weniger oder gar nicht mehr arbeiten würdest. Wie verteilst Du Deine Zeit neu? Wofür nutzt Du Deine Erfahrungen, Begabungen und Kontakte?

Vollgas bis zum Freipunkt oder gleitender Übergang?

Vor Kurzem schrieb ein Interessent der Freipunktgruppe diese Worte über sich: *„Geschäftsführer. Leiste mir zu wenig, arbeite zu viel."* Dieser kurze Satz spiegelt ein ganzes Lebenskonzept wider.

Oft sehen wir uns verantwortlich und treten nicht in die zweite Reihe. Denke beim Freipunkt nicht nur an einen fixen Termin, sondern an ein Ausgleiten aus Deiner „Vollbeschäftigung". Plane, wie Du Schritt für Schritt weniger tust. Mehr als ein Selbstständiger hat durchgearbeitet, bis er umgekippt ist, mit der Hoffnung, einmal schlagartig aufhören zu können. Wann kannst Du mit Dingen starten, auf die Du Dich bereits freust oder die Du angehen willst? Ab wann könntest Du in einer anderen Form der Gesellschaft oder Deiner Familie (oder auch Dir selbst) etwas geben? Bei einem gleitenden Übergang investierst Du schon jetzt immer wieder Lebenszeit in Dinge, die Dir wichtig sind.

Es ist schön, abseits der Arbeit in Lebensbereichen unterwegs zu sein, die Sinn stiften. Und es ist wertvoll, dies rechtzeitig einzuüben.

Daher das Gedankenspiel: Welches Leben würdest Du führen, wenn Du Deine Kosten komplett oder teilweise aus arbeitsunabhängigen Einnahmen bestreiten könntest?

Wie würdest Du die neu gewonnenen Freiräume zeitlich nutzen?

Noch eine Sichtweise: Was würdest Du sagen – zu wie viel Prozent führst Du schon jetzt das Leben, das Du eigentlich führen möchtest? Wann willst Du wie viel Prozent mehr „anderes tun"? Träume das. Und dann notiere, was Du für dieses Leben weniger oder auch mehr ausgeben würdest.

think smart!

Zusammenfassung

Im Alter bestreitest Du Ausgaben durch arbeitsunabhängiges Geld

- Etwa durch Ansprüche an die Deutsche Rentenversicherung.
- Private Rentenversicherungen, Riesterrente, Rüruprente.
- Dividenden, Ausschüttungen, Mieterträge, ETF-Entnahmen.

Deine Ausgaben werden später anders sein als heute

- Manches fällt später weg.
- Anderes kommt neu hinzu.
- Deine Tabelle spiegelt diese Vorschau wider.

Wie sieht Dein Leben nach der Erwerbsphase aus?

- Entfallen berufsbedingte Ausgaben, kommt Dein Freipunkt nach vorn.
- Wofür willst Du die neuen Freiräume nutzen?
- Zwei Wege bis zum Freipunkt: Vollgas oder gleitender Übergang.

Du bist mit diesem Schritt fertig, wenn Du dies beantworten kannst:

Hast Du aufgelistet, wovon Du später leben wirst?

Die Flowtracking-Tabelle wurde um die Zahlen ergänzt.

Was wird sich später bei Dir finanziell verändern?

Manche Ausgaben kommen hinzu, andere fallen weg.

☺

06 FERTIG

Zeit für Pause und Notizen

Der Finanz-Flow-Circle

Vermögensaufbau

Lerne zu investieren und Dein Vermögen selbst zu verwalten

Kapitel 7 – Freipunkt erreichen in Eigenregie

7 Vermögensaufbau

Verwalte Dein Vermögen selbst. Das ist einer der stärksten Hebel, Deinen Wunsch-Freipunkt zu erreichen

Hast Du bereits genug für Deine Zukunft? Oder musst Du dort noch etwas tun? Die Selbstverwaltung Deines Vermögens ist so oder so der in unseren Augen beste Weg.

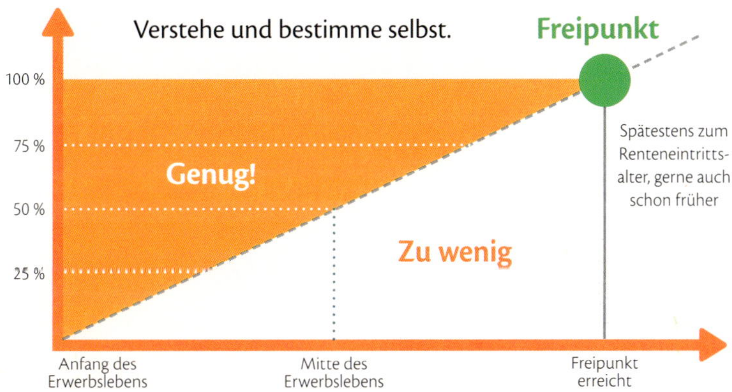

Baue Vermögen auf – smart

Banken und Berater suggerieren: Sie sind die Profis. Nur sie haben den Überblick und können Anlagen richtig verwalten (gegen eine Gebühr, versteht sich).

Warum machst Du das nicht komplett selbst? Seit der ETF-Revolution geht das wirklich einfach. Werde zum Vermögens-Selbstverwalter.

ETFs sind smart, um sein Vermögen selbst zu verwalten

Private Rentenversicherungen, vermietete Immobilien, Rüruprenten – es gibt viele Wege, ein Vermögen aufzubauen, das später ein arbeitsunabhängiges Einkommen stellt. Nicht alle Wege stehen jedem zur Verfügung. ETFs sind dagegen ein Weg, den jede und jeder gehen kann. Wir finden diesen Weg smart, weil er sehr einfach, kostengünstig und bürokratiearm ist.

Was sind ETFs?

- **ETF** ist die Abkürzung für **E**xchange **T**raded **F**unds. Oder in deutsch: Fonds, die schnell und frei an der Börse gehandelt werden.
- Andere Fonds sind oft komplizierter zu kaufen und verkaufen und teuer, weil sie ein aktives Management und Vertriebskosten haben.
- ETFs bilden in der Regel ganz simpel passiv Aktienindizes nach.
- Indizes sind Listen, die Firmen nach Kriterien zusammenfassen.
- Ein Beispiel ist der *MSCI All Country World-Index* (kurz: MSCI ACWI), zu dessen Wertentwicklung etwa 2.800 Unternehmen beitragen.
- Wenn Du an der Wertentwicklung des MSCI ACWI beteiligt sein willst, kannst Du nun die 2.800 Aktien dieser Unternehmen einzeln kaufen. Oder Du kaufst einen MSCI ACWI-ETF. Das ist viel einfacher.
- Ein MSCI ACWI-ETF kauft die Aktien aller Firmen dieses Indexes für Dich. Dieser „Aktienkorb" entwickelt sich dann wie der MSCI ACWI.
- Ein solcher ETF versucht nicht, durch eine eigene Auswahl von Aktien besser zu sein als der Markt, sprich: eine höhere Rendite zu erzielen.
- Ein solcher Indexfonds hat das Ziel, einfach und günstig mit dem Markt zu gehen. Daher spricht man auch vom „passiven Investieren".
- ***Fazit:*** Ein ETF bildet die Wertentwicklung eines Indexes nach. Wenn sich die Zusammensetzung des Index ändert, dann aktualisiert auch der zugehörige ETF seine Zusammensetzung. Du musst nichts tun.

Mit einem breitstreuenden ETF koppelst Du Dein investiertes Vermögen an die Ertragskraft der Weltwirtschaft (eines Indexes).

RTEILE

- **Hohe Verfügbarkeit**
  ETF-Anteile kannst Du binnen Sekunden verkaufen. Das Geld steht sofort oder einen Werktag später im Verrechnungskonto bereit.
- ***Geringe Kosten*** (je nach Fonds zum Beispiel 0,2 Prozent pro Jahr).
- ***Kein großer Verwaltungsaufwand*** nötig.
- ***Breite Streuung der Risiken*** ist bereits mit nur *einem* Fonds möglich.
- Schon ***ab sehr kleinen Beträgen*** möglich.
  Zum Beispiel mit einer monatlichen Sparrate von 25 Euro.
- Geld, das Du in ETFs investiert hast, gilt als ***Sondervermögen***.
  Bei Insolvenz des ETF-Anbieters oder der Depotbank ist es geschützt.
- Wie Du ETF-Anteile kaufst und verkaufst, ***ist schnell zu verstehen***.

HTEILE

- **Langer Atem nötig**
  Erst ab einem Zeithorizont von 15 Jahren kannst Du Dir sehr sicher sein, mit breit streuenden, passiven Indexfonds kein Geld zu verlieren.
- ***Kein Insolvenzschutz auf Deiner Seite*** (wenn Du privat insolvent gehst).
  Auch wenn Dein Depot der Altersvorsorge dient, können Gläubiger darauf zugreifen (in anderen Ländern – etwa den USA – ist dies anlegerfreundlicher geregelt, in der Bundesrepublik dagegen noch nicht).

Welche Anleger sind für ETFs geeignet?

Fragen wir zunächst einmal nicht nach den richtigen *ETFs*, ***sondern nach den richtigen Anlegern.*** Die Antwort: Geeignet sind ETFs für Anleger, die einen Passiv-Management-Ansatz verfolgen. Du musst mit Deinem Money-Mindset bei ETFs drei Faktoren gerecht werden:

1. Du gehst **langfristig** vor und hältst auch in kritischen Marktphasen stur an diesem Vorgehen fest. Du verkaufst also nicht, wenn der Markt nach unten geht (wie das bei Krisen viele Menschen tun).
2. Du wählst **breit streuende** ETFs aus.
3. Du nutzt **kostengünstige** ETFs.

Diese drei Erfolgsfaktoren schauen wir uns nun etwas genauer an.

Bleibe ruhig und investiere langfristig

- Dein Anlageerfolg hängt wesentlich von der ***Anlagedauer*** ab.
- Die wichtigste Aussage, die es zu verinnerlichen gilt, heißt deshalb: ***Bleibe ruhig und investiere langfristig!***

Wärst Du zu hohen Kursen vor der Corona-Krise in einen ETF eingestiegen und hättest mitten in der Krise panikhaft diesen dann zu niedrigen Kursen wieder verkauft, hättest Du damit Teile Deines Vermögens vernichtet. Solche Panik-Entscheidungen musst Du wirklich vermeiden.

Dir wird dabei das folgende Wissen helfen:

- Große Kursrückgänge sind normal (Beispiele der jüngeren Vergangenheit: Platzen der Dotcom-Blase im März 2000, Weltwirtschaftskrise ab 2007, Corona-Börsenkrach im März 2020).
- Solche Krisen und die damit verbundenen starken Kursrückgänge wird es auch künftig immer wieder geben.
- Über die Zeit werden die Kursrückgänge wieder ausgeglichen werden.

think smart!

Die Aussicht, im Plus zu sein, steigt mit der Haltedauer

- Wenn Du ETF-Anteile nur ein Jahr lang hältst, musst Du mit starken Schwankungen rechnen. Im Jahre 2008 hättest Du mit einem MSCI World-ETF ganze *37 Prozent verloren.* Hättest Du dagegen Anfang 2019 investiert und nach einem Jahr verkauft, dann hättest Du ein *Plus von 30 Prozent* gemacht.
- Ab einer zehnjährigen Haltedauer steht Deine Chance, im Plus zu sein, bei ***über 90 Prozent*** – also selbst dann, wenn Du zum ungünstigsten Kurs gekauft hättest.
- Ab einer Haltedauer von 15 Jahren wärst Du ***immer im Plus*** – selbst dann, wenn Du im Jahr 2008 gekauft, aber eben nicht schon nach einem Jahr, sondern erst nach 15 Jahren wieder verkauft hättest. Das Plus wäre mit ca. 1,2 Prozent pro Jahr zwar klein gewesen. Aber Du hättest kein Geld verloren und immer noch besser abgeschnitten, als das Geld auf dem Konto ruhen zu lassen.
- Die Rendite nähert sich bei noch langfristigerem Halten immer mehr dem ***Durchschnittswert von etwa 7 Prozent an,*** den ein MSCI World-Portfolio langfristig bringt. Grund dieses Phänomens ist die Regression zum Mittelwert.

Es gibt so viele ETFs. Welche sind geeignet?

Gut geeignet sind **breit streuende** ETFs. Was ist damit gemeint?

Unternehmen, Branchen und Nationen reagieren unterschiedlich auf Krisen. Dies schlägt sich in den Börsenkursen nieder: Bei ein und demselben Ereignis entwickeln sich einzelne Positionen sehr unterschiedlich.

Durch die Streuung (auch Diversifikation genannt) auf mehrere Anlageklassen lassen sich Verluste einer Anlage durch mögliche Gewinne anderer Positionen wieder auffangen.

Um zu diversifizieren, könntest Du ETFs für unterschiedliche Kategorien von Aktien kaufen.

Beispiele:

- *Region:* Nordamerika, Europa, Emerging Markets etc.
- *Land:* USA, China, Deutschland etc.
- *Sektor:* Agrobusiness, KI, Basiskonsumgüter, Infrastruktur etc.

Oder Du nutzt *einen* ETF, der bereits mehrere Sektoren, Länder und Regionen etc. in einem einzigen Fonds abbildet. Das ist einfacher.

Es gibt Indizes, die sehr viele Werte umfassen. So bildet der auf Seite 122 genannte Aktienindex MSCI ACWI die Wertentwicklung von über 2.800 großen und mittelgroßen Unternehmen aus 23 Industrieländern sowie mehr als 20 Schwellenländern ab (Stand: Mai 2024). ACWI steht für All Country World Index. Die breite Streuung über Unternehmen, Branchen und Länder gilt als solides Fundament für ein gemischtes Anlageportfolio. Denn durch die breite Streuung können Schwankungen gut ausgeglichen werden: Geht eines der Unternehmen in Richtung Insolvenz, ist dies in einem MSCI ACWI-ETF kaum spürbar (Beispiel: WKN* A1JMDF).

Eine Alternative ist der FTSE All-World. Mit einem ETF, der diesen Index nachbildet, ist es möglich, mit nur einem einzigen ETF gleichzeitig in über 3.600 große und mittelgroße Unternehmen in entwickelten Ländern und in Schwellenländern zu investieren (Beispiel: WKN* A2PKXG).

*WKN = Wertpapier-Kennnummer; zu weiteren Begriffen und Abkürzungen bieten wir ein Blatt mit Erläuterungen, das gratis angefordert werden kann (siehe S. 136).

Welche Rolle spielen die **Kosten?**

Wir raten zu ETFs. Weil sie günstig sind. Bei aktiv verwalteten Aktienfonds fallen dagegen meist – wie auch bei vielen Versicherungen – hohe Kosten an. So sind zwei Prozent des Anlagebetrages pro Jahr keine Seltenheit. Manche Gesellschaften ziehen am Anfang sogar einen Ausgabeaufschlag ab. **Diese Kosten gehen von der Rendite ab!**

Beispiel:

Der Fonds „W&W Quality Select Aktien Welt" der LBBW Asset Management hat eine gute Wertentwicklung, verlangt mit 5 Prozent aber einen sehr hohen Ausgabeaufschlag und verursacht mit 1,47 Prozent hohe laufende Kosten.

◂ *Kursentwicklung und Kosten des Fonds mit der WKN 532632, dargestellt bei comdirect.de*

Dabei bildet dieser Fonds unter dem Dach der Landesbank Baden-Württemberg im Grunde nur die Entwicklung der großen World-Indizes nach, wie ein Vergleich zeigt:

Die blaue Kurve zeigt die Entwicklung des Vanguard FTSE All-World (WKN A1JX52). Dieser frei erhältliche ETF hat ***keinen*** Ausgabeaufschlag und kostet pro Jahr nur ***0,22 Prozent.***

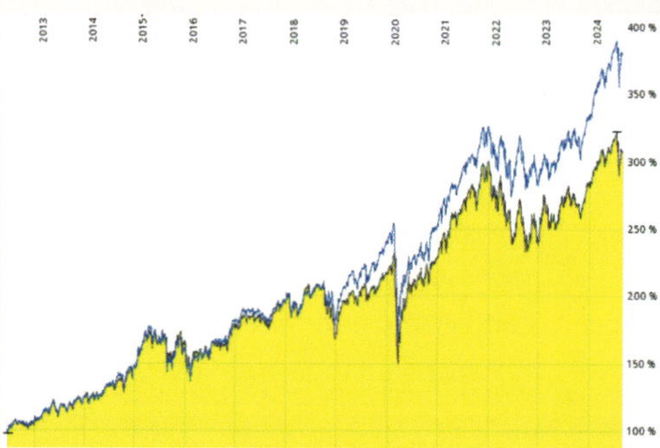

Wenn sich ein aktiv verwalteter Aktienfonds trotz der hohen Kosten dauerhaft besser als der Markt entwickeln würde, wäre das ja noch in Ordnung. Doch ist die bessere Performance meist nur von kurzer Dauer, wie Studien zeigen. Daher ist es smarter – und auch entspannter –, kostengünstige Indexfonds zu nutzen, die oft zehn Mal so günstig sind.

Das macht viel aus. Beispiel: Du legst einmalig 100.000 Euro für 30 Jahre in einem Fonds an. Der Fonds bringt in dieser Zeit durchschnittlich 6 Prozent pro Jahr. Das Ergebnis je nach Kosten:

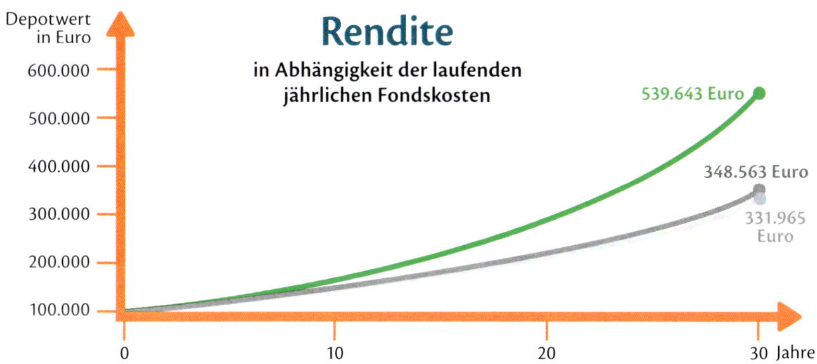

- 539.643 Euro stünden in Deinem Depot, wenn Du einen ETF mit jährlichen Kosten in Höhe von 0,22 Prozent gewählt hättest (grüne Kurve).
- 348.563 Euro wären es, wenn Du die 100.000 Euro in einen aktiv gemanagten Fonds gesteckt hättest, der jährlich 1,75 Prozent an Kosten abzieht (dunkelgraue Kurve).
- Hat dieser Fonds noch einen Ausgabeaufschlag von fünf Prozent, würdest Du bei 331.965 Euro landen, denn der Ausgabeaufschlag fehlt Dir vom ersten Tag an, um Zinsen und Zinseszinsen zu verdienen (hellgraue Kurve).

Du kannst die Märkte nicht kontrollieren. Aber Du kannst entscheiden, wie viel Du zu zahlen bereit bist. Jeder Euro, den Du für Managementgebühren und Handelskosten zahlst, ist ein Euro weniger potenzielle Rendite.

Wie viel investiertes Vermögen ist genug?

Am Ende Deiner Selbstständigkeit solltest Du dazu in der Lage sein, Deine Lebenshaltungskosten auf arbeitsunabhängige Weise zu decken. Als Daumenregel ließe sich ableiten: Gegen Mitte der Selbstständigkeit solltest Du dazu fähig sein, etwa die Hälfte Deiner Lebenshaltungskosten auf arbeitsunabhängige Weise zu decken.

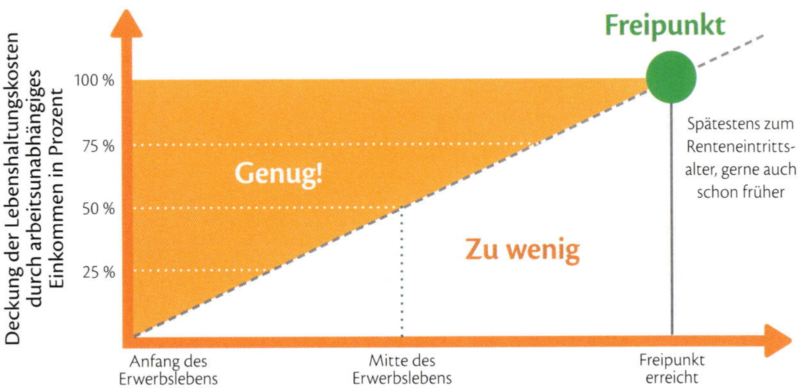

Die Grafik zeigt eine idealtypische Darstellung. Die Wirklichkeit weicht davon ab. Dennoch ermöglicht Dir die Abbildung eine Orientierung:

- Wenn die Hälfte Deines Arbeitslebens hinter Dir liegt und Du zwischen *40 bis 60 Prozent* Deiner Kosten durch ein arbeitsunabhängiges Einkommen decken kannst: Alles okay.
- Liegst Du aber nur bei *zehn Prozent*, siehst Du: Es werden finanzielle Probleme auf Dich zukommen.

Der Vermögensaufbau verläuft gegen Ende hin in vielen Fällen schneller. Grund ist zum Einen die gewachsene Erfahrung. Sie gibt Dir Rückenwind: Im Laufe der Jahre wird klarer, welche Projekte gut laufen, mit welchen Partnern Du zuverlässig und ertragreich arbeiten kannst und dergleichen. Zum Anderen hilft Dir der Zinseszinseffekt.

Benchmark: Pension einer Grundschullehrerin

Jeder hat für sich eine andere Benchmark. Wünschst Du Dir zum Beispiel ein Freipunkteinkommen, das in etwa der Pension einer Grundschullehrerin entspricht, sind das derzeit etwas mehr als 3.600 Euro brutto pro Monat (Aspekte wie Beihilfeansprüche lassen wir hier aus Vereinfachungsgründen mal beiseite).

Nehmen wir an, Du bist mit monatlich 3.333 Euro (brutto) zufrieden. Würdest Du das allein mit breit streuenden ETFs bestreiten, würde das laut der – finanzwissenschaftlich vor allem in den USA gut untersuchten – 4-Prozent-Regel (siehe S. 133) bedeuten, dass Du eine Million Euro in breit streuende, kostengünstige ETFs investiert haben musst:

- Du brauchst also pro Jahr 40.000 Euro (brutto).
- Das 25-fache davon sind eine Million Euro.

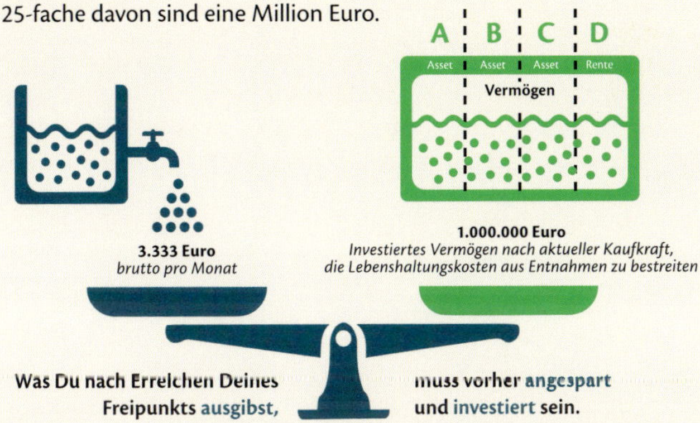

Von dieser Million kannst Du jedes Jahr die inflationsbereinigten 4 Prozent (also 40.000 Euro) entnehmen und damit (nach Versteuerung des Ertragsanteils) Deinen Lebensunterhalt bestreiten, ohne in den kommenden 30 Jahren größere Gefahr zu laufen, Dein Depot auf Null zu schrumpfen. Die Sicherheit liegt dabei bei knapp 100 Prozent. Daher werden die 4 Prozent auch als *sichere Entnahmerate* bezeichnet.

Bitte beachte: Die 4-Prozent-Regel ist dabei lediglich eine (wenn auch empirisch gut unterfütterte) Faustregel, um eine erste grobe Zielgröße zu bestimmen.

Brauchst Du weniger als die pensionierte Grundschullehrerin aus dem Beispiel, kann Dein Zielvermögen auch geringer sein. Wir halten die Million (in der Kaufkraft von heute) allerdings für einen realistischen Wert. Er kann als Orientierung dienen. Ist Dir das nicht genug, brauchst Du mehr.

Möchtest Du *genauer* wissen, wie viel investiertes Vermögen für Dich genug ist, schau Dir an, welche voraussichtlichen Gesamtausgaben im Alter und ohne Kinder bei Dir anfallen. Multipliziere den Jahreswert mit 25 und Du erhältst Dein persönliches Zielvermögen.

Sieh Dir Deine Zahlen im Rahmen Deines Finanz-Rhythmus erneut an (siehe Kapitel 10). Dann gewinnst Du im Laufe der Jahre ein gutes Gefühl dafür, wie hoch Dein Zielvermögen wirklich sein muss, auch unter Berücksichtigung der Inflation. Die Zahl wird entsprechend wandern.

Hier zählt nur Dein *investiertes* Vermögen

Wir sprechen in diesem Abschnitt bewusst vom ***investierten*** Zielvermögen. Besitzt Du eine selbst genutzte Wohnung, gehört diese *nicht* dazu. Denn sie wirft keine Zinsen ab, sondern verursacht ja sogar Kosten, die Du auch weiter bezahlen musst (Strom, Heizung, Wasser, Straßenreinigung, Reparaturen etc.).

Besteht Dein Zielvermögen ausschließlich aus Sparguthaben, funktioniert die 4-Prozent-Regel nicht. Geld, das nur auf dem Konto liegt, aber keine nennenswerten Zinsen bringt, zählt zwar zum ***gesparten*** Vermögen, nicht aber zum ***investierten*** Vermögen, um das es bei der 4-Prozent-Regel geht.

Ausnahme: Je nach Risikoneigung halten viele nicht 100 Prozent der Anlagen in (Aktien-) ETFs, sondern haben auch einen risikoarmen Investmentanteil von z.B. 20 bis 30 Prozent – vor allem bei einem Ruhestandsportfolio. Bei niedrigen Anleihezinsen kann dieser risikoarme Anteil auf Tages- oder Festgeldkonten liegen, aber trotzdem zum Vermögen zählen, das für die 4-Prozent-Regel relevant ist.

Vier Phasen auf dem Weg zu Deinem Freipunkt

1. Finde heraus, **wie viel** Du überhaupt brauchst:
   - Wie hoch sind Deine voraussichtlichen Lebenshaltungskosten bei Erreichen des Freipunkts auf ein Jahr bezogen?
   - Was ist das 25-fache dessen?

2. Dann heißt es: **Spare und investiere!** Wenn Du jeden Monat 833 Euro in breit streuende Fonds investierst, sind das pro Jahr 10.000 Euro.

- Machst Du das etwa 30 Jahre lang, hast Du bei einer Durchschnittsrendite von sieben Prozent am Ende eine Million Euro im Depot.
- Zum Vergleich: Wer staatliche Rente beziehen will, muss monatlich zwar vielleicht weniger, dafür jedoch deutlich länger einzahlen und bekommt am Ende in jedem Fall deutlich weniger heraus als die pensionierte Grundschullehrerin, an der wir uns hier orientieren.

Das ist nur eine Modellrechnung. Die Wirklichkeit wird davon abweichen:
- Die **Reihenfolge der realen Renditen** hat einen Einfluss darauf, wie schnell es vorangeht und wo Du nach 30 Jahren wirklich stehst.
- Die Kaufkraft von einer Million Euro in 30 Jahren wird aufgrund der **Inflation** deutlich niedriger sein als heute. Die monatlichen Einzahlungen musst Du daher an die Inflation anpassen und mitwachsen lassen.
- Wenn Du dies tust, wirst Du bei Erreichen des Freipunkts daher **mehr als eine Million** im Depot haben. Dies ist auch nötig – zumindest dann, wenn Du Dich am Benchmark der Grundschullehrerin orientierst. Auch ihre Versorgungsbezüge werden ja im Laufe der Jahre nach oben angepasst, um die Inflation auszugleichen.

Der Weg zur Million hat zehn Etappen zu jeweils 100.000 Euro. Die ersten 100.000 Euro sind dabei am schwersten. Bis sie geschafft sind, dauert es in unserer Modellrechnung **7,44 Jahre** – und damit länger, als von 600.000 Euro auf eine Million zu kommen:

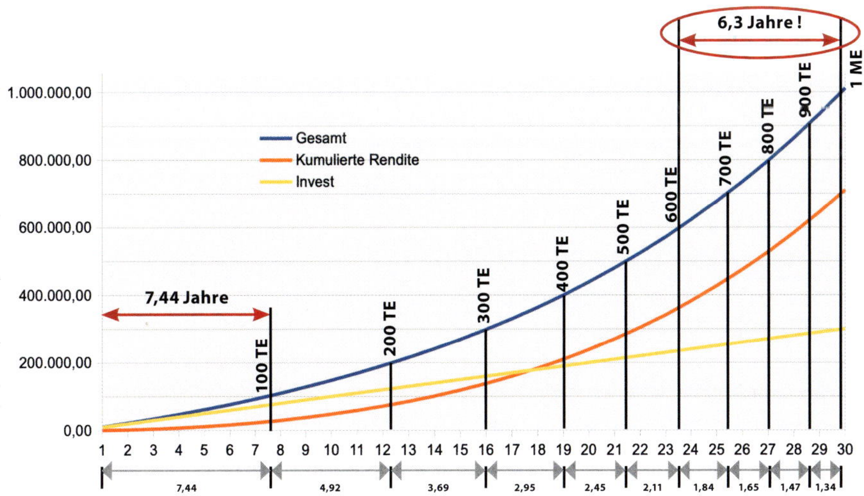

3 Ist Dein Anlageziel erreicht, brauchst Du kein weiteres Geld mehr zu investieren. **Du kannst die Einzahlungen stoppen.**

Je nachdem, wann Du mit dem Investieren begonnen und wie achtsam Du finanziell gelebt hast, kannst Du Deinen Freipunkt auch bei einer durchschnittlichen Marktentwicklung schon deutlich vor dem gesetzlichen Renteneintrittsalter erreichen.

Kein weiteres Geld mehr investieren zu müssen, wird Dich bereits spürbar entlasten:

- Hast Du bisher beispielsweise durchschnittlich 40 Prozent Deines Haushaltseinkommens investiert, ist dies jetzt nicht mehr nötig.
- Das heißt zugleich: Du kannst Deine Arbeitszeit entsprechend zurückfahren, ohne dass dies zu Einbußen beim Decken der Lebenshaltungskosten führen würde – weder jetzt noch später.

Das bringt bereits einen deutlichen Freiheitszuwachs!

Du kannst freilich auch weiter arbeiten wie bisher und auch weiter investieren – doch dann würdest Du über das Genug hinausschießen.

- Prüfe, ob Du dies wirklich willst.
- Oder ob Du die gewonnene Zeit lieber dazu nutzen magst, um Dich stärker anderen Themen zu widmen, die Dir im Leben wichtig sind.

4 In der **vierten Phase** deckst Du Deine Lebenshaltungskosten aus dem investierten Vermögen. Ist der Zeitpunkt gekommen, an dem Du Deine Lebenshaltungskosten komplett aus arbeitsunabhängigen Einnahmen decken willst, stellt sich die Frage, wie Du das nun konkret machst.

Ein Weg besteht darin, die ETFs im Depot zu lassen und einen Entnahmeplan einzurichten bzw. von Hand ETFs in der Höhe zu verkaufen, wie sie benötigt werden (zum Beispiel einmal pro Quartal für drei Monate oder einmal im Jahr für zwölf Monate).

Und wie viel verkaufst Du nun? Du weißt jetzt, dass ein World-Portfolio langfristig im Durchschnitt sieben Prozent pro Jahr bringt. Verkaufst Du also sieben Prozent des Portfolios – weil es ja von allein um diesen Betrag

„nachwachsen" wird? Das wäre riskant, denn es gibt ja auch schlechte Börsenjahre, in denen das Depot schrumpft, statt zu wachsen.

Bei einer zu hohen Entnahmequote – wie dies z.B. bei sieben Prozent der Fall wäre – wird das Depot durch das Renditereihenfolge-Risiko gefährdet: Schrumpft das Depot zu Beginn *sowohl* durch Kursrückgänge *als auch* durch Entnahmen, kann es sich nicht in jedem Fall wieder so erholen, dass es 30 Jahre oder länger hält.

Hintergrund: Die 4-Prozent-Regel

Welche jährliche Entnahmerate langfristig gut funktioniert, wurde erstmals durch William Bengen in den USA untersucht. Er schaute sich die US-Aktien- und Anleihenrenditen bis ins Jahr 1926 zurück an.

Zu den Rahmenbedingungen seiner Untersuchung gehörte, dass jedes Jahr ***ein gleichbleibender Betrag*** aus dem Portfolio entnommen wird. Dieser wird lediglich ***jährlich an die Inflation angepasst.*** Diese Entnahmerate wird in Prozent des anfänglichen Portfoliowerts angegeben.

Beispiel: *Das Portfolio ist zu Rentenbeginn 1.000.000 Dollar wert. Eine Entnahmerate von 4 Prozent bedeutet, dass Jahr für Jahr (inflationsbereinigte) 40.000 Dollar daraus entnommen werden.*

Bengen untersuchte, wie sich das Vermögen während verschiedener Zeiträume in der Vergangenheit entwickelt hätte. Dafür testete er alle möglichen, jeweils 50 Jahre langen Zeitspannen – also etwa den Zeitraum von 1926 bis 1975, den von 1927 bis 1976, und so weiter. Er prüfte dabei Entnahmeraten von 3, 4, 5 und 6 Prozent.

Das Ergebnis: **Betrug die Entnahmerate nicht mehr als 4 Prozent, überlebte das Portfolio in allen getesteten Zeiträumen mindestens 30 Jahre lang – ohne komplett aufgebraucht zu werden.**

Heißt: Wer mit 65 in Rente ging, wäre also bis zum 95. Lebensjahr in keiner der getesteten 30-Jahres-Zeitspannen bankrott gegangen. Daher wird die Entnahmerate von 4 Prozent als ***Safe Withdrawal Rate (SWR)*** bezeichnet, also als „sichere Entnahmerate".

Das Wort „sicher" bezieht sich dabei nur auf die untersuchte Vergangenheit. Über die Zukunft können auch finanzmathematische Studien keine verlässlichen Aussagen machen. Würde eine Revolution kommen wie 1917 in Russland – mit Enteignungen und Abschaffung des Privateigentums –, nützte einem auch das schönste Depot nichts. In solchen geschichtlichen Phasen ist froh, wer mit dem Leben davon kommt. Doch für den Fall, dass sich unsere Welt weiter so entwickelt wie in den vergangenen

Jahrzehnten (selbst einschließlich so großer Krisen wie dem Zweiten Weltkrieg), ist die 4-Prozent-Regel ein guter Richtwert.

Welche Entnahmeraten angemessen sind, wurde infolge von Bengens Artikel auch ***wissenschaftlich untersucht.*** So befassten sich Philip Cooley, Carl Hubbard und Daniel Walz im Jahr 1997 an der Fakultät für Finanzen der Trinity University in San Antonio (Texas) mit den Erfolgswahrscheinlichkeiten verschiedener Entnahmestrategien und kamen zu ähnlichen Erkenntnissen: Bei einer Entnahme von 4 Prozent pro Jahr überlebte das Portfolio in ***98 Prozent*** der getesteten 30-Jahres-Zeiträume. Bengen kam auf 100 Prozent. Der Unterschied kommt zustande, weil Bengens Depot Staatsanleihen mittlerer Laufzeit enthielt, während bei der als ***Trinity-Studie*** bekannt gewordenen Untersuchung langlaufende Unternehmensanleihen beigemischt wurden, die stärker mit Aktienkursen korrelieren als Staatsanleihen.

Die 4-Prozent-Regel beruht zwar auf bestimmten Annahmen und historischen Daten. Als sinnvolle Faustregel besitzt sie aber durchaus weiterhin Gültigkeit und bietet eine hohe Sicherheit, dass ein Depot 30 Jahre überlebt. Wer mehr Sicherheit wünscht, könnte mit einer ***Entnahme von 3,5 Prozent*** rechnen. Eine weitere Alternative wäre, ***dynamisch zu entnehmen,*** sich also bei schlechten Marktphasen weniger auszuzahlen.

Was heißt das für Dich?

Nehmen wir an, Dein Portfolio ist bei Erreichen des Freipunkts 1.000.000 Euro wert. Eine Entnahmerate von 4 Prozent bedeutet, dass Du nun Jahr für Jahr (inflationsbereinigte) 40.000 Euro daraus entnimmmst:

- Im ersten Jahr wären das die eben genannten 40.000 Euro.
- Im zweiten Jahr wären es bei einer Inflationsrate von zwei Prozent 40.800 Euro.

Ja: So ein Vorgehen ist nicht auf Jahrzehnte hin exakt planbar. Und es ist auch nicht zu 100 Prozent sicher. Vielleicht ist dies mit ein Grund dafür, warum solche Wertpapierdepots in Deutschland noch immer stark im Schatten stehen, während sie in anderen Ländern von Staaten und Privatpersonen längst intensiv genutzt werden. Wir Deutschen sind eben Sicherheitsweltmeister.

Doch Solopreneure sind Unsicherheit gewohnt und bringen auch die Flexibilität mit, um sich auf unvorhergesehene Situationen einzustellen. Aus diesem Grund sagen wir: Der Aufbau einer finanziellen Versorgung mithilfe breit streuender ETFs kann von Dir flexibel angepasst werden.

Wie gehst Du vor bei der Wahl eines Depots?

Um ETFs kaufen zu können, brauchst Du ein Wertpapierdepot. Nutze ein Depot bei einem *Online-Broker* statt bei einer Filialbank. Du wirst online handeln und es ist besser, mit Unternehmen zu arbeiten, deren Geschäft genau darauf ausgerichtet ist.

Die Website ***www.modern-banking.de*** liefert eine gute Übersicht vieler Depots. Klicke hierzu auf „Brokerage" und anschließend auf „Vergleich". Schließlich kannst Du noch das Anlegerprofil „ETF-Käufer" auswählen. Du siehst nun, was das Depot kostet, wie teuer die Ausführung einer Order ist, was die Ausführung eines Sparplans kostet und dergleichen mehr.

Die Fülle der Informationen kann einen erschlagen. Du solltest daher wissen: Solange Du Dich für einen günstigen deutschen Online-Broker entscheidest, gibt es bei der Wahl kein Richtig und Falsch. Denn die Konditionen ändern sich ohnehin immer wieder.

Es ist nicht ratsam, jedes Jahr die depotführende Bank zu wechseln. Oder viel Zeit mit der Recherche zu verlieren, welche Bank ideale Konditionen bietet. **Das in jeder Hinsicht optimale Depot gibt es nicht.**

Tipps

- Lass Dich nicht davon irritieren, dass die Ausführung eines Sparplans bei einer anderen Bank vielleicht sogar kostenlos ist. Dafür zu wechseln, lohnt sich kaum.
- Falls Du ein Depot findest, das Du gerne nutzen möchtest, kannst Du dies auch zusätzlich zum bestehenden Depot machen – und dann jeweils von den Vorteilen der einzelnen Broker profitieren.
- Hör auf zu warten und komme ins Handeln. Später kannst Du Dich immer noch mit Details befassen und diese nach und nach optimieren.

Wie gehst Du vor bei der Wahl eines ETFs?

Die Entscheidung für einen konkreten Fonds kann einen ebenfalls überfordern, denn die Auswahl ist hier noch sehr viel größer im Vergleich zur Auswahl eines Brokers.

So kompliziert ist es andererseits aber gar nicht. Du hast eingangs gelesen (Seite 123), welchen Erfolgsfaktoren ein Investor gerecht werden sollte.

Zur Erinnerung: Diese Person
- geht langfristig vor.
- Sie hält auch in kritischen Marktphasen an diesem Vorgehen fest.
- Sie wählt breit streuende ETFs aus.
- Sie nutzt kostengünstige ETFs.

Die Merkmale *breit streuend* sowie *kostengünstig* sollten daher genutzt werden, um Deine Auswahl zu steuern. Hinzu kommt noch, dass der Fonds *nicht zu klein* sein sollte. Eine Größe von 500 Millionen Euro aufwärts erhöht die Chance, schnell Käufer bzw. Verkäufer für Anteile zu finden.

Breit streuend und kostengünstig: Beispiele für ETFs

ETF	*WKN*	*Kosten pro Jahr*
iShares MSCI ACWI UCITS ETF - USD ACC	A1JMDF	0,20 %
Xtrackers MSCI AC World UCITS ETF - 1C EUR ACC	A1W8SB	0,25 %
Vanguard FTSE All-World - USD ACC	A2PKXG	0,22 %

Wir haben ein Blatt vorbereitet, das Dir häufige ***Begriffe und Abkürzungen*** erklärt. Du kannst es auf unserer Website anfordern unter:
www.smartbusinessconcepts.de/ETF-Begriffe

Aus unserer Sicht ist es nicht wirklich entscheidend, ob Du nun einen World ETF von X oder Y nimmst. **Entscheidend ist, dass Du anfängst.** Für viele Menschen würde es bereits ausreichen, einfach einen der genannten All World ETFs ins Depot zu legen. Wie beim Depot gilt auch hier: Den in jeder Hinsicht optimalen ETF gibt es nicht.

Werteorientierte Anlage – wie geht das?

Möglicherweise sind Dir neben wirtschaftlichen Anlagezielen wie Rendite, Sicherheit und Verfügbarkeit auch ethische bzw. nachhaltige Werte wichtig. Du solltest daher wissen: Es gibt breit streuende Fonds, welche dies berücksichtigen. Für solche Geldanlagen wird die Abkürzung ESG verwendet. **ESG** ist die Abkürzung für **E**nvironment, **S**ocial, **G**overnance.

Ein anderes Kürzel für werteorientierte, ethische Investments lautet SRI. **SRI** steht für **S**ocially **R**esponsible **I**nvestment.

Mit SRI- bzw. ESG-ETFs beteiligst Du Dich an Unternehmen, die etwa auf den Schutz der Umwelt, auf gute Produktionsbedingungen und auf faire Unternehmensführung achten. Ausgeschlossen sind Unternehmen, die etwa Waffen herstellen oder Kinder- oder Zwangsarbeit zulassen.

Die Entwicklung hin zu ESG und SRI wird allerdings auch kritisch diskutiert. Es ist nicht immer transparent, nach welchen Kriterien die Unternehmen für den Fonds ausgewählt werden. Nicht alles, was in den Fonds auftaucht, ist daher auch wirklich „grün" und ethisch.

Es gibt unterschiedliche Meinungen und an vielen Stellen Unklarheit:

- In manchen Ländern gilt Atomkraft als grün (gute CO_2-Bilanz), in anderen nicht.
- Manche Wissenschaftler sehen Gentechnik als wirksames Instrument, um den Hunger in der Welt zu bekämpfen. Manche ESG-Fonds sortieren Unternehmen, die mit Gentechnik ihr Geld verdienen, dagegen aus.

Die Liste der Beispiele ließe sich fortsetzen.

Beispiele für werteorientierte ETFs

ETF	*WKN*	*Kosten pro Jahr*
iShares MSCI World SRI - EUR ACC	A2DVB9	0,20 %
BNP Paribas Easy MSCI World SRI S-Series	A2DVEZ	0,26 %
Shares Dow Jones Global Sustainability	A1H7ZT	0,60 %
ESG Global All Cap UCITS ETF - ACC	A2QL8U	0,24 %

Sparplan …

Du hast ein Wertpapierdepot und weißt, welchen ETF Du kaufen möchtest? Gut. Dann steht nun die Frage an: Sparplan oder Einzelkäufe? Beide Varianten haben ihre Vor- und Nachteile – auch hier gibt es wieder kein Richtig und Falsch. Und auch eine Kombination ist möglich.

Entscheidest Du Dich für einen Sparplan, erledigt dieser das Wertpapiergeschäft für Dich.

VORTEILE

- Regelmäßigkeit und damit Selbstschutz vor Prokrastination.
- Egal, wie die Kurse stehen: Es wird gekauft, auch in Crashphasen. Daraus entstehen dann beim Aufstieg die guten Renditen.
- Wenn Du eine ambitionierte Summe per Sparplan investierst, wirst Du schauen, wie Du das Geld zusammenbekommst, um die nächste Ausführung realisieren zu können. Manchen kann das dabei helfen, auf Konsum zu verzichten, der eigentlich unnötig ist, um dafür schneller zum Freipunkt zu kommen.

NACHTEILE

- Ist die Sparsumme zu klein angesetzt, fließt weniger ins Depot als möglich wäre.
- Ist die Sparsumme dagegen zu hoch angesetzt, kann es sein, dass eine Ausführung mal nicht möglich ist.
- Viele Broker bieten nur ein oder zwei Tage zur Auswahl im Monat an, an denen der Sparplan ausgeführt wird. Manche empfinden das als Einschränkung.

Hast Du Deinen Sparplan eingerichtet, wird der Broker die Anteile ab jetzt in den festgelegten Sparintervallen für Dich kaufen.

Solltest Du den Sparplan später stoppen oder ändern wollen (anderes Wertpapier, andere Summe, anderes Ausführungsintervall), kannst Du diese Änderungen in der Regel vornehmen, ohne dass dafür Kosten entstehen. Meist ist es auch möglich, mehrere Sparpläne parallel einzurichten und auf diese Weise mehrere Wertpapiere zu besparen.

Fazit: Mit einem Sparplan kannst Du ein Depot bauen, das wächst, ohne dass Du Dich im Anschluss groß weiter darum kümmern musst.

… oder Einzelkäufe?

Anders als beim Sparplan, erwirbst Du über einen Einzelkauf zu einem frei gewählten Zeitpunkt die gewünschten Anteile.

TEILE

- Vorhandenes, frei verfügbares Geld, das Du investieren möchtest, kannst Du zum Kauf von Wertpapieren nutzen, ohne auf einen bestimmten Zeitpunkt achten zu müssen.
- Du kannst in voller Höhe einen (größeren) Einmalbetrag investieren.

HTEILE

- Du stehst in der Gefahr, einen guten Kurs abzuwarten („market timing"). Es kann sein, dass Du wartest und wartest, doch der gewünschte Kurs kommt nicht.
- Du brauchst dicke Nerven, wenn nach dem Kauf die Kurse fallen. Das gilt auch für Deinen Partner bzw. Deine Partnerin. Ihr müsstet beide in der Lage sein, durchzuhalten und Kursverluste nicht zum Stressauslöser für die Beziehung werden zu lassen.

Von heute auf morgen größere Beträge in Wertpapiere zu investieren, ist nur etwas für Menschen, die recht genau wissen, was sie tun und auch bei Kursbewegungen nach unten nicht nervös werden.

Möglicherweise ist es für Dich am Anfang entspannter, Deinen Anlagebetrag aufzuteilen und beispielsweise ein Jahr lang per Sparplan jeden Monat ein Zwölftel zu investieren.

Fazit: Mit Einzelkäufen kannst Du Dein Depot immer dann ausbauen, wenn Dir dafür Geld zur Verfügung steht.

Egal, ob Sparplan oder Einzelkauf – das Einrichten eines Depots, die Auswahl eines passenden ETFs und das Starten an der Börse gehen schnell. Auch ohne Dein Zutun passiert im Hintergrund anschließend Folgendes:

- Die depotführende Bank stellt Dir pro Ausführung automatisch eine Wertpapierabrechnung ins Postfach.
- Einmal im Jahr bekommst Du die Steuerbescheinigung für das Vorjahr (meist geschieht dies innerhalb des ersten Quartals).
- Wenn sich bei einem Fonds etwas ändert (zum Beispiel der Name), bekommst Du ebenfalls eine Nachricht.

Freipunkt-Management in Eigenregie

Wer sich in Deutschland eine kapitalgedeckte finanzielle Versorgung wünscht, bei der nicht zu viele Kosten in fremden Taschen landen, der kann diesen Weg heutzutage mit ETFs in eigener Verantwortung gehen – unabhängig von Bankberatern, Finanzvermittlern und Personen aus der Versicherungsbranche, die ihre eigenen Interessen haben.

Selbstständige und Gewerbetreibende dürften dafür besonders gute Voraussetzungen mitbringen, denn in der Regel warten sie auch sonst nicht darauf, dass andere etwas bewegen – sondern sie sorgen selbst dafür, dass sich etwas in die gewünschte Richtung entwickelt.

Das gilt auch hier: Wir sind davon überzeugt, dass Du das Investieren mit ETFs selber lernen und umsetzen kannst. Denn:

Eine Person, die in der Lage ist, als Solopreneur Geld zu verdienen, hat bereits bewiesen, dass sie Risiken einschätzen und auch etwas komplexere Situationen bewältigen kann.

Sei nicht verunsichert, wenn Deine Bank bzw. Dein Vermögensberater nichts von ETFs hält. Wenn Du dies wahrnimmst, wisse: Diese Reaktion ist kein Zufall. Diese Gesprächspartner verdienen nichts mehr an Dir, wenn Du Dich zum souveränen Selbstentscheider entwickelst. Daher werden sie von diesen neuen Wegen nicht viel halten.

Hab keine Angst, nicht die optimale Entscheidung zu treffen. Wenn Du langfristig handelst, Deine Fonds breit diversifiziert und dazu kostengünstig sind, kannst Du Deinen Anlageerfolg fast nicht verhindern. Erst dann, wenn einer dieser drei Erfolgsfaktoren fehlt, wird es problematisch.

Wir haben für Dich ***Zehn Freipunkt-Regeln*** aufgestellt. Es ist hilfreich, sie zu kennen und sie immer mal wieder zu lesen. Du kannst sie auf unserer Website anfordern unter:
www.smartbusinessconcepts.de/Freipunkt-Regeln

think smart!

Zusammenfassung

Für Dein selbstverwaltetes Vermögen gibt es drei Erfolgsfaktoren

- Du gehst langfristig vor und bleibst auch in kritischen Phasen dran.
- Du investierst in breit streuende ETFs.
- Die laufenden jährlichen ETF-Kosten sind gering.

Habe einen Plan für Dein Vorgehen

- Mache Dir klar, wie groß die Lücke ist, die Du zu schließen hast.
- Errechne, wie viel investiertes Vermögen Du brauchst.
- Finde heraus, wie viel Du pro Monat investieren musst.

Triff Entscheidungen

- Richte ein Depot ein.
- Entscheide Dich für einen oder mehrere ETFs.
- Spare und investiere, um Deine Versorgungssicherung aufzubauen.

Du bist mit diesem Schritt fertig, wenn Du dies beantworten kannst:

Wie groß ist Dein Zielvermögen?

Daumenregel: das 25-fache Deiner jährlichen Kosten im Alter

Bist Du bereit, dieses Zielvermögen aufzubauen?

Ein Ja stärkt Deine Souveränität

☺

07 FERTIG

Der Finanz-Flow-Circle

Kapitel 8 – Spare, um Deinen Freipunkt zu ändern

8 Freipunkt-Management

Gestalte Deinen Freipunkt

Wir sparen und investieren, damit Vermögen entsteht. Das machst Du nicht zum Selbstzweck. Es geht nicht darum, *reich* zu werden. Sondern darum, *genug* zu haben.

Ein Vermögen kann Deinen Freipunkt nach vorne holen. Dafür musst Du vor allem Deine Ausgaben managen, um sparen zu können. Damit Dir das gelingt, wirst Du in diesem Kapitel Deinen ***Freipunkt*** berechnen und Deine ***Sparquote*** verbessern.

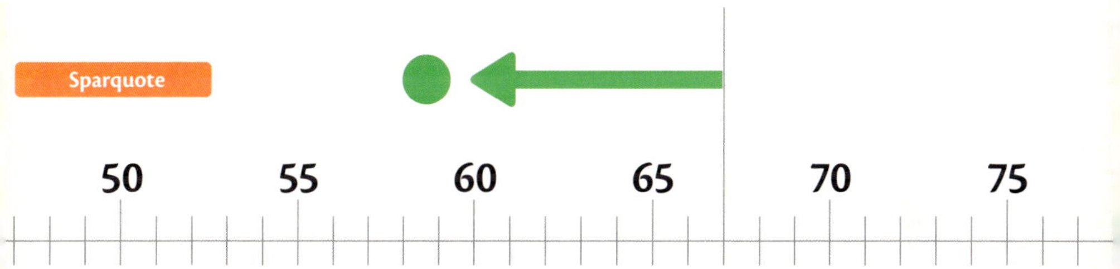

Kennst Du den Freipunkt, ändert sich Dein Verhalten

Bevor Du Geld investieren kannst, musst Du es sparen. Wenn Du den Zeitpunkt kennst, an dem Erwerbsarbeit optional wird, erscheint Deine Sparquote im neuen Licht.

Wie hoch ist Deine Sparquote?

Vermögen entsteht NICHT dadurch, dass Du viel verdienst. **Vermögen entsteht erst dann, wenn Du weniger ausgibst, als Du einnimmst** – also sparst (und anschließend investierst). Ein einfacher Zusammenhang, der leicht zu *lesen*, aber nicht unbedingt leicht zu *leben* ist.

Eine positive Sicht auf das Sparen

Du magst vor diesem Kapitel zurückschrecken. „Sparen" – das klingt zunächst nach Einschränkung. Und die Grenze zwischen Sparsamkeit und Geiz wird von manchen Menschen ja auch schnell überschritten.

Es ist Zeit, das Sparen in einem neuen Licht zu betrachten. Denn es geht uns gar nicht um *Einschränkungen*, sondern um den sehr schönen und entlastenden Ausblick auf den Freipunkt – also auf den Zeitpunkt, ab der Erwerbsarbeit optional wird.

Die Sparquote kann uns dabei anzeigen, wie lange es bis dahin noch in etwa dauert. Deine Investment-Sparquote ist dabei eine wichtige Kennzahl, die es zu kennen lohnt.

Deine Investment-Sparquote zu kennen, ist sinnvoll

- Sie zeigt Dir an, wie weit Dein Freipunkt noch entfernt ist.
- Erfasst Du die Sparquote regelmäßig, siehst Du auch, ob Du im Laufe der Zeit in die Falle tappst, *mehr auszugeben, wenn Du mehr verdienst.*

Viele Menschen leben so, dass sie viel verdienen wollen. Und sie geben das, was in ihr Leben hineinkommt, ohne großes Überlegen auch wieder aus.

Wenn Du Dich hier wiederfindest, laden wir Dich dazu ein, Dein Leben aus einer neuen Perspektive zu betrachten. **Denn umgekehrt ergibt es mehr Sinn:** Wenn Du in etwa weißt, wie viel Geld Du wirklich brauchst, dann kannst Du darauf achten, nur dieses Geld auszugeben und den Rest zu sparen und anzulegen.

Durch das ***Flowtracking*** kennst Du die Zahlen Deines Lebens und kannst nun daran gehen, sie genauer zu betrachten – und künftig Entscheidungen so zu treffen, dass sie Dich Deinem Freipunkt näher und näher bringen. Du wirst die Kontrolle über Dein Geld und über Deine Zeit zurückerobern.

Unterscheide Spar-Quote von Spar-Rate!

Die ***Sparquote*** ist der ***prozentuale*** Anteil an Geld, das in einer Zeiteinheit (z.B. pro Monat) von Dir in den Vermögenstank geschickt wird.

Sparquote

- bezieht sich auf Dein verfügbares Einkommen (z.B. 50 Prozent).
- Für das Erreichen des Freipunkts spielt die Höhe der Sparquote die entscheidende Rolle!

Sparrate

- ist dagegen ein fester Betrag (z.B. monatlich 2.000 Euro).
- Eine Rate taucht etwa beim Einrichten eines Sparplans auf (z.B. 100 Euro-Sparplan).

Zwei Personen, je 2.000 € ins Vermögen – komplett andere Wirkung

- Oli hat ein verfügbares Einkommen von 4.000 Euro und überweist monatlich 2.000 Euro in einen breit streuenden ETF.
  Seine ***Sparquote*** beträgt damit 50 Prozent.

- Anna hat ein verfügbares Einkommen von 10.000 Euro. Sie bespart einen ETF mit einer ***Sparrate*** in Höhe von 2.000 Euro. Ihre Spar*quote* beträgt damit allerdings nur 20 Prozent. Sie wird damit deutlich länger bis zum Freipunkt brauchen als Oli, wie wir gleich sehen werden.

Sparquote Grundlagen

Die ***Sparquote*** liegt immer zwischen 0 Prozent und 100 Prozent.

Die Quote wird niedriger als 0 Prozent, hat also ein negatives Vorzeichen, wenn Du auf Deine Ersparnisse zurückgreifst und Teile Deines Vermögens ausgibst, um etwa aus dem Ersparten Lebenshaltungskosten zu bezahlen, falls es mal einen Monat ohne Einkünfte gibt. Das kommt hoffentlich nur selten bis nie vor. Falls doch, finde Wege, um Dich künftig davor zu schützen – zumindest, solange Du Dich noch in der ***Ansparphase*** befindest.

Entsparen = Entnahmephase

In der ***Entsparphase*** kannst Du die Entnahmequote ebenfalls messen. Sie dürfte dann, falls Du ein ETF-Depot entsparst, beim Start der Entnahme um die 4 Prozent des Depotwertes liegen, wie Du in Kapitel 4 gesehen hast.

4-Prozent-Regel als Daumenwert

Wer früh mit dem Vermögensaufbau beginnt und achtsam lebt, kann seinen Freipunkt weit nach vorne holen. Wie findest Du nun heraus, ab wann es für Dich optional wird, ein Arbeitseinkommen zu erwirtschaften? Was ist die Berechnungs-Grundlage dafür? Dies sind die ***4-Prozent-Regel*** und die sich daraus ergebende ***25er-Vermögenswaage***.

Zwei Voraussetzungen, um den Freipunkt berechnen zu können

Der Freipunkt kann berechnet werden, wenn:

- *Du weißt, wie viel Du in einem Jahr in etwa ausgibst.*
  Das ist wichtig. Denn wenn Du nicht weißt, wie viel Geld Du in etwa benötigst, um die Ausgaben eines typischen Jahres zu decken, dann ist es unmöglich, ein Vermögen mit einem klar berechneten Freipunkt aufzubauen.
  Du weißt ja nicht, wann es ausreicht. Dich wird stets die Frage quälen, ob denn Dein Vermögen groß genug ist. Wir kennen solche Fälle. Ein solches Leben strahlt weder Freiheit noch Leichtigkeit aus. Bei Dir ist es anders. Durch das Flowtracking kennst Du Deine Zahlen.
- *Du hältst Deine Ausgaben über die Jahre hinweg ungefähr konstant (abgesehen von der Inflationsrate).*
  Die zweite Bedingung ist ein konstanter Lebensstil. Dieser ist selbst dann möglich, wenn es bei Deinen Ausgaben Besonderheiten gibt. Denn es wird sich zeigen, dass jedes Jahr seine Besonderheiten hat. Im Laufe der Zeit wirst Du sehen, auf welche Zahl sich die Besonderheiten pro Jahr ungefähr summieren.

Die 4-Prozent-Regel sagt, wie hoch Deine Kosten sein dürfen

Von einem Wertpapier-Depot mit breit streuenden ETFs kannst Du pro Jahr ungefähr 4 Prozent entnehmen und dies 30 Jahre lang mit sehr hoher Wahrscheinlichkeit tun, ohne das Depot dabei komplett aufzubrauchen. Dieses Ergebnis kannst Du positiv beeinflussen, indem Du Dich in kursschwachen Börsenphasen flexibel verhältst, gerade in den Anfangsjahren.

Anders gesagt: Wenn Deine Kosten 4% Deines Vermögens entsprechen, hast Du es geschafft. Du hast Deinen Freipunkt erreicht. Du musst nicht mehr arbeiten und bist nicht mehr auf Arbeitseinkommen angewiesen.

Die 25er-Vermögenswaage

Wie groß muss Dein Vermögen sein, damit das klappt?

- Das ist wirklich einfach. 100% geteilt durch 4% = 25.
- Dein Vermögen muss **25-fach so groß sein, wie Deine Jahreskosten.**
- Hast Du das einmal verstanden, kannst Du ab jetzt immer Dein Zielvermögen spielend einfach berechnen.

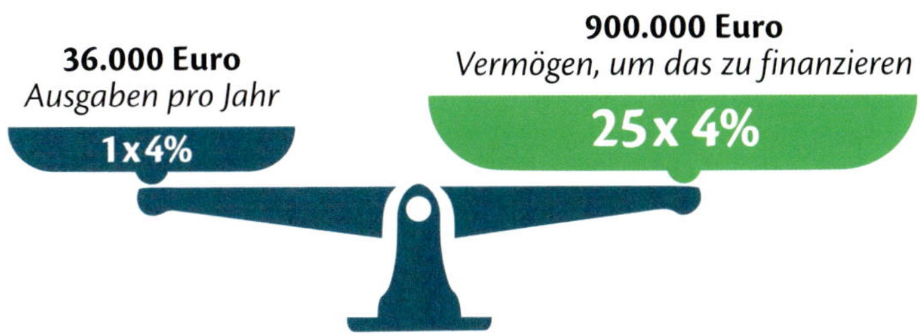

25 mal 4 Prozent = 100 Prozent

Willst Du jedes Jahr 4 Prozent, also ein Fünfundzwanzigstel Deines anfänglichen Vermögens ausgeben, dann benötigst Du umgekehrt das 25-fache Deiner jährlichen Ausgaben, um diese vollständig durch Dein angespartes Vermögen decken zu können.

Das Beispiel zeigt eine 25er-Waage bei 3.000 € Kosten im Monat

- Kosten in Höhe von 3.000 Euro pro Monat = 36.000 Euro pro Jahr.
- Das 25-fache von 36.000 Euro sind 900.000 Euro.
- 4% von 900.000 Euro sind genau 36.000 Euro.

Und plötzlich weißt Du, was genug ist

Diese Rechnung ist einfach. Viele kennen sie aber nicht. Deshalb können viele nur abstrakt ahnen, was eigentlich genug wäre. Genug ist das 25-fache Deiner Kosten als Vermögen.

Jetzt fehlt nur noch die ***Sparquote***. Denn die bestimmt den Freipunkt mit.

Vom Zielvermögen zur Sparquote

Du kannst Dein Zielvermögen mit der 25er-Waage berechnen. Beispiele:

Monatskosten	Zielvermögen
2.000 Euro	600.000 Euro
3.000 Euro	900.000 Euro
3.300 Euro	990.000 Euro
4.000 Euro	1.200.000 Euro

Deine Sparquote

bestimmt, wie lange Du brauchst, um das von Dir berechnete nötige Vermögen aufzubauen. Deine Geschwindigkeit bis zum Freipunkt und Deine Sparquote stehen in direktem Verhältnis:

Je höher Deine Sparquote ist, desto schneller erreichst Du den Freipunkt.

Freipunkt-Berechnung

Sparquote (in Prozent)	Jahre bis zum Freipunkt
5	60,88
10	50,14
15	41,81
20	35,84
25	31,16
30	27,3
35	24
40	21,11
45	18,54
50	16,21
55	14,08
60	12,11
65	10,28
70	8,57
75	6,96
80	5,43
85	3,98
90	2,6
95	1,27
100	0

Welche Annahmen liegen den Zahlen zugrunde?

Die Zahlen kannst Du mithilfe des Sparrechners von zinsen-berechnen.de auch selbst ermitteln.

Die Annahmen sind dabei:

- Start mit einem Vermögen von 0 Euro
- Sparintervall und Zinsperiode: monatlich
- Einzahlungsart: vorschüssig
- jährliche Rendite von 5 Prozent

Die 5 Prozent liegen sicherheitshalber etwas unter der langjährigen Durchschnittsrendite breit streuender ETFs. Die liegt bei 7 Prozent. Hast Du eine bessere Rendite, verkürzt sich die Zeit bis zum Freipunkt.

Die Rendite wird bis zum Zielvermögen thesauriert.

Eventuelle Steuern (Vorabpauschale, evtl. zu zahlende Kapitalertragsteuer) werden nicht berücksichtigt.

Hinweise

Auch wenn die Tabelle korrekt ist: Nimm Dich vor der Scheingenauigkeit solcher Zahlen in Acht und betrachte sie mit dem Wissen, dass die Realität abweichen wird.

Sparquoten von 70 Prozent oder mehr sind in der Praxis sehr selten. Wir haben diese Quoten nur der Vollständigk halber aufgeführt.

Bei Verkauf von ETFs fallen auf den Ertragsanteil Steuern falls der Grundfreibetrag überschritten wird. Diese sind h nicht berücksichtigt.

Nutze unseren Freipunkt-Rechner

Wenn Du selber rechnen und Deine eigenen Zahlen nutzen möchtest, nutze unseren ***Online-Freipunkt-Rechner:***

smartbusinessconcepts.de/
freipunkt-rechner

Sparquote und Jahre bis zum Freipunkt

Die Tabelle links in eine Grafik überführt, sieht so aus.
Daran erkennst Du gut: Deine Sparquote muss hoch sein.
Eine Sparquote von 5 Prozent nützt Dir nichts. Damit brauchst Du viel zu lange.

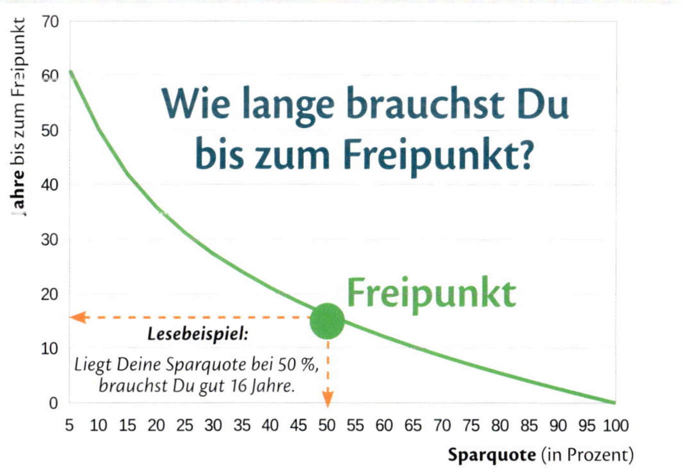

Die Grafik zeigt, wie sich Deine Sparquote auf die Zeit bis zu Deinem Freipunkt auswirkt.

Angenommen, Du bist 44 Jahre alt und hast mit dem Freipunkt-Rechner errechnet, dass Du bei einer Sparquote von 50 Prozent noch 16 Jahre brauchst, dann würdest Du mit 60 Deinen Freipunkt erreichen. WICHTIG: Diese Berechnung geht davon aus, dass Du bisher NICHTS hast. Hast Du bereits ein erstes Vermögen, geht es schneller.

Deine Ausgaben führen die Regie

Einen *hohen* Anteil Deines Einkommens auszugeben, hat **Nachteile:**

- Du gewöhnst Dich an höhere Ausgaben. Dein Zielvermögen muss entsprechend groß sein, um solch hohe Ausgaben langfristig zu decken.
- Dir steht umgekehrt nicht so viel Geld zur Verfügung, um Dein Zielvermögen aufzubauen. Du siehst: Ein Teufelskreislauf.
- Die Folge: Du brauchst entsprechend lange. Oder schaffst es nicht und musst Dich später gegen Deinen Willen deutlich einschränken.

Gibst Du einen *geringeren* Anteil Deines Nettoeinkommens aus, hat dies für Deinen Freipunkt sofort entsprechende **Vorteile:**

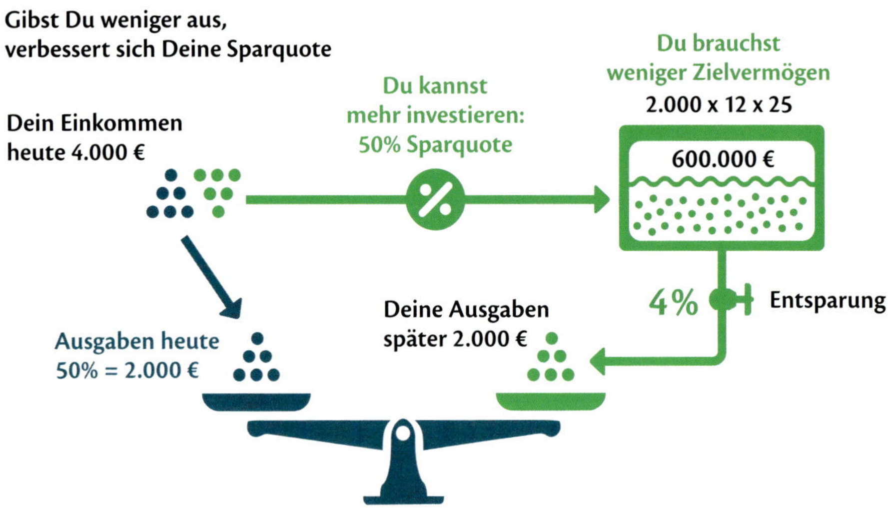

- Um Deine Ausgaben zu decken, brauchst Du ein kleineres Zielvermögen. Schon allein dadurch ist der Weg bis zum Zielvermögen kürzer.
- Von Deinem Nettoeinkommen steht außerdem mehr Geld zur Verfügung, mit dem Du Dein Zielvermögen aufbauen kannst.
- Du gewinnst doppelt an Geschwindigkeit und hast die Aussicht, in überschaubarer Zeit nur noch zu arbeiten, wenn Du das auch willst.

Wenig ausgeben = hohe Sparquote ▶ Freipunkt schnell

Demonstriert an den Zahlen für ein Nettoeinkommen von 72.000 Euro:*

Sparquote (in Prozent)	monatliche **Ausgaben**	monatlicher **Sparbetrag**	**Zielvermögen**	**Jahre** bis zum Freipunkt
5	5.700	300	1.710.000	60,88
10	5.400	600	1.620.000	50,14
15	5.100	900	1.530.000	41,81
20	4.800	1.200	1.440.000	35,84
25	4.500	1.500	1.350.000	31,16
30	4.200	1.800	1.260.000	27,3
35	3.900	2.100	1.170.000	24
40	3.600	2.400	1.080.000	21,11
45	3.300	2.700	990.000	18,54
50	3.000	3.000	900.000	16,21
55	2.700	3.300	810.000	14,08
60	2.400	3.600	720.000	12,11
65	2.100	3.900	630.000	10,28
70	1.800	4.200	540.000	8,57
75	1.500	4.500	450.000	6,96
80	1.200	4800	360.000	5,43
85	900	5.100	270.000	3,98
90	600	5.400	180.000	2,6
95	300	5.700	90.000	1,27
100	0	6.000	0	0

Achtsamer Konsum in Kombination mit einer dann erhöhten Sparquote ist der Königsweg zu Deinem Freipunkt.

Vielleicht arbeitet es jetzt in Dir. Oft macht es hier an dieser Stelle Klick,

- die alltäglichen Ausgaben nun *mit ganz anderen Augen zu sehen,*
- die Sparquote *spürbar zu erhöhen* und
- den Freipunkt *deutlich näher heranrücken* zu lassen.

Das heißt zugleich: Wer schon Vermögen aufgebaut hat, bei dem geht es noch schneller. Wenn Du noch kein Vermögen hast, Dein Leben jetzt entsprechend umstellst und eine Sparquote von zum Beispiel 50 Prozent realisierst, ist es noch in absehbarer Zeit schaffbar.

* Die Annahmen sind identisch mit denen auf Seite 148.

Du weißt jetzt, ***warum*** es gut ist, ein Vermögen zu haben, ***wie hoch*** Dein Zielvermögen in etwa sein wird und dass Du zum Erreichen vor allem Deine ***Ziele*** und Dein ***Verhalten*** ändern musst – und auch kannst.

SPARQUOTE | Kosten runter, Sparquote hoch

Die Sparquote als wichtige Kennzahl

Fast immer musst Du mehr tun als bisher. Vielleicht musst Du bei der für Dich relevanten Sparquote schlucken. Wir machen Mut, Dich dieser Aufgabe zu stellen. Ohne blinden Aktionismus. Du hast jetzt Richtwerte, die wirklich zu Dir passen. Du kannst handeln.

Als smarte Geld-Persönlichkeit ...

... verstehst Du, dass eine niedrige *Sparquote* von 5% oder ähnlich witzlos ist.

... bist Du in der Lage, *Nein* zu sagen, um eine Quote von über 20% zu erreichen.

... verstehst Du es, *Kosten zurückzufahren* – auf ein Niveau, das sich gut anfühlt.

... *eliminierst Du Ausgaben,* die Dich nicht zufriedener machen und nicht nötig sind.

... erkennst Du eine *wachsende Differenz zwischen Einnahmen und Ausgaben* in der *Vermögensbilanz:* Das Nettovermögen entwickelt sich entsprechend positiv.

... freust Du Dich darüber, *wie Deine Kostenkurve nach und nach sinkt* und sich auf einem niedrigen Niveau einpendelt.

... lässt Du Dich nicht dadurch beunruhigen, dass es mal *Ausreißer* gibt, etwa notwendige teure Anschaffungen. Die teuren Anschaffungen gab es vor der Entkopplung (siehe S. 149) ja auch. Du achtest darauf, dass die Entkopplung in den meisten Monaten eines Jahres gegeben ist. Manche dieser „Ausreißer“ sind zudem auch planbar und somit keine Ausreißer mehr.

Zwei Tipps folgen, die Dir dabei helfen, Deine Sparquote zu erhöhen.

- Flowtracking – Erkenne Deine destruktiven Muster
- Die 300er-Regel – Was hat bei einer Entscheidung Priorität?

Nutze das Flowtracking, Deine Muster zu entdecken

Im Verhalten eines jeden von uns gibt es Muster. Beim Flowtracking werden diese Muster sichtbar. Das ist ein sehr interessanter Aspekt des Flowtrackings: Unser Umgang mit Geld verrät so viel über uns. Die Kontoauszüge und Barbelege sind schonungslos ehrlich. Sie verhelfen uns zu einer differenzierteren Selbsterkenntnis.

Um den Mustern auf die Spur zu kommen, schaust Du Dir an, wofür Du besonders gern und besonders häufig Geld ausgibst.

- Bei dem einen sind es Ausgaben für das Auto.
- Bei der nächsten Aufwendungen für Computer und Softwaretools.
- Jemand anderes zahlt viel Geld für die Ausstattung der Wohnung.
- Manche haben eine Sammelleidenschaft (Beispiele: Spiele, Whisky, Lego)
- Bei einer Bekannten sind es per Onlineshopping bestellte Kleidungsstücke. Fast täglich bestellt sie etwas Neues.

Ist das alles notwendig? Nein. Kann man es reduzieren? Definitiv Ja. Oft erfolgen diese Käufe spontan, ohne großes Nachdenken. Das Kaufen dieser Dinge wurde schon zu einer eingespielten Gewohnheit.

Selbstbeobachtung – *Bücher als Belohnung*

Über Jahrzehnte hinweg konnte ich, FM, keinen Buchladen betreten, ohne Bücher zu kaufen. Einfach nur zu schauen, ging bei mir nicht.

Durch Selbstbeobachtung mit Unterstützung des Flowtrackings habe ich entdeckt, dass ich besonders dann viele Bücher kaufte, wenn ich viel arbeitete. Ich hatte dann gar nicht die Zeit zum Lesen. Das Bücherkaufen war für mich eine Ersatzhandlung nach dem Motto: Wenn ich schon keine Zeit zum Lesen habe, will ich wenigstens schöne Bücher erwerben, auf die ich mich freuen kann.

Im Laufe der Zeit sind da Berge von Hunderten ungelesenen Büchern im Wert von vielen Tausend Euro angewachsen. Nicht smart.

Das Flowtracking lässt Dich darauf achten, auf welchen Wegen das Geld aus Deinem Leben herausfließt. Die Muster, die Du in Deiner Tabelle erkennst, helfen Dir dabei, künftig Entscheidungen zu treffen, die besser zu dem passen, was Dir im Leben *wirklich* wichtig ist.

Die 300er-Regel

Wie sieht die Anschaffung aus,

wenn Du sie durch die Brille der **300er-Regel** betrachtest?

Nehmen wir an, Du hast eine Anschaffung vor, die Dich 300 Euro kostet. Nehmen wir weiter an, Du hättest die Wahl:

- Entweder Du gibst jetzt einmalig 300 Euro aus.
- Oder Du könntest ein Leben lang einen Euro pro Monat ausgeben.

Das Gedankenspiel geht freilich auch mit Vielfachen dieser Zahlen:

- Lieber 600 Euro sofort zahlen oder 2 Euro pro Monat ein Leben lang?
- Lieber 3.000 Euro sofort oder 10 Euro pro Monat ein Leben lang?

Wie würdest Du Dich entscheiden?

Hinter der 300er-Regel steckt die Daumenregel: Würdest Du das Geld anlegen, könntest Du mit sehr hoher Wahrscheinlichkeit ein Leben lang einen Euro pro Monat an passivem Einkommen erhalten.

Hintergrund dieses Gedankens ist wieder die 4-Prozent-Regel, die Du in Kapitel 7 kennengelernt hast: Wenn Du 300 Euro in breit streuenden ETFs angelegt hast, kannst Du davon vier Prozent entnehmen und die Entnahme „wächst wieder nach“. Vier Prozent sind in diesem Fall 12 Euro pro Jahr oder eben einen Euro pro Monat.

Das heißt umgekehrt: Für jede 300 Euro, die Du ausgibst, bezahlst Du ein Leben lang einen Euro pro Monat an Opportunitätskosten.

think smart!

Zusammenfassung

Sparen und Investieren bringen Dich Deinem Freipunkt näher

- Es geht nicht um Einschränkungen.
- Sondern um den entlastenden Ausblick auf den Freipunkt.
- Deine Investment-Sparquote ist dabei eine wichtige Kennzahl.

Deine Sparrate entscheidet, wann Du Deinen Freipunkt erreichst

- Du brauchst ca. das 25-fache Deiner jährlichen Ausgaben als Vermögen.
- Je größer Deine Sparquote, desto schneller geht es.
- Je weniger Du ausgibst, desto kleiner ist das nötige Zielvermögen.

Eine smarte Geld-Persönlichkeit reflektiert ihr Verhalten

- Das Flowtracking macht persönliche Muster sichtbar.
- Mit dem Flowtracking kannst Du eingespielte Gewohnheiten ändern.
- Die 300er-Regel verhilft zu einem achtsameren Konsum.

Du bist mit diesem Schritt fertig, wenn Du dies beantworten kannst:

Wie hoch ist Deine Sparquote?

Weniger als 20 Prozent bedeuten sehr viele Jahre bis zum Freipunkt.

Wie lange dauert es bei dieser Quote bis zum Freipunkt?

Du kannst den Freipunkt auch weiter nach vorn holen.

☺

08 FERTIG

Zeit für Pause und Notizen

Der Finanz-Flow-Circle

Kapitel 9 – Sichere, was Dir wichtig ist

9 Absicherung

Du hast etwas. Wie bleibt es dann sicher im Zugriff?

Vermögen aufzubauen, ist Arbeit. Sicherheit bedeutet, es so aufzubewahren, dass Du wirklich immer drankommst, andere aber nicht. Sind damit alle Probleme gelöst? Nein.

- Was passiert, wenn Du etwas vergisst?
- Was ist, wenn Du einmal nicht kannst?
- Wer kann für Dich handeln? Wer nicht?

Sorge vor, damit Du abgesichert bist

Nur wenn Du achtsam bist, wirst Du Fehler vermeiden. Und nur wenn Du aufschreibst, was Dir wichtig ist, können andere in Deinem Sinne handeln.

Vorsicht, Routinen und Dokumentation

Vermögen ungesichert zu lassen, ist fahrlässig. Vermögen weckt Begehrlichkeiten, wenn andere davon wissen. So kommt es zum *Deep-Pocket-Phänomen*: Andere stellen überhöhte Rechnungen oder umwerben Dich. Bis dahin, dass Dein Vermögen das Ziel von echten Angriffen von Hackern, Betrügern oder Räubern wird. Dinge offen zu lassen, ist daher unschlau.

Aber die meisten Probleme kommen von innen!

- Dir fehlt selbst der Überblick. Eine Hand weiß nicht von der anderen.
- Vermögen kann zu Spannungen in Familien führen.
- Erbstreitigkeiten sind die Regel, nicht die Ausnahme.

Nicht zuletzt bist Du selbst ein großes Risiko für Dein Vermögen.

- Du vergisst Dinge. Auch wichtige Dinge.
- Du verlierst ein Passwort und kannst auf Assets nicht mehr zugreifen.
- *Cyber-Security:* Mit wachsender Gewohnheit werden viele unvorsichtig.
- Du verpasst Fristen oder anderes, weil es nicht dokumentiert war.

Spätestens im Todesfall können dann Vermögens-Teile verloren gehen.

- Dinge sind schlecht vorbereitet und gehen unter.
- Ein Angehöriger wirft unwissend ein wertvolles Kunstwerk in den Müll.
- Es gibt ein verwaistes Wallet oder Konto. Niemand weiß darum.
- Immobilien müssen zu einem schlechten Zeitpunkt veräußert werden.

Kann Dir nicht passieren?

Du hast das alles im Blick und im Gedächtnis? Dann kurz diese Geschichte: Ein Teilnehmer unserer Freipunktgruppe musste zu einem festen Zeitpunkt eine Option auslösen. Wurde diese an dem entsprechenden Tag gezogen, gewann er viel Geld. Er hatte sich das fest in seinen Kalender eingetragen. Einen Tag vorher hatte er einen Blinddarm-Durchbruch und lag zum besagten Zeitpunkt in Vollnarkose im OP. Niemand in der Familie wusste etwas von diesem Vorgang. Der Blinddarm wurde erfolgreich entfernt, die Option musste später zu sehr schlechten Konditionen eingelöst werden. Er verlor viel Geld. Es war die teuerste Operation seines Lebens.

Drei Ebenen der Vermögenssicherung

Heute reicht der Schlüssel zu einem Tresor nicht mehr. Unsere Realität ist komplizierter. Zugänge, Verträge, Zuständigkeiten – das will geordnet und gesichert sein. Ohne eine gute Dokumentation übersiehst Du Dinge oder vergisst sogar entscheidende Sachen.

Unterscheide drei Ebenen der Vermögenssicherung

Ebene 1 – Absicherung im laufenden Betrieb

- Vertragssicherheit
- Passwort- und Zugangsschutz inklusive Deiner Backups
- Achtsamkeit bei Geldflüssen *(dazu gehört unter anderem das Flowtracking)* und unberechtigten Zugriffen aller Art
- Achtsamkeit bei der Anlage: seine Gier zügeln und vorsichtig handeln
- Achtsamkeit gegenüber Beratern *(die Eigeninteresse haben)*
- Achtsamkeit gegenüber Naturgewalten *(wichtig bei Immobilienbesitz)*
- Routinen und eigene Dokumentation *(im Vermögens-Handbuch, s.u.)*

Ebene 2 – Absicherung bei kurzer Abwesenheit

- Zugangssicherheit, Vollmachten
- Aufbewahrungsorte *(digitale und reale)*
- Wer hat einen Blick auf die Dinge?
- Wer kann kurzfristig für Dich handeln?

Ebene 3 – Absicherung bei langer (endgültiger) Abwesenheit

- Vollmachten, Verfügungen, Testament
- Dokumentation für Bevollmächtigte *(in Deinem Sinne zu handeln)*
- Die Familie als „sicherndes" und fürsorgendes System
- Eventuell die Einsetzung eines Treuhänders

Auf allen drei Ebenen geht es um Vorsicht, Routinen und Dokumentation.

Sicherheit ist mehr als ein Passwort

Die drei Vs – die Pfeiler eines modernen Sicherheitskonzepts

- Habe eine **Vertrauensperson,** die wirklich Einblick hat.
- Habe ein **Vermögens-Handbuch,** in dem ALLES steht.
- Vergib **Vollmachten** so, dass sie wirklich greifen.

Bei Sicherheit denken viele zuerst an Einbruchsschutz. Das ist nicht verkehrt, trifft die Sache aber nur halb. „Sicherheit" ist mehr.

Früher – Vermögen mechanisch gesichert an einem Ort

Kennst Du Dagobert Duck? Er lebt in seinem Tresor und badet dort in seinem Gold. Die Folge: Er hat immer Angst vor den Panzerknackern. Auch heute gibt es noch *„Prepper"*, die den Tipp geben, Gold zu kaufen und auf dem eigenen Grundstück zu vergraben oder irgendwo einzumauern.

- Vorteil: Sehr einfach zu verwalten.
- Nachteil: Was passiert, wenn jemand an den Tresor kommt?

Was uns an Dagobert Duck aber wirklich stört

Dagobert Duck ist Old Fashion. Er denkt nicht digital. Ihm geht es um rein mechanischen Schutz. Diesen gibt es nur ohne Rendite. Unsere moderne Welt ist aber digital. Mit allen Vor- und Nachteilen. Du könntest ohne ein digitales Depot niemals einen automatisierten Sparplan zum Kauf von ETFs erstellen. Das geht nur mit Computern und Brokern, die für Dich die Anlage-Arbeit erledigen. Außerdem behandelt Dagobert seine Familie schlecht. Das ist dumm.

Heute – sieht Sicherung anders aus

Du hast verschiedene digitale und reale Vermögensspeicher und Assets mit unterschiedlichen Zugängen. Du verteilst Dein Vermögen.

- Vorteil: Nicht alle Assets (Konten) können auf einmal verloren gehen.
- Nachteil: Du (und andere) müssen den Überblick behalten.
- Du hast also mehrere Sicherheitsorte *(real und digital gemischt).*
- Du musst mehr organisieren, damit das Ganze funktioniert.

Deine Vertrauensperson

Damit sind wir bei dem ersten V – Deiner Vertrauensperson
Wir arbeiten viel mit Soloselbstständigen und Solopreneuren. Alleine schnell entscheiden zu können, ist im Business ein Vorteil. Doch beruflich wie privat bedeutet das auch: Fällst Du einmal aus, fällt vieles zusammen.

Beispiel schwerer Unfall
Was passiert, wenn Du nach einem schweren Unfall für einige Wochen im Koma liegst? Die Alltagskosten laufen weiter. Bestehende Verträge sind zu erfüllen. Eingehende Rechnungen sind zu überweisen.

Das ist kein Problem, wenn es eine zweite Person gibt
Doch das Geld auf Deinen Konten kann ein Mensch Deines Vertrauens nur dann nutzen, wenn sie oder er dazu entsprechend bevollmächtigt wurde. Auch Rechte aus Verträgen können Bevollmächtigte nur dann wahrnehmen, wenn dies in der Vollmacht entsprechend geregelt wurde.

Wer ist Deine Vertrauensperson?
Oft ist dies der Lebenspartner. Doch schleift sich im Miteinander häufig unbewusst eine Arbeitsteilung ein. Der eine kümmert sich mehr um die Finanzen, der andere mehr um praktische Dinge. Es gibt immer noch Paare, in denen nur einer der beiden die Kontozugänge hat. Aber selbst wenn: Das Passwort zu wissen, reicht nicht. Heute gehört zu jedem digitalen Vorgang auch das Wissen, wie es genau geht (praktiziertes Wissen).

Unser Rat
Habe mindestens eine Person, der Du vertraust, der Du Einblicke gibst, die Vollmachten bekommt und die Routinen kennt. Entsprechend groß muss das Vertrauen sein, das Du zu dieser Person hast.

Deine Vertrauensperson

- Muss wissen, dass sie diese Vertrauensperson ist. Sprich mit ihr.
- Du solltest eine gute Beziehung zu ihr haben. Pflege diese.
- Gib regelmäßig Einblick und übe bestimmte Dinge gemeinsam.

Dein Vermögens-Handbuch

Dieses Handbuch ist ein Dokument (als Ausdruck oder Datei) mit Infos zu Passwörtern sowie den wesentlichen Vermögensgegenständen. Das ist ***zunächst einmal für Dich selbst wichtig.*** Falls Du einmal etwas vergisst (was jedem von uns passiert), weißt Du, wo Du nachschlagen kannst.

Zugangsdaten

- Wie lauten die Passwörter zum Einloggen in den Computer, ins Handy etc.?
- Wo befinden sich wichtige Daten?
- Wo sind E-Mail-Konten, Benutzerkonten etc. zu finden?

Bankkonten

- Welche Konten gibt es (Bankname, IBAN)?
- Wofür werden die Konten genutzt?

Vermögensgegenstände

- Füge einen aktuellen Stand Deiner Vermögensbilanz ein.
- Hinterlege wichtige Details zu den Vermögensgegenständen.

Geschäftliche Dinge

- Welche Dinge sind vermögensrelevant?
- Welche Kunden wären bei Unfall oder Krankheit zu informieren?
- Gibt es geschäftliche Werte (Bestände)?

Wichtig sind diese Infos auch für den Menschen, der Dir nahe steht:

- Weiß er, wie sich Dein Vermögen zusammensetzt?
- Weiß die Person Deines Vertrauens, was zu tun ist?
- Wie sie Zugang zu Deinem Computer, Konten etc. bekommt?

Zumindest Dein Lebenspartner sollte all das wissen. Ein zentrales Vermögens-Handbuch führt sofort zu einem besseren Überblick auf beiden Seiten und damit zu einer höheren Sicherheit.

Das haben viele nicht. Ohne Handbuch ist Deine Vertrauensperson schwach.

Gliederung Deines Vermögens-Handbuchs

Titelseite
- „Vermögens-Handbuch von [Dein Name]" + Datum der Fassung.
- Notiz, wo die Datei auf welchem Computer zu finden ist und wie der Dateiname lautet

Computer
- Passwort zum Einloggen in den Computer.
- Erklärung der Ordnerstruktur: Was ist wichtig? Was ist wo zu finden?
- Gibt es eine Software zur Verwaltung der Passwörter? Wie lautet das Passwort, um Zugang zu dieser Software zu bekommen? Wie funktioniert die Software?
- Enthält die Software auch Notizen, von denen Deine Vertrauensperson wissen sollte?

E-Mails
- Welche E-Mail-Konten nutzt Du?
- Wie lauten die Zugangsdaten zu diesen Konten? (Benutzername, Passwort)
- Wie lange ist es sinnvoll, welche E-Mails zu sichten – etwa weil Rechnungen darunter sein werden oder auch wichtige Korrespondenz, etwa mit Versicherungsgesellschaften?

Bankkonten
- Auflistung jedes einzelnen Kontos. Kommentar: Wofür wird dieses Konto genutzt?
- Wie funktioniert die PIN- und TAN-Eingabe? Sind dazu eigene Apps nötig?

Vermögensbilanz
- Wo ist die aktuelle Datei zu finden?
- Kommentare zu den einzelnen Eintragungen: Worauf ist zu achten?

Mobiltelefon
- Wie lautet der Zugangscode?
- Wie lauten die Codes für das Nutzen gesicherter Apps? (Banking-Apps)

Steuererklärungen

Bis einschließlich des Sterbejahres sind Steuererklärungen abzugeben.
- Welche? (Einkommensteuererklärung, ggf. Umsatzsteuer- sowie Gewerbesteuererklärung)
- Kontaktdaten des Steuerberaters

Benutzerkonten
- Social-Media-Accounts (Instagram, LinkedIn, Facebook etc.)
- Andere Accounts (zum Beispiel für Crowdinvesting)

Todesfall
- Welche Versicherungsgesellschaften sind mit welchen Fristen zu informieren?
- Wo befinden sich die Unterlagen dazu? (Foto der Ordner, des Regals)
- Welchen Menschen stehst Du so nahe, dass sie per Post informiert werden sollen?
- Wer ist noch zu informieren? (Krankenkasse, Vereine zur Aufhebung der Mitgliedschaft, Kapitalgesellschaften, an denen Du beteiligt bist, regelmäßige Kunden, Vertragspartner)

Deine Vollmachten und Verfügungen

Vorsorgevollmacht als zentraler Baustein

Eine Vertrauensperson hat nur Sinn, wenn sie in Deinem Sinne handeln kann. Dafür muss sie bevollmächtigt sein. Das geht am besten mit einer Vorsorgevollmacht. Die Bevollmächtigung kann dabei sehr weit gehen. Das muss sie letztlich auch. In vielen Fällen kann die Person, der die Vollmacht erteilt wurde, ***sofort*** in Deinem Sinne handeln. Das ist ein wichtiger Vorteil gegenüber anderen Verfügungen. ***Fehlt*** eine solche Vollmacht, stapeln sich im Falle eines Falles schnell viele Probleme.

Du kannst einzelne Aufgabenbereiche übertragen. Erteilst Du Vollmacht für alle Aufgabenkreise, spricht man von einer ***Generalvollmacht***.

Vorsorgevollmacht als zentrale Vollmacht

Unterschied zur Patientenverfügung

In der Patientenverfügung legst Du fest, was medizinisch im Fall einer schweren Krankheit mit Dir geschehen soll.

Die Vorsorgevollmacht gilt dagegen ab Unterzeichnung und gilt auch für normale Dinge wie Behördengänge oder ähnlich.

Unterschied zur Betreuungsverfügung

Ein gesetzlicher Betreuer wird nur eingesetzt, wenn das Betreuungsgericht es für erforderlich hält. Ausschlaggebend für diese Entscheidung ist dabei Deine gesundheitliche Situation.

Anders gesagt: Du kannst keinen Betreuer für Dich bestellen. Das kann nur ein Gericht tun.

Problem – Geldinstituten reicht Deine Vollmacht oft nicht aus

- Banken verlangen meist eine eigene Konto- bzw. Depotvollmacht. Ihnen reichen andere Vollmachten oft nicht. Selbst Generalvollmachten werden oftmals nicht (sofort) akzeptiert.
- Banken haben eigene Formulare, auf denen die Person unterschreibt, die bevollmächtigt werden soll, und zwar am besten in der Bank. Damit hat die Bank dann eine Unterschriftsprobe, und Zweifel an der Wirksamkeit der Vollmacht müssen gar nicht erst aufkommen.

Erteile eine Vorsorgevollmacht

In der Vorsorgevollmacht gibst Du Deiner Vertrauensperson die Erlaubnis, Dich gegenüber Dritten zu vertreten. Hilfreich ist das vor allem dann, wenn Du nicht mehr selbst in der Lage bist, Entscheidungen zu treffen – ausgelöst etwa durch eine Krankheit oder einen Unfall.

Die Vorsorgevollmacht greift aber nicht erst bei einer Krankheit, sie ist eine generelle Vollmacht. Eine zweite Person kann neben Dir *„Deine Geschäfte"* führen. Die Vorsorgevollmacht bezieht sich auf die ***privaten Dinge***. In Deiner Firma musst du weitere Vollmachten erteilen.

Du kannst Vollmacht gezielt für einzelne Aufgaben erteilen:

- *Gesundheit und Pflege:* Zum Beispiel entbindest Du medizinisches Personal von der Schweigepflicht. Die bevollmächtigte Person darf informiert werden.
- *Wohnung:* Solltest Du dazu nicht mehr in der Lage sein, selbstständig zu wohnen, kann der Bevollmächtigte Deine Wohnung kündigen, Deinen Haushalt auflösen, einen Heimplatz für Dich suchen und die nötigen Verträge schließen.
- *Behörden:* Es wird nach wie vor Korrespondenz geben, etwa mit dem Finanzamt oder mit dem Renten- und Sozialversicherungsträger.
- *Soziale Netzwerke, E-Mails etc.:* Du kannst Deine Vertragspartner dazu verpflichten, dem Bevollmächtigten Zugang zu Deinen Nutzerkonten zu gestatten.
- *Briefpost, Telefon:* Hier geht es um die Annahme von Briefsendungen – auch dann, wenn sie mit dem Vermerk „Persönlich" oder „Eigenhändig" versehen sind. Ein weiteres Thema sind Mobilfunk-, Telefon-, Fernsehverträge und dergleichen.
- *Versicherungen:* Der Bevollmächtigte wird in die Lage versetzt, Rechte geltend zu machen und Zahlungen aus Deinen Versicherungsverträgen entgegenzunehmen.
- *Bankkonten:* Wie links geschrieben, regele Bankvollmachten am besten zusätzlich getrennt. Damit alle Vorsicht nicht am Bankkonto scheitert.

Erstelle eine Patientenverfügung

Bei schwerer Krankheit kann es sein, dass Du Deinen Willen nicht mehr äußern kannst. Eine Patientenverfügung klärt, wie Ärzte und Pflegekräfte Dich jetzt behandeln dürfen. Auch wenn Du vollkommen gesund bist, solltest Du eine Patientenverfügung erstellen. Denn die Situation, dass sie benötigt wird, tritt meist unerwartet ein. Es bleibt dann keine Zeit mehr, das Dokument kurzfristig aufzusetzen.

Da dies ein Buch über Deine Finanzen ist, gehen wir auf die Patientenverfügung nicht weiter ein. In ihr klärst Du z. B. ob Du reanimiert werden willst, ab wann Du nur noch palliativ behandelt werden musst etc.

Erstelle eine Betreuungsverfügung

Es kann dazu kommen, dass Du auf Dauer nicht mehr handlungsfähig bist und ein anderer für Dich handeln muss. Das für Dich zuständige Amtsgericht wird dann als Betreuungsgericht einen Betreuer bestellen.

Der Betreuer verwaltet dann Dein Vermögen!

Auf dieses Verfahren kannst Du im Vorfeld Einfluss nehmen, indem Du eine ***Betreuungsverfügung*** erstellst und an geeigneter Stelle hinterlegst. Anders als bei der Vorsorgevollmacht entfaltet die Betreuungsverfügung ihre Wirkung nur, wenn sie tatsächlich nötig wird.

Schlage dem Gericht vor, wen es einsetzen soll

Benenne eine Person Deines Vertrauens und auch eine Ersatzbetreuung. Erstelle für diese Personen am besten eine Vorsorgevollmacht sowie eine Patientenverfügung und verweise in der Betreuungsverfügung auf diese Dokumente. Hinterlege die Betreuungsverfügung gut auffindbar:

- In manchen Bundesländern ist es möglich, die Betreuungsverfügung beim Gericht zu hinterlegen.
- Im Zentralen Vorsorgeregister der Bundesnotarkammer kann hinterlegt werden, dass es eine Verfügung gibt.
- Du kannst sie in Deinem Notfallordner zu Hause aufbewahren.

Schreibe ein Testament

Es gibt Menschen, die sagen: „*Was nach meinem Tod kommt, ist mir egal.*" Sie verbrauchen gezielt ihr Vermögen vor ihrem Tod und kümmern sich wenig um alles danach. Interessant ist, dass vielen Menschen dieser Punkt eigentlich nicht egal ist, sie aber trotzdem KEIN Testament schreiben. Die Zahlen sind erschreckend: Etwa 2/3 der Deutschen haben KEIN Testament. Das andere Drittel hat als Testament oft eine juristische Notbeleuchtung und selten einen durchdachten und gestalteten letzten Willen.

Dein Testament sagt mehr über Dich aus, als Dein Grabstein

Hast Du am Ende Deines Lebens nichts zu sagen und nichts zu übergeben? Wir sagen immer: *Was Menschen denken und wie sie handeln, erkennst Du an ihrem Testament.* Ein Testament spiegelt den Menschen: Wie viel sie überbehalten haben, wem sie etwas geben, wofür sie etwas geben und wie klug sie es geben. Mit Deinem Testament kannst Du genau das regeln. Weil das Testament quasi die „Schluss-Klausel" Deines Vermögens ist, dazu einige Sätze mehr.

Das kannst Du in Deinem Testament alles regeln

- Dein Testament entfaltet seine Wirkung, wenn Du gestorben bist.
- Der Erbfall tritt ein, wenn Dein Tod per Totenschein beurkundet ist.
- Wer erbt, wird zum ***Rechtsnachfolger*** – mit allen Pflichten.

Wen willst Du als Erben einsetzen?
Lege zum Beispiel fest, dass Dein Ehepartner alleiniger Vollerbe Deines gesamten Vermögens werden soll – und umgekehrt. Achtung: Das Berliner Testament ist zum Beispiel nicht die Lösung für alles.

Was genau soll wem vermacht werden?
Willst Du Vermögensübergänge im Detail regeln, benenne diese Details. Dein ***Vermögens-Handbuch*** und Deine ***Vermögensbilanz*** werden Dir dabei helfen, nichts zu übersehen. Denke insbesondere auch an Deine Firma. Es ist nicht damit getan, nur einen Satz zu schreiben.

Testaments-Spende
Bedenke, ob Du durch eine Spende auch inhaltlich ein Zeichen setzen möchtest. Oft sind dies 10 bis 20 Prozent, die Du an eine oder mehrere gemeinnützige Organisationen vermachst. Willst du mehr an andere geben (es gibt eine Bewegung unter Hochvermögenden, die mehr als 90 Prozent geben), sprich mit Deiner Familie darüber und regele das VOR Deinem Tod. Es ist kein guter Stil, eine gemeinnützige Organisation damit zu überraschen und dann auch noch in eine psychologisch und juristisch schwierige Situation zu werfen. Baue am besten eine Beziehung zwischen Deiner Familie und der Organisation auf. Sprich über Pflichtteile (Kinder können freiwillig darauf verzichten), mache es juristisch eindeutig. So wird es die Gabe der gesamten Familie und es entsteht kein Vermächtnis-Streit.

Lege Wechselbezüglichkeit fest
Hiermit kannst Du das Anfechtungsrecht des überlebenden Ehegatten nach dem Tod des zuerst Versterbenden ausschließen. Damit kann Dein Ehegatte Deinen Willen nicht außer Kraft setzen.

Schiedsklausel
Du kannst aufnehmen, dass Streitigkeiten nicht durch ordentliche Gerichte geklärt werden, sondern ein Schiedsrichter eingesetzt wird (soweit dies rechtlich zulässig ist). Du kannst festlegen, dass der Schiedsrichter durch das Netzwerk Deutscher Testamentsvollstrecker ernannt wird.

Rechtswahl
Du kannst festlegen, dass für die Erbfolge (soweit möglich) ausschließlich deutsches Recht gelten soll. Das kann dann sinnvoll sein, wenn sich Dein gewöhnlicher Aufenthaltsort im Alter nicht in Deutschland befindet.

Du kannst mit dem Testament gestalten, tue es auch

Ein Vermögen ist keine abstrakte Sache. An ihm hängen Geschichten und Beziehungen. Vielleicht willst Du bewusst ein Familienvermögen bewahren. Vielleicht willst Du bewusst genau das nicht mehr. Gleich, was Deine Werte oder Absichten sind: Ohne Testament werden andere darüber entscheiden, was passiert. Und das tun sie nicht immer weise.

So verfasst Du ein gültiges Testament

Wichtig: Handschriftlich!

- Dein Testament muss *handschriftlich* verfasst sein.
- *Überschrift* „Testament" nicht vergessen.
- Setzt Ihr Euch als Lebenspartner gegenseitig als Vollerben ein, müsst Ihr BEIDE das Testament von Hand verfassen. Aus den *Unterschriften* (mit Ort und Datum) müssen die Namen für Dritte erkennbar sein. Also keine Kürzel verwenden.

Ort der Aufbewahrung

- Deine Vertrauensperson muss wissen, wo es sich befindet.
- Du kannst eine Abschrift offiziell hinterlegen, indem Du es beim *Nachlassgericht* in amtliche Verwahrung gibst. Das Nachlassgericht ist beim Amtsgericht Deines Wohnortes angesiedelt. Außerdem wird das hinterlegte Schriftstück im Zentralen Testamentsregister der Bundesnotarkammer erfasst.

Praxis-Tipp zur Hinterlegung beim Nachlassgericht

Die Hinterlegung beim Nachlassgericht ist freilich erst dann sinnvoll, wenn das Testament bereits so reif ist, ***dass es nicht immer wieder geandert wird.***

Doch wenn Du soweit bist, macht die Hinterlegung die Abläufe einfacher:

- Stirbt der Verfasser, teilt das Geburtsstandesamt dem Nachlassgericht den Tod mit.
- Das Nachlassgericht öffnet das Testament.
- Es benachrichtigt Erben und andere berücksichtigte Personen und Organisationen.

Wenn Du Beratung wünschst

- Das Festlegen einer letztwilligen Verfügung kann kompliziert werden – etwa dann, wenn Du eine verwandte Person ausdrücklich von der Erbfolge ausschließen möchtest oder wenn Du Vorerben und Schlusserben bestimmen möchtest. Dann ist es sinnvoll, dass Du Beratung suchst.
- Vorbereiten solltest Du den Ausschnitt Deines *Stammbaums* mit allen lebenden Personen: Wer ist Dein Partner? Welche Kinder und Kindeskinder gibt es? Gibt es noch lebende Eltern und Geschwister?

Gib die Verantwortung nicht aus der Hand

Wenn Du Dich beraten lässt, denke mit. Damit alles am Ende gut greift.

- *Rechtsanwälte,* die auf Erbrecht spezialisiert sind, können Dir die gesetzlichen Regelungen erklären und auch Rat geben.
- *Notare:* Sie können Dich ebenfalls rechtlich beraten. Zudem können sie Dich beim Erstellen eines Erbvertrages begleiten und das Ergebnis in der Urkundenrolle verwahren. Die Beratung durch einen Notar kann dabei finanziell sogar günstiger sein im Vergleich zur Beratung durch einen Rechtsanwalt. Dennoch ist bei einem sechsstelligen Erbe grob mit einem (niedrigen) vierstelligen Betrag für die Notar- und Amtsgebühren zu rechnen. Neben der fachlichen Beratung hat der Gang zu einem Notar weitere Vorteile: Ein Notar kann Deine Testierfähigkeit bestätigen. Und: Der bzw. die Erben können mit einem notariellen Testament bereits handeln. Sie müssen nicht warten, bis der Erbschein vorliegt, was mehrere Wochen dauern kann.
- *Steuerberater:* Wenn es um Summen geht, welche die gesetzlich geregelten persönlichen Freibeträge bei der Erbschafts- und Schenkungssteuer überschreiten, ist die Einbeziehung eines Steuerberaters sinnvoll. Lege zur Prüfung der steuerlichen Auswirkungen den Entwurf Deines Testaments oder Erbvertrags Deinem Steuerberater vor.
- In komplexeren Fällen lohnt es sich, mehrere Fachleute einzubinden. Denn ein Notar oder Rechtsanwalt wird den Fall nur aus seiner Sicht beurteilen, nicht aber zu steuerlichen Details Stellung nehmen.

Achtung beim Pflichtteil

- Achtung: Auch dann, wenn Du eine Person ausdrücklich von der Erbfolge ausschließt, steht ihr ein Pflichtteil zu. Dieser ist eine *Mindestbeteiligung* am Erbe. Er muss trotz Enterbung ausgezahlt werden.
- Pflichtteilsberechtigt sind Deine *Kinder* (auch adoptierte) sowie Dein *Ehepartner* bzw. eingetragener *Lebenspartner.*
- Auch Deine *Eltern* haben einen Anspruch auf den Pflichtteil. Diesen können sie allerdings nur einfordern, wenn Du keine eigenen Kinder hast oder diese bereits verstorben sind. Hast Du weder Ehepartner noch Kinder, ginge ohne Testament alles an Deine Eltern.

- Für Deine *Geschwister* gibt es dagegen kein Pflichtteilsrecht.
- Auch wenn den Erben ein Pflichtteil zusteht, muss dieser nicht zwangsläufig ausgezahlt werden, sondern nur dann, wenn der Erbe den Pflichtteilsanspruch auch geltend macht.
- Oft ist es sinnvoll, wenn die Pflichtteilsberechtigten freiwillig *auf die Auszahlung verzichten*. Beispiel: Du stirbst und hinterlässt Deinem Partner ein Haus, aber wenig liquides Vermögen. Würde Dein Kind seinen Pflichtteil geltend machen, müsste Dein Partner die Immobilie beleihen oder verkaufen, um den Pflichtteil auszahlen zu können.
- In ganz seltenen Fällen kannst Du Pflichtteilsberechtigten den *Pflichtteil entziehen*. Allerdings liegen die Hürden hoch (es müsste zum Beispiel nachgewiesen werden, dass der Pflichtteilsberechtigte Dir oder einer Dir nahe stehende Person nach dem Leben trachtet).

Übertragungsvertrag

Falls Du einige Vermögensanteile *vor Deinem Tod* übertragen möchtest, kann ein Notar Dich beim Erstellen eines Übertragungsvertrages begleiten.

Beispiel: Immobilienübertragung mit Nießbrauchsrecht

Du willst eine Immobilie auf Dein Kind übertragen, aber bis zu Deinem Tod weiterhin von den Mieterträgen und damit von der sogenannten Fruchtziehung profitieren. Für diesen Fall wird die Immobilie per Übertragungsvertrag auf Dein Kind übertragen und für Dich wird in diesem Vertrag eine Nießbrauchsregelung getroffen.

Erbvertrag

Bei komplexen Verhältnissen kann ein Erbvertrag Details regeln:

- Die Berufung des überlebenden Ehepartners zum *alleinigen und unbeschränkten Erben* (Achtung: Die Pflichtteilsansprüche gelten weiter).
- *Erbfolge* nach dem Überlebenden. Auch Firmenübergabe etc.
- Wer ist *Vorerbe* (z.B. Dein Sohn, der keine eigenen Nachkommen hat), wer ist *Nacherbe* (z.B. die Nachkommen Deiner Tochter)?
- Wer ist *Ersatzerbe* (falls Vor- und/oder Nacherben sterben sollten)?
- Was passiert bei *gleichzeitigem Versterben*?
- Welche Regelungen gelten im Fall der *Wiederheirat*?
- Wird *Testamentsvollstreckung* angeordnet?

Lohnt es sich, ein Testament zu haben?

Ja, in jedem Fall. Denn Du baust damit einen guten Weg des Übergangs. Dabei geht es nicht nur um juristische Dinge. Viele Erbstreitigkeiten rühren daher, dass Dinge einfach nicht besprochen wurden und Beziehungen als selbstverständlich angesehen werden.

Was ist, wenn Du kein Testament hast?
Liegt kein Testament (und auch kein Erbvertrag) vor, tritt die gesetzliche Erbfolge in Kraft. Diese regelt – vor allem mit Blick auf Dein Vermögen – die Rechtsnachfolge.

Es ist dabei *nicht* so, dass Dein Ehepartner automatisch alles erbt!

Die Höhe des Erbteils, die an Deinen Ehepartner bzw. eingetragenen Lebenspartner geht, ist einerseits abhängig vom *Personenkreis*, der neben Deinem Partner erbberechtigt ist, und andererseits abhängig vom *Güterstand*, in dem Ihr zum Zeitpunkt des Todes gelebt habt (Zugewinngemeinschaft, Gütertrennung, Gütergemeinschaft). Gerade bei Lebensformen, die vom BGB nicht geregelt werden (nichteheliche Lebensgemeinschaft etc.), solltest Du gründlich vorarbeiten. Gibt es ein Testament, wissen die, die Dir nahestehen, wie Du Dir alles vorgestellt hast. Das entlastet. Ohne Testament müssten sie in ihrer Trauer auch darüber noch nachdenken.

Erbe und Vermächtnis
Die Person, die Du als Erben einsetzt, tritt nach Deinem Tod Deine Rechtsnachfolge an. Diese Person hat dann etwa das Recht, Deine Wohnung zu betreten (und aufzulösen), Deine Konten einzusehen, Deine Verträge zu kündigen. Im Testament musst Du diese Person klar als **Erben** benennen.

Daneben kannst Du einzelnen Menschen oder rechtsfähigen Organisationen etwas aus Deinem Besitz *vermachen*, ohne dass sie zu Deinen Rechtsnachfolgern werden. **Vermächtnisse** kannst Du machen, so viele Du möchtest. Erstelle dazu eine klar verständliche Liste. Überlege, wo eine sinnvolle Grenze ist: Je kleinteiliger die Übersicht wird, desto mehr Arbeit hat die von Dir als Erbe eingesetzte Person damit, das alles zu verwalten.

Vertrauen, Dokumentation und Klärung

Drei Dinge haben wir Dir in diesem Kapitel ans Herz gelegt:

Die drei Vs – die Pfeiler zu einem modernen Sicherheitskonzept

- Habe eine **Vertrauensperson,** die wirklich Einblick hat.
- Habe ein **Vermögens-Handbuch,** in dem ALLES steht.
- Vergib **Vollmachten** so, dass sie wirklich greifen.

Wenn Du das Kapitel gründlich gelesen hast, dann wird Dir aufgefallen sein, dass wir wenig über das optimale Passwort geschrieben haben. Und auch nicht, wie dick die Wandstärke eines Tresors ausgelegt sein sollte.

Wir haben vor allem geschrieben über:

- Deine Vertrauensperson
- Deine Dokumentation
- Dein Testament

Das haben wir bewusst getan. Deutschland ist an vielen Stellen ein Angstland. Andere könnten kommen und Dir etwas wegnehmen. Wir sagen nicht, dass man sich vor Einbruch und Betrug nicht schützen sollte. Aber „Sicherheit" hat weniger mit Schlössern, als mit sozialen Beziehungen zu tun. Und diese „innerfamiliäre Sicherheit" ist unsere Hauptsichtachse.

Sicherheit beruht auf Vertrauens-Beziehungen

Im Zweifelsfall bist Du in den Händen Deiner Familie oder einer anderen Person. Und das geht nur dann gut, wenn ihr gut miteinander umgeht. Da nicht mehr jeder eine klassische Familie hat, ist es wichtig, auch über andere Netze nachzudenken. Sicherheit hat für uns also mehr mit Vertrauen und Klarheit zu tun, als mit Mechanik. Investiere in Deine Beziehungen, sprich über Dinge, regele Sachen rechtzeitig juristisch eindeutig. Auch als Ehepaar ohne Kinder hast Du viele Gestaltungsmöglichkeiten. Wir machen Dir Mut, Dein Vermögen zu sichern, zu klären und über Deinen Tod hinaus zu denken.

Traue Dir selbst Ordnung zu

Zuletzt noch ein Punkt, den wir gerne unter den Tisch fallen lassen: Die meisten Vermögen gehen verloren oder werden erst gar nicht aufgebaut, weil wir uns selbst im Wege stehen oder weil wir einen Kurs steuern, der auf Krawall und Risiko gebürstet ist.

Da ist der Unternehmer, der seine Bilanzen frisiert, damit ein paar Prozent mehr herauskommen. Und dann viel Geld und Vertrauen verliert, als es auffliegt. Da ist die ungeklärte Beziehung zu Kindern und der einen oder anderen Frau – die im Zweifel viel Geld und Energie kosten. Und häufig ist es Streit mit Geschäftspartnern oder der Kundschaft, der den vorherigen Gewinn wieder ins Minus zieht. Und immer wieder vergessene Fristen, offen liegengelassene Passwörter oder andere Unachtsamkeit.

Wir haben diese Fälle gesehen und beraten. Fast immer war es die gleiche Aussage: Hätte ich mir das früher gut überlegt, hätte ich dieses oder jenes nicht angefangen. Oder wäre ich achtsamer gewesen.

Du kannst nicht alles vorhersehen, aber Du kannst vorbeugen

Du kannst nicht jedem Geldverlust aus dem Wege gehen. Gerade nicht, wenn Du selbstständig bist. Auch nicht jede Beziehung gelingt. Aber Du kannst Klarheiten und Sicherheiten (für Dich und andere) schaffen.

Ein Vermögens-Handbuch zu führen, ist auf den ersten Blick eine trockene Sache. Passwörter immer wieder zu prüfen und regelmäßig zu wechseln, lästig. Klärende Gespräche über unangenehme Dinge – es ist viel bequemer, sie nicht zu führen. Das gilt auch für Sicherheits-Routinen.

Aber es doch zu tun, das ist DEINE Entscheidung. Du schaffst damit das Vertrauensfundament rund um Dein Vermögen. Es braucht viele Menschen, um ein Haus zu bauen. Es braucht mehr als einen Menschen, um ein Vermögen zu sichern. Schaffe also in Deinem Vermögen die Ordnung, in der Dinge nicht untergehen. Löse Dich von Panzerknacker-Ängsten und werde offen für gut gestaltete Beziehungen. Privat wie geschäftlich.

think smart!

Zusammenfassung

Vermögens-Absicherung geschieht auf drei Ebenen

- Absicherung im laufenden Betrieb.
- Absicherung bei kurzer Abwesenheit.
- Absicherung bei langer (endgültiger) Abwesenheit.

Ein modernes Sicherungskonzept setzt auf die 3 Vs

- Eine ***Vertrauensperson*** ist für den Fall eines Falles wichtig.
- Dein ***Vermögens-Handbuch*** hilft Dir und der Person Deines Vertrauens.
- ***Vollmachten*** und ***Verfügungen*** regeln die Dinge.

Dein Testament – ein Spiegel Deines Lebens

- Dein Testament regelt juristisch, wer Deine Rechtsnachfolge antritt.
- Es tut aber viel mehr: Es ordnet und zeigt, was Dir wichtig war.
- Nicht zuletzt kann es bei anderen viel Streit und Stress vermeiden.

Du bist mit diesem Schritt fertig, wenn Du dies beantworten kannst:

Hast Du die drei Vs verstanden und für Dich gestaltet?

Ein Ja bringt Ruhe.

Hast Du insbesondere Dein Vermögens-Handbuch angelegt?

Geh es mit der Person Deines Vertrauens durch, damit sie es versteht.

☺

09 FERTIG

Der Finanz-Flow-Circle

Kapitel 10 – Pflege Deine Finanzen regelmäßig

10 Finanz-Rhythmus

Pflege Dein System, damit es sich gut entwickelt

Du hast das System verstanden. Aber das bedeutet nicht, dass es von alleine läuft. Schau Dir Deine Finanzen regelmäßig an und regle bei Bedarf nach.

Warum brauchst Du einen eigenen Finanz-Rhythmus?

Damit Ziele und Wirklichkeit zusammenfinden

Deinen Freipunkt zu erreichen, ist kein russisches Roulette. Wenn Du auf lange Zeit konstant smart handelst, wirst Du Deine Freiheitsgrade Schritt für Schritt erhöhen und schließlich Deinen Freipunkt erreichen.

Aber genau das ist die Herausforderung: Über lange Zeit konstant zu handeln. Damit Dir das gelingt, hilft Dir ein ***Finanz-Rhythmus***. Ein Set von Routinen, die es Dir erleichtern, lästige und wichtige Dinge so zu tun, dass am Ende Dein Leben besser „läuft".

Deine Planung

Wenn

Du deine Ziele und Dein Genug vor Augen hast ...

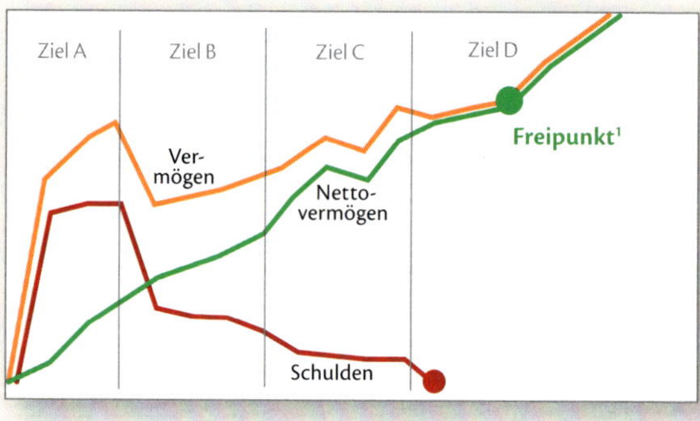

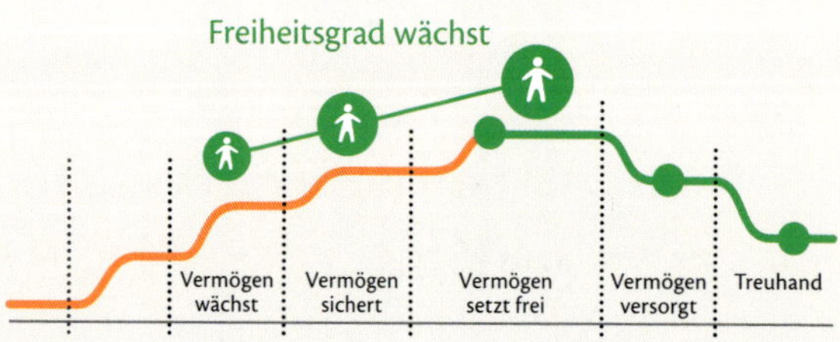

1 = Der Freipunkt muss nicht mit schuldenfrei zusammenfallen. Die Nähe in dieser Grafik ist willkürlich.

Das ist wie Pflanzen gießen

Hast Du zu Hause Topfpflanzen? Vielleicht kennst Du das: Das Gießen wird schon mal vergessen. Was passiert? Die Pflanzen lassen die Blätter hängen. Wenn Du sie dann wieder gießt, erholen sie sich (meist) wieder.

So ähnlich ist das auch bei Deinen Finanzen: Am besten entwickeln sie sich, wenn Du sie *regelmäßig* im Auge hast. Gewöhne es Dir an. Und falls Du Deine Finanzen mal vernachlässigst, weil andere Aufgaben gerade wichtig sind: *Steige wieder neu ein* und mach da weiter, wo Du aufgehört hast. Du wirst sehen: So, wie die Pflanze wieder Kraft bekommt, wird es auch mit Deinen Finanzen wieder vorangehen.

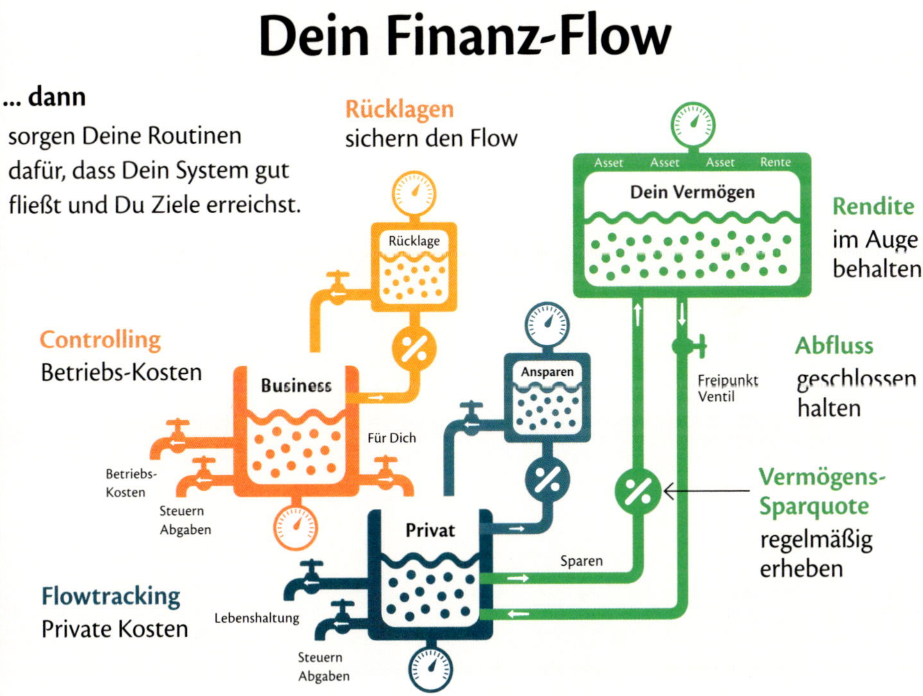

TÄGLICH

Die finanzielle Fußarbeit werktäglich oder wöchentlich

Halte Deine Daten aktuell

Es gibt kleine administrative Aufgaben, die Du am besten nicht auf die lange Bank schiebst. Wenn Du sie gleich an dem Tag erledigst, wenn die Aufgaben hereinkommen, fallen diese Arbeit am leichtesten. Ansonsten sammelst Du sie für einen bestimmten Tag in der Woche und arbeitest sie in einem Rutsch weg. Lass sie aber nicht liegen. Das rechnet sich nicht.

- *Kontenbewegungen*
  Schau Dir die Konto-Buchungen an und prüfe sie auf Plausibilität: Betrag okay? Empfänger korrekt?
  Wenn Du selbst buchst: Buche die Vorgänge in die FiBu.
- *Eingehende Rechnungen überweisen*
  Sinnvoll, um Skonto zu nutzen (gibt es inzwischen nur noch selten). Zügige Überweisung ist aber auch unabhängig vom Skonto sinnvoll:
  - Das Konto zeigt Dir dann realistisch an, wo Du gerade stehst.
  - Geschäftspartner freuen sich über rasche Überweisungen. Deine Reputation steigt. *„Die überweisen immer sofort"*, ist ein guter Ruf.
- *Überfällige Ausgangsrechnungen*
  Hake nach, falls die Überweisung durch einen Kunden überfällig ist. Schiebe das nicht auf! Zahlungsausfälle können so zum Teil vermieden werden. Denn im Zweifel bekommen die das Geld, die zuerst fragen.
- *Rechnungen schreiben*
  Wurde heute ein Projekt fertig? Dann schreibe die Rechnung. Schiebe das nicht auf! Dein Finanz-Flow wird dadurch flüssiger und Dein Kopf ist wieder frei.

WICHTIG!

MONATLICH

Diese monatliche Routine macht den Unterschied!

Dein monatliches Flowtracking

Habe im Blick, was in Deinem Leben finanziell passiert

- *Flowtracking mit Achtsamkeit*
  Erfasse die Kontenbewegungen des Vormonats in Deiner Tabelle. Reflektiere Dein Konsumverhalten.
  - Gönnst Du Dir zu wenig?
  - Oder gönnst Du Dir zu viel?
- *Vermögens-Sparquote ermitteln*
  Schau Dir an, wie Deine Vermögens-Sparquote gerade aussieht – im abgelaufenen Monat und mit Blick auf das Jahr. Deine Vermögens-Sparquote ist beim Freipunkt-Management ***die wichtigste Kennzahl.***
- *Geschäftliche Kontostände und Liquidität*
  Schau, wie es um Deinen Cashflow bestellt ist. Je nach beruflicher Situation, ist es gut, Geld für die kommenden sechs Monate auf dem Geschäftskonto bzw. einem Nebenkonto zu haben (Rücklagen).
- *Private Kontostände und Liquidität*
  Für die privaten Finanzen ist die Daumenregel ähnlich: Du solltest einen Notgroschen haben, der für sechs – besser zwölf – Monate alle kommenden Kosten bezahlen kann. Das verhindert, dass Du bei unvorhergesehenen Ausgaben an Dein Vermögen gehen musst.
- *Vorausschau*
  Schau Dir an, was in der nahen Zukunft an Ausgaben auf Dich zukommen (wenigstens grob). Sodass Du Dich vorbereiten kannst.

PRO QUARTAL

Zielarbeit quartalsweise

Sprich mit Deinem Vertrauenspartner

Ohne Deinen Lebenspartner Finanzen zu entwickeln, ist nicht sinnvoll. Informiere diese Person über Deine Ziele und kläre, ob sie diese unterstützt – etwa bei einem Abendessen. Finde heraus, was ihre Ziele sind. Nicht nur in Bezug auf die Vermögensbilanz, sondern grundsätzlich.

Aktualisiere Deine Vermögensbilanz

Wähle die Häufigkeit so, dass Dir das Aktualisieren nicht zur Last wird. Wichtig ist nicht eine monatsgenaue Aktualität, sondern der Trend – vor allem beim Nettovermögen. Dieser Wert sollte sich positiv entwickeln.

- *Das Aktualisieren der Vermögensbilanz kann recht schnell gehen*
  Immer dann, wenn Du aktuelle Angaben bekommst – etwa den Kontoauszug Deiner hausfinanzierenden Bank oder die Mitteilung über Rückkaufwerte –, trägst Du den Wert entsprechend in die Tabelle ein.

- *Zu Beginn eines neuen Quartals*

Jan	Feb	März	**April**	Mai	Juni	**Juli**	Aug	Sep	**Okt**	Nov	Dez

  Bringe Deine Vermögensbilanz zu Beginn eines Quartals auf den aktuellen Stand. Wenn die Zeit nicht reicht: Einmal pro Halbjahr oder einmal zum Ende des Jahres reicht in vielen Fällen sicher auch.

- *Warum ist dieser Aufwand überhaupt sinnvoll?*
  Weil Du siehst, wie sich dein Nettovermögen entwickelt und damit zugleich sichtbar werden kann, welchen Anteil an Deinen Ausgaben Du bereits aus arbeitsunabhängigen Quellen decken kannst.

JÄHRLICH

Der Gesamtüberblick einmal pro Jahr

- *(Einkommen-, Umsatz-, Gewerbe-) Steuererklärung*
  Fristgerecht erstellen (lassen) und abgeben.

Der dann folgende Termin kann ein strategischer Höhepunkt für Dich sein.

Überblicke Dein komplettes Finanz-Flow-System

- *Vermögensbilanz*
  Gehe die Zahlen mit Deiner Partnerin, Deinem Partner durch.
- *Lebensvorausschau*
  Sind die prognostizierten Finanzflüsse für später sowie Deine Anwartschaften noch schlüssig? Sind Deine Annahmen und Ziele noch aktuell?
- *Vermögensstruktur und Investitionsstrategie*
  Sind Anpassungen nötig (Rebalancing, Umschichtungen, Ergänzungen)? Passen die Anlageinstrumente noch zur Lage im Land und in der Welt?
- *Vollmachten, Verfügungen, Testament*
  - Entsprechen die Regelungen noch Deinen Vorstellungen?
  - Ist bei den Vollmachten und den Verfügungen noch alles aktuell, ergänze handschriftlich den Satz „Ich will an der vorstehenden Vollmacht/Verfügung festhalten“ sowie Datum und Unterschrift.
- *Bankverbindungen*
  - Ist Deine Partnerin bzw. Dein Partner in der Lage, sich in Deine Konten einzuloggen und Überweisungen zu veranlassen?
  - Gibt es eine nicht mehr benötigte Bankverbindung? Löse sie auf.
- *Dein Vermögens-Handbuch*
  - Lies alle Seiten durch. Das hilft Dir, Dinge vor Augen zu haben.
  - Was musst Du aktualisieren und ergänzen?

So erkennst Du, ob Du langfristig auf gutem Kurs bist

Wir sehen es so:

- Was für einen Beamten die Pension ist und für einen Arbeitnehmer die Kombination aus gesetzlicher Rente, Betriebsrente und privater Altersvorsorge, das ist für einen Selbstständigen sein investiertes *Nettovermögen.*
- Wie die Versorgungsansprüche bei Beamten und Arbeitnehmern, soll das Nettovermögen bei Selbstständigen *von Jahr zu Jahr wachsen.* Es wird mal schneller, mal langsamer wachsen – aber während der Arbeitsphase des Lebens soll der Wert nach oben gehen.
- Spätestens im Renteneintrittsalter solltest Du Deine Lebenshaltungskosten durch arbeitsunabhängige Einnahmen bzw. Dein investiertes Nettovermögen finanzieren können.

Schau Dir daher an, wie sich Deine Schulden, Deine Aktiva und vor allem Dein Nettovermögen entwickeln. Du kannst die Entwicklung dieser Werte auch visualisieren, zum Beispiel so:

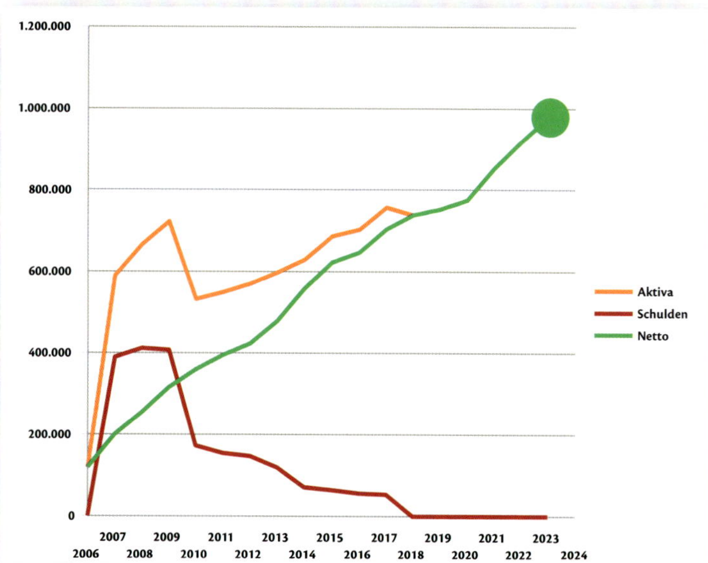

Die Entwicklung Deiner Vermögensbilanz

Deine Schulden sollten mittel- bis langfristig bei Null landen

Im Beispiel geht die Kurve anfangs in die Höhe, denn hier wurde eine Kreditfinanzierung für ein Haus abgeschlossen. Im weiteren Verlauf wird der Kredit getilgt, auch mit Sondertilgungen. Daher verläuft die Kurve nicht linear. Beim roten Punkt warst Du schuldenfrei.

Deine Aktiva sollten mittel- bis langfristig steigen

Im Beispiel schießt die Aktivakurve anfangs nach oben. Denn bei den Aktiva kam die kreditfinanzierte Immobilie dazu. Später verlaufen die Kurven für die Aktiva und für das Nettovermögen identisch, da es keine Schulden mehr gibt.

Dein Nettovermögen sollte bis zum Ende des Erwerbslebens steigen

Zur Erinnerung: Das Nettovermögen ergibt sich, wenn Du von den Aktiva Deine Schulden abziehst. Mit jeder Tilgung des Kredits wird die Kurve ein bisschen nach oben gehen. Und so ist es auch mit jeder Investition und jeder Kurssteigerung Deiner Wertpapiere.

Im Falle eines größeren Kurssturzes ist dieser in Deinen Kurven sichtbar, wenn der Anteil Deiner Wertpapiere entsprechend groß ist. Langfristig betrachtet, ist das nicht tragisch.

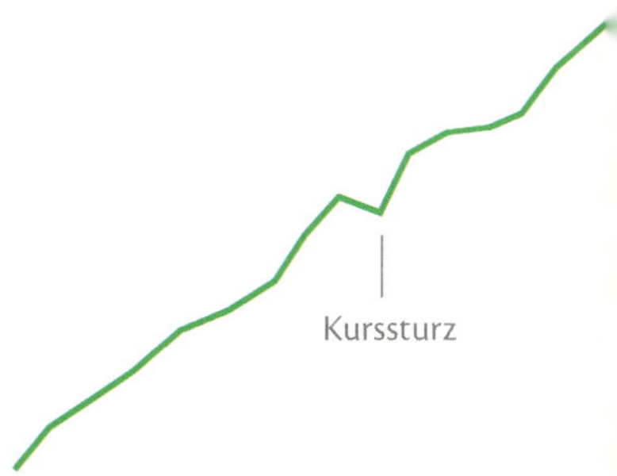

Growthtracking – wann Du genug hast

Wenn Du im Laufe der Zeit siehst, wie sich Deine Aktiva, Deine Schulden und vor allem Dein Nettovermögen entwickeln, bringt Dir das schon erste Einsichten.

Doch Du weißt noch nicht recht:
- Bist Du wirklich *auf gutem Kurs?*
- Passt die *Geschwindigkeit* Deines Vorankommens?

Sehen wir uns die Zusammenhänge also noch etwas genauer an. Wir konzentrieren uns dabei auf die Entwicklung Deines *investierten* Nettovermögens, denn das ist die Kennzahl, auf die es ankommt.

Analog zum Flowtracking sprechen wir hier vom **Growthtracking**. Und auch hier gibt es wieder ein *Genug*.

Für das (etwa jährliche) Growthtracking schaust Du Dir die Entwicklung Deines investierten Nettovermögens im Laufe Deines Lebens an. Du erkennst dabei, ob Du auf Kurs bist oder nachsteuern musst.

Nettovermögen und arbeitsunabhängiges Einkommen

In Kapitel 7 hast Du gesehen: Ein arbeitsunabhängiges Einkommen kannst Du Dir durch breit streuende, kostengünstige ETFs aufbauen, von denen Du später per Daumenregel vier Prozent pro Jahr entnimmst. Diese Fondsanteile sind Teil Deiner Aktiva und damit Teil Deines *investierten* Nettovermögens.

Das ist ein wichtiger Aspekt: Beim Growthtracking zählt tatsächlich nur der *investierte* Anteil. Denn zum Beispiel eine selbstbewohnte Immobilie spart nur Miete, wirft aber keine laufenden Erträge ab. Und es sind Kosten für Strom, Wärme, Wasser und so weiter zu bezahlen. Dieses Geld ist Teil des zu zahlenden Lebensunterhalts und kommt aus Deinen investierten Vermögensteilen.

Falls Du abseits von ETFs auf andere Quellen für ein arbeitsunabhängiges Einkommen setzt, berücksichtige diese. Arbeitsunabhängige Einkommensquellen sind zum Beispiel:
- Mieterträge aus vermieteten Objekten
- Dividenden

Was ist das Ziel der ganzen Arbeit?

Deine Finanz-Arbeit hat zwei Ziele: Zum einen willst Du wissen, wo Du stehst. Damit nichts aus dem Ruder läuft und sich schlecht entwickelt. Der zweite Punkt ist noch wichtiger – deswegen trägt unser Buch seinen Titel: Du willst wissen, wann Du einmal Deinen Freipunkt erreichst!

Lege Deinen ● Freipunkt fest

Dazu müssen wir noch ein, zwei Worte sagen. Denn der Freipunkt lässt sich nicht mit einem fixen Eurobetrag beschreiben, der für alle gleich gilt.

Du legst selbst fest, wann Du genug hast

Ganz am Anfang des Buches hatten wir geschrieben: Deine Finanzen müssen zu Deinem Lebensstil passen. Und diesen legst Du selbst fest. Daher muss jeder beim Freipunkt *sein individuelles Maß* finden.

- Hast Du mehr, dann darfst Du auch mehr.
- Willst Du viel, musst Du auch mehr haben.
- Brauchst Du weniger, musst Du auch weniger Vermögen aufbauen.
- Genügt Dir weniger, musst Du finanziell nicht so viel erreichen.

Schiebe es nicht länger auf. Entscheide, wann Du genug hast!

Du hast verstanden, wie Du Dein Nettovermögen berechnest und es in die Zukunft hochrechnest. Nun kommt die eigentlich spannende Frage.

Wie viel ist nun genug für Dich?

- 500.000?
- Oder eine Million?
- Oder gar mehrere Millionen?

Es ist jetzt Zeit, auf die einfache Frage vom Anfang des Buches Deine persönliche Antwort zu finden. Nimm Deine Zahlen und lege Dich fest. Es folgen auf den nächsten Seiten noch ein paar Tipps. Aber die Entscheidung ist mehr als Mathematik. Es ist eine Frage, was Du willst.

Halb-Freipunkt-Regel

Gegen Mitte der Selbstständigkeit solltest Du theoretisch dazu in der Lage sein, etwa die Hälfte Deiner Lebenshaltungskosten auf arbeitsunabhängige Weise zu decken.

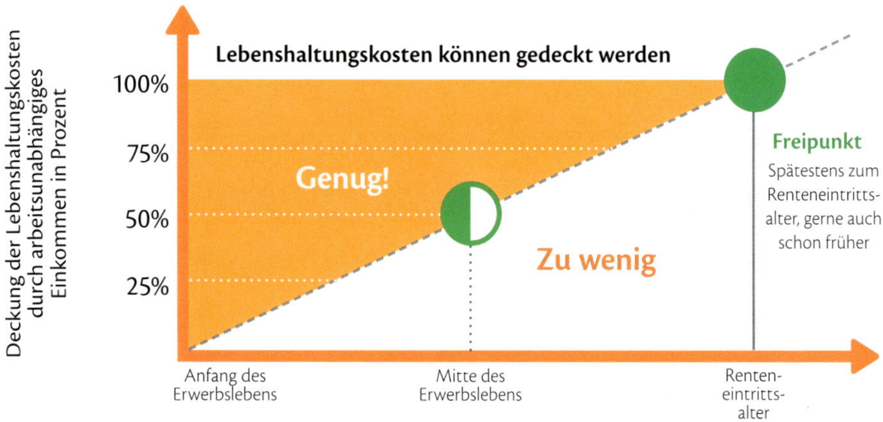

Falls Du vor allem in breit streuende ETFs investierst und Dich an der 4-Prozent-Regel orientierst, kann die Grafik für Dich auch so aussehen:

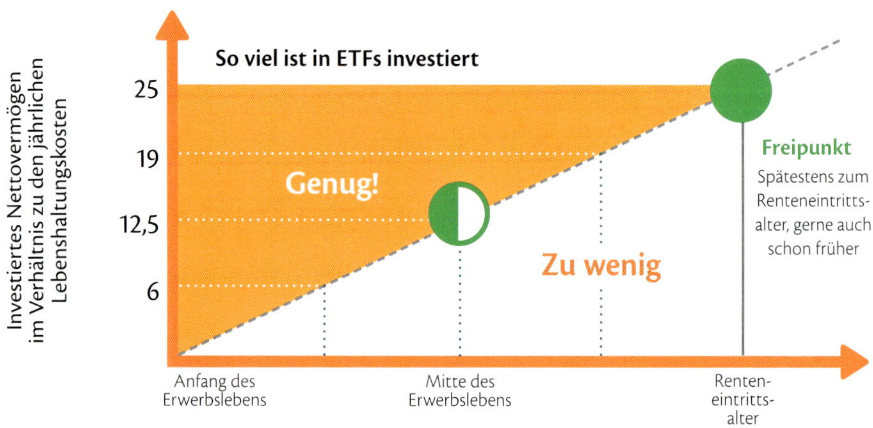

Beispiel: So liest Du diese Grafik

Nach drei Viertel Deines Erwerbslebens sollte Dein investiertes Nettovermögen in etwa 19 Mal so groß sein wie Deine jährlichen Lebenshaltungskosten. Wenn Du pro Jahr etwa 30.000 Euro verbrauchst (also durchschnittlich etwa 2.500 Euro pro Monat), dann solltest Du zu diesem Zeitpunkt als Richtwert etwa 570.000 Euro investiert haben.

Gedanken und Erfahrungen zum Genug im Growthtracking

Die Grafiken auf der linken Seite zeigen eine idealtypische Darstellung. Die Kurven können anders aussehen. Aber wenn die Hälfte Deines Arbeitslebens hinter Dir liegt und Du zwischen 40 und 60 Prozent Deiner Kosten durch ein arbeitsunabhängiges Einkommen decken kannst: Alles okay. Liegst Du aber nur zum Beispiel bei zehn Prozent, werden finanzielle Probleme auf Dich zukommen. Das Growthtracking hilft Dir dabei, solche Entwicklungen zu erkennen und rechtzeitig gegenzusteuern.

Die folgende Grafik zeigt ein Beispiel, das realistisch ist und in diesem Fall auch zu dem gewünschten Ziel führt.

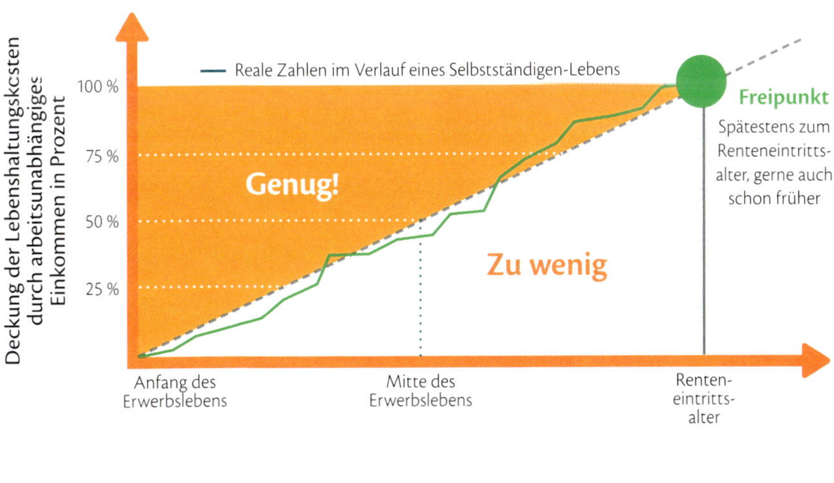

Lege Deinen persönlichen Freipunkt fest!

Kommen wir zu einem der schönsten Momente in diesem Buch. Setze Deinen Fixstern am Horizont: Wo willst Du Deinen Freipunkt haben?

WICHTIG: Mache dies so oder so zu einem positiven Moment

Bei dem Freipunkt gibt es drei verschiedene Situationen:

Du kannst Deinen Freipunkt sichtbar nach vorne holen

Du hast entweder noch viel Lebenszeit oder bereits finanzielle Substanz. Du merkst: Ja, es ist möglich. Wenn ich wollte, kann ich ab dem Zeitpunkt A aufhören zu arbeiten. Und das ist einige Zeit früher als gedacht.

- Freue Dich, Du kannst Deinen Freipunkt weit nach vorne holen.
- Du musst es nicht tun, aber Du kannst.

Du kannst Deinen Freipunkt bedingt nach vorne holen

Du hast alles berücksichtigt. Dein Freipunkt liegt aber ungefähr dort, wo Du ihn erwartet hast. Vielleicht irgendwo zwischen 64 und 68 Jahren.

- Freue Dich, Du weißt nun, wo er genau liegt.
- Schaue, ob er sich ein, zwei Jahre nach vorne schieben lässt.

Du hast eine große Rentenlücke

- Du hattest es befürchtet. Es ist noch nicht viel da.
- Und die Jahre, das aufzuholen, sind zu wenige.
- Dein Freipunkt liegt weiter hinten als von Dir gewünscht.

Auch in diesem Fall freue Dich, dass Du die Zusammenhänge besser verstehst. Bitte kein Ärger. Manches ist einfach so, wie es ist. Freue Dich darüber, dass Du gezielt an Deiner Situation arbeiten kannst. Du weißt jetzt wirklich, woran Du bist. Setze Dir trotzdem Deinen Freipunkt.

So oder so: Schreibe Dir jetzt auf, WANN der Freipunkt in Deinem Leben kommen wird. Denn dieses Wissen hilft Dir in vielerlei Hinsicht.

think smart!

Zusammenfassung

Der Finanz-Rhythmus hilft Dir, den Freipunkt zu erreichen

- Werktägliche Aufgaben halten Dich auf dem aktuellen Stand.
- Beim monatlichen Flowtracking reflektierst Du Dein Konsumverhalten.
- Quartalsweise und jährliche Aufgaben geben Dir mehr Flughöhe.

Du bist auf einem guten Kurs, wenn ...

- Deine Schulden weniger werden und irgendwann bei Null landen.
- Deine Aktiva mehr werden.
- Dein Nettovermögen bis zum Ausstieg aus dem Erwerbsleben wächst.

Das investierte Nettovermögen und Deine Position im Erwerbsleben

- Du kannst sehen, wie viel Vermögen genug ist.
- Entscheidend ist der *investierte* Anteil Deines Vermögens.
- Du kannst Deinen Freipunkt nach vorne holen.

Du bist mit diesem Schritt fertig, wenn Du dies beantworten kannst:

Lebst Du Deinen Finanz-Rhythmus, um voranzukommen?

Wenn Du noch nicht zufrieden bist, fang neu an.

Bist Du langfristig gesehen auf gutem Kurs?

Ein Ja ist hier entspannend.

☺

10 FERTIG

Zeit für Pause und Notizen

Über ein Mindset,
das Dich glücklicher macht

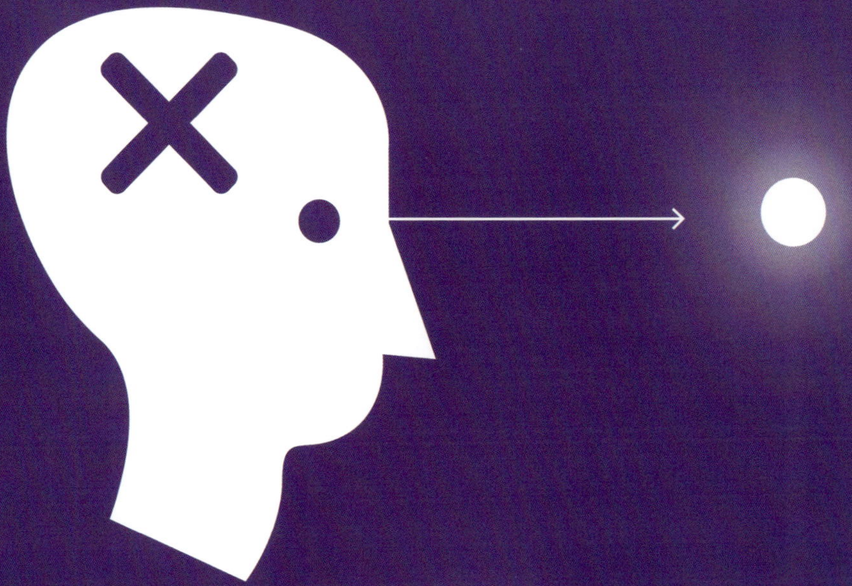

16 Money Types

Warum Dein Genug
den Unterschied macht

Kapitel 11 – Anders denken und frei werden

11 Dein Freipunkt-Mindset

Gib Deinem Leben eine glückliche Ausrichtung

Wenn Du mehr aus Deinem Freipunkt machen möchtest, gilt es, zwei Dinge zu verbinden: Dein Wissen und Dein Denken.

- Mit den bisher gezeigten Methoden kannst Du ***wissen***, wo Dein Freipunkt liegt und ihn beeinflussen.
- Ob Du ***zufrieden*** wirst, hängt aber damit zusammen, wie Du über Geld, Status und vieles andere ***denkst***.

Vielausgeber	Jongleure	Wenigausgeber	Wirtschafter
Status-Käufer	*Spekulanten*	*Genügsame*	*Haushalter*
Null-Nuller	*Schnäppchen-Jäger*	*Frugalisten*	*Flow-Tracker*
Shopper	*Schulden-Macher*	*Minimalisten*	*Anleger*
Loch-Eimer	*Vermeider*	*Asketen*	*Entrepreneure*
eher destruktive Mindsets		eher konstruktive Mindsets	

Die Kunst, Dinge anders zu bewerten

Geld ist Mittel zum Zweck. Aber was für einen Zweck hat es für Dich? Einiges wirst Du nüchtern berechnen können, anderes wirft Sinnfragen auf. Wichtig: Nicht Dein Geld macht Dich glücklich, sondern Dein Mindset.

Dein Freipunkt-Mindset

Lebe in der Fülle und verliere Deinen Freipunkt nicht aus dem Auge.

Wir sind am Ende des Buches angekommen und wollen Dir Mut machen, beim Umgang mit Geld weise zu sein. Es geht uns um Deinen ***Freipunkt***, um das Wissen, ***wann Du genug hast.*** Es geht nicht um eine abstrakte Zahl, sondern tief im Kern um die Frage, wie Du (auch in unruhigen Zeiten) Ruhe in Deinen Finanzfluss bekommst.

Dein Vermögen ist dafür ein wichtiges Werkzeug. Wenn Du Dich aber alleine auf „das Geld" konzentrierst, führt das oft zu seltsamen Lebenszielen. Zum Beispiel einem Status hinterherzurennen, den Du für den eigenen Freipunkt gar nicht brauchst. Das ist nicht smart.

Das letzte Kapitel fasst daher alles zusammen und fragt nach Deiner ***Haltung*** zum Geld. Bekommst Du Zahlen und Zufriedenheit zusammen, nennen wir das ein ***Freipunkt-Mindset:*** Das ist ein Mindset, bei dem Du unterschiedliche Aspekte ausgewogen beachtest. Dazu gehört, Zahlen und Sinn gleichwertig und gleichzeitig zu denken.

- **Deinen Freipunkt zu denken,** ist zum einen Mathematik.
- Du berechnest Zahlen und wertest Muster aus.

- **Deinen Freipunkt festzulegen,** ist zugleich Lebensstil-Entscheidung.
- Dein Genug hat viel mit Deinem Mindset zu tun (was Du willst).

In einem Freipunkt-Mindset bist Du:

- Wenn Du wirklich weißt, wann Du genug hast.
- Wenn Du dies berechnen und begründen kannst.
- Du dadurch gleichzeitig zufriedener wirst und Sorgen und andere destruktive Gedanken kleiner werden.

Das ist ein individueller Prozess, den Du gestalten kannst und zu dem wir Dir mit diesem Buch Mut machen.

ZIELE Was ist Dein Lebensstil?

think smart!

Was ist Dir wichtig? – Am Beispiel des Wohnortes

Wir haben mit ***Digitalen Nomaden*** zusammengearbeitet. Sie gestalten ihr Leben so, dass sie sehr mobil sind. Sie reisen nicht (das ist ein oft gehörtes Missverständnis), sondern betten sich (anders als Reisende) für längere Zeiten vor Ort ein, arbeiten und leben dort. Dazu brauchen sie smarte Geschäftskonzepte, die mobil funktionieren. Einer von ihnen, der in seiner Afrikazeit bis nach Ägypten gekommen war, sagte uns im Video-Call:

> *„Heute gehe ich in mein Lieblings-Restaurant hier.*
> *Von dort kann man die Segelboote auf dem Nil sehen."*

Wer so lebt, hat Prioritäten gesetzt. Dieser Lebensstil führt zu leichterem Gepäck, bewusstem Umgang mit Geld und einem intensiveren Erleben.

Wir, auf der anderen Seite, sind ***nordische Hanseaten.*** Wir mögen die nordischen Landschaften (von Küste bis Heide) und feste, eigene Wände um uns herum. Als Autoren schätzen wir es, Platz für Bücher zu haben. Mobilität hat bei uns keine hohe Priorität. Zu unserem Lebensstil gehören die Pflege eines Hauses und die Verantwortung für Immobilien.

Andere leben ***bewusst günstig auf Miete,*** um Geld zu sparen.

Oliver Noelting, bekennender Frugalist, macht das so, hat u.a. dadurch eine Investment-Sparquote von bis zu 70 % und erreicht seinen Freipunkt voraussichtlich mehr als 20 Jahre vor dem offiziellen Renteneintrittsalter.

Andere wechseln in der Freipunkt-Phase bewusst vom Haus in eine Mietwohnung oder ein Tiny House, um weniger Wohnsorgen zu haben.

So verschieden können Lebenskonzepte sein. Überlege Dir, was Dein Genug ist. Wo willst Du leben und was reicht Dir, um glücklich zu sein?

Dein Weg zum Freipunkt

Schaffe starke Produkte. Sei für andere wertvoll. Verbessere Deine Einnahmen.

Deine Produktivität ist der erste Schlüssel für Deinen Freipunkt

Eine Voraussetzung, um den Finanz-Flow-Circle starten zu können, sind gute Einnahmen. Diese kannst Du erzielen, wenn Du Wertvolles herstellst. Der erste freimachende Punkt ist daher Dein Selbstbewusstsein und Deine Fähigkeit, etwas Gutes für andere schaffen zu können.

Wir haben in Kapitel 2 daher gefragt:

- Wie kannst Du hochwertige Produkte entwickeln?
- Wie kannst Du eine bessere Produkt-Treppe® aufbauen?
- Wie kannst Du mit weniger Zeit- und Stresseinsatz Werte schaffen?

Idee ist gut, kalkulieren ist besser

Viele Zahlenmenschen sind nicht kreativ. Viele Kreative rechnen nicht nach, ob sich ein Engagement lohnt. Ideal ist es, beides zu kombinieren: Eine hohe kreative Produktivität mit einem gezielten Blick auf Deine Kalkulation. Du musst nicht zwingend einen Businessplan haben, aber Du brauchst eine Ertragsvorschau und eine Liquiditätsrechnung.

Gewöhne Dir daher an:

- Vor einer Produkt-Entwicklung schon einmal zu kalkulieren.
- Während der Entwicklung die investierte Zeit im Auge zu behalten.
- Dir bei Einführung eines neuen Angebotes Zielzahlen zu stecken.
- Deine finanziellen Ziele auch zu verfolgen.

Freipunkt-Mindset

Überlege, wie Du später Dein Angebot schrittweise zurückfahren kannst. Welche Bereiche (Produkte) kannst Du wann problemlos ausgleiten lassen? Wie kannst Du Produkte (schrittweise) aus der Hand geben?

think smart!

Verbessere Deine Einnahmen

Fang bei Deinen Produkten an

Bist Du schon so aufgestellt, dass es Dir leicht fällt, produktiv zu arbeiten und gute Einnahmen zu erzielen?

Siehe dazu auch S. 42f.: ***10 Wege, Deine Einnahmen zu verbessern.***

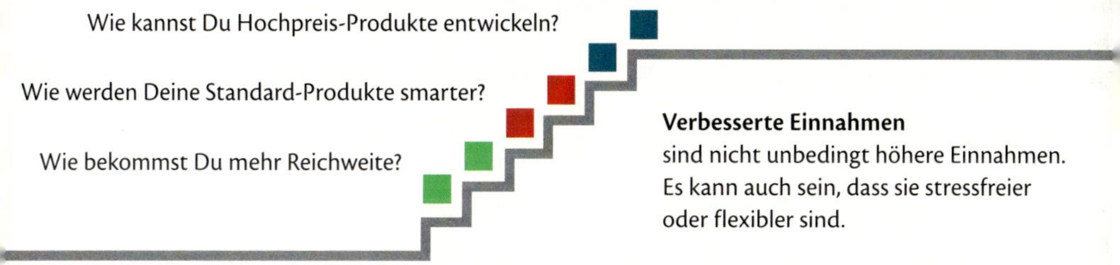

Verbesserte Einnahmen sind nicht unbedingt höhere Einnahmen. Es kann auch sein, dass sie stressfreier oder flexibler sind.

Produkt-Treppe®

Vorsicht, Falle!

Deine Einnahmen sind wichtig, verbessere sie. Aber fange gleichzeitig sofort an, Vermögen aufzubauen. Sage nicht: *„Erst wenn meine Einnahmen so oder so hoch sind, starte ich."* Denn dann investierst Du Jahre in Deine Firma und verlierst wertvolle Zeit.

Siehe dazu auch Kapitel 2 und 3

Dein Weg zum Freipunkt

Habe wirklich den Überblick. Sei achtsam. Ein Gefühl reicht nicht.

Die meisten haben das Gefühl, zu wissen, wo sie stehen

Aber das stimmt nicht. Denn zu Deinen Finanzen gehören viele Aspekte. Daher nimm Dir vor, wirklich zu wissen und nicht nur zu raten. Im Finanz-Flow-Circle fasziniert Viele sofort das Wissen zum Vermögensaufbau. Sie starten gleich bei der Anlage. Das Depot ist ihnen wichtig. Aber Vorsicht: Gerade die ersten Schritte des Circles bringen wichtige Erkenntnisse.

Überspringe daher die ersten drei Schritte im Circle nicht

Die Schritte 1, 2 und 3 sind wirklich nötig:

- Ohne *Vermögensbilanz* fehlt Dir eine wesentliche Grundlage. Du weißt nicht, wie viel Du bereits hast und wo Du genau stehst.
- Ohne *Flowtracking* weißt Du nicht, was finanziell gerade in Deinem Leben passiert. Gefühle reichen als Einschätzung nicht aus.
- Ohne *Lebensvorschau* weißt Du nicht, wo Du hin willst und um welche Zahlen es eigentlich geht.

Unterschätze diese zunächst trockene Zahlenarbeit nicht. Spätestens bei der Lebensvorschau geht es nicht mehr nur um Zahlen. Es geht darum, wie Du später leben willst und kannst.

Finde heraus, wann Du genug hast

- Berechne gründlich, was Du hast und was Du brauchst.
- Überlege, wie Du Dein Leben gestalten kannst und willst.

Sei ein guter Beobachter. Übe Dich in Achtsamkeit: Was hast Du wirklich? Was gibst Du wirklich aus? Warum tust Du das? Deine finanziellen Dinge anzusehen und wirklich wahrzunehmen, ist eine achtsame Routine, die zu Deinem Freipunkt-Mindset dazugehört. Erst dann beschäftige Dich mit Deiner Finanzanlage.

think smart!

Drei Schritte zu einem hilfreichen Überblick

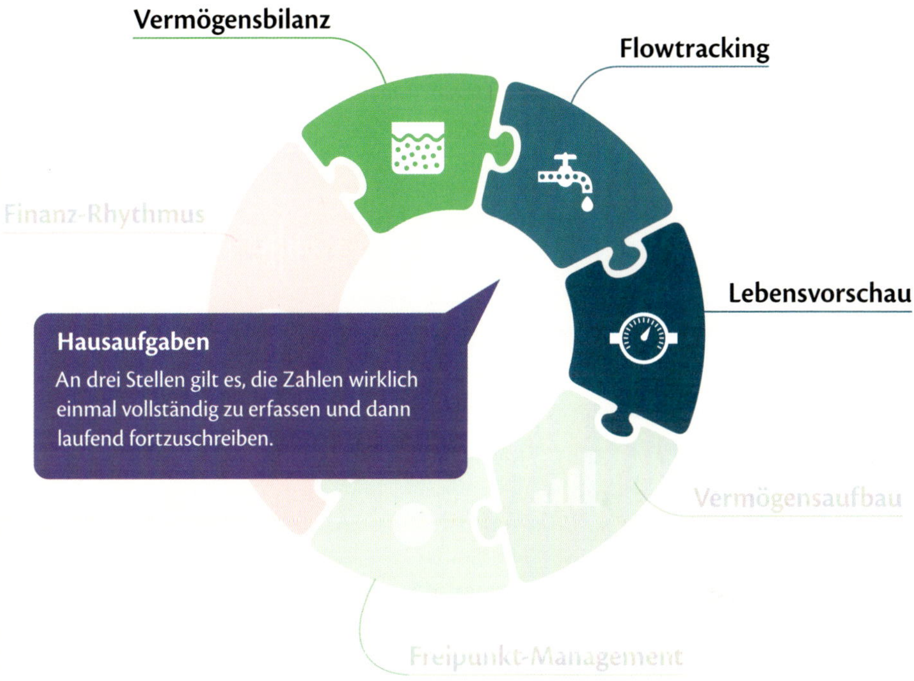

Ein wenig Fleißarbeit – der viele Menschen ausweichen

- Zahlen, Daten, Fakten. Du brauchst mehr als den Kontostand.
- Fange auf jeden Fall an, einen ersten Überblick zu erarbeiten.
- Dafür brauchst Du Tabellen. Notizen auf Zetteln reichen nicht.
- Es reicht nicht, wenn andere für Dich die Zahlen zusammenstellen.

Siehe dazu auch Kapitel 4, 5, 6

Dein Weg zum Freipunkt

Habe Deinen Freipunkt im Blick und baue gelassen das dafür notwendige Vermögen auf.

Traue Dir Vermögens-Selbstverwaltung zu

Du weißt durch die Vorarbeiten, wann Du genug hast. Baue jetzt gezielt und konsequent das dafür notwendige Vermögen auf. Verantworte das selbst. Gib die Kontrolle nicht in die Hand von „Fachleuten".

- Du kennst nun die Methoden der Vermögens-Selbstverwaltung.
- Es ist machbar. Es verlangt etwas Disziplin. Aber die hast Du.

Vergleiche Dich nicht mit anderen

Wenn wir von Vermögen sprechen, sprechen wir von dem Vermögen, das zu Deinem Freipunkt passt. Vergleiche Dich nicht mit anderen. Was interessiert es, wie viel andere haben? Mache nicht zu viel und nicht zu wenig.

Demjenigen, der sich bisher stark auf Geld fixiert hat, wollen wir sagen: Gehe es etwas lockerer an. Wahrscheinlich hast Du bereits genug. Vielleicht hast Du das Thema Geld aber bisher vermieden und die Kasse ist noch leerer, als Du es Dir wünschst. Dann ermutigen wir Dich, den Vermögensaufbau ernster zu nehmen.

Dein Mindset ist wichtig

Hast Du ein Freipunkt-Mindset, dann ist Dein Vermögensaufbau kein Glücksspiel. Es geht nicht um spekulatives Trading, bei dem mit hohem Risiko eventuell ein wenig mehr Rendite erzielt wird.

Dein ***Freipunkt-Mindset*** bewahrt Dich vor:

- *Hohen Risiken.* Du vermeidest eine ständige Jagd nach neuen Trends.
- *Panik-Reaktionen.* Bleibe ruhig bei Deinem eingeschlagenen Kurs.

Lege gelassen und ohne Aufregung an.

think smart!

Der Zusammenhang zwischen Deinem Freipunkt und Deinem Vermögen

Setze auf Konstanz, nicht auf Spekulation

- Berechne, was Du brauchst, und lege ruhig und kontinuierlich an.
- Halte Dein System einfach. Sodass Du verstehst, was Du tust.
- Denke ganzheitlich: Was ist zu tun, damit Dein Freipunkt näher rückt?
- Streue die Anlagen breit. Setze nicht auf wenige Aktien.

Siehe dazu auch Kapitel 7 und 8

Dein Weg zum Freipunkt

Gewöhne Dich daran, achtsam zu sein. Behalte den Überblick und weihe andere ein.

Mache aus Wissen Gewohnheit

Vermögen aufzubauen, kannst Du Dir einfach vornehmen. Es dann aber über Jahre zu tun: Das ist die Herausforderung. Das Freipunkt-Mindset versteht daher den Zusammenhang zwischen pflegenden Routinen und dem Ergebnis.

Was für einen Rhythmus brauchst Du?

- Was ist bei Dir täglich zu tun?
- Was ist bei Dir monatlich zu tun?
- Was ist pro Quartal oder einmal im Jahr wichtig?

Baue Dir Routinen, die Dir gefallen

Damit das Ganze auch Spaß macht, überlege Dir, wie Du das Angenehme mit dem Nützlichen verbinden kannst.

- Kannst Du bestimmte Dinge an einem schönen Ort tun?
- Kannst Du es mit einem Ritual verbinden?
- Kannst Du es gemeinsam mit Dir wichtigen Personen tun?

Erfolg hat oft einfach damit zu tun, dass man Kurs hält

Die vorgestellten Methoden sind keine Rocket Science. Bewusst nicht. Sie sind mit einfachen, kostenlosen Werkzeugen selbst gut zu bewältigen. Es geht mehr darum, dass Du es wirklich tust. Es ist wie beim Sport oder gesunder Ernährung: Es nur einmal zu tun, ist noch keine Änderung.

Dein ***Freipunkt-Mindset*** eicht Dich genau auf diese Haltung: Lieber etwas Einfaches beständig tun, als große, dramatische Dinge anzuzetteln.

think smart!

Halte Dein Verhalten lange durch und sichere es ab

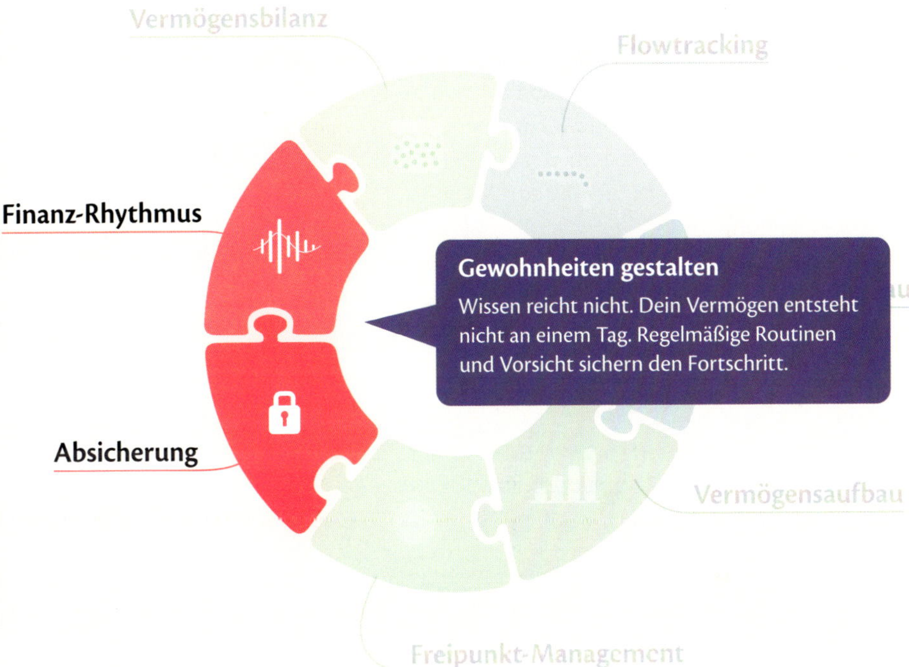

Unaufgeregte Konstanz hat starke Wirkung

- Bewerte Faktoren wie Ordnung und Routinen neu.
- Alle Meister ihres Faches haben Ordnungen und Routinen.
- Bewerte diese regelmäßigen Arbeiten daher hoch.
- Der Weg ist ein Teil des Zieles. Du wirst viel über Dich lernen.

Siehe dazu auch Kapitel 9 und 10

Bleibe nicht einseitig

Wir neigen dazu
das zu wiederho
was wir eh könn

Die Sache mit den Fass-Dauben

Zum Freipunkt-Mindset gehört ein „System-Blick“. Kein Mensch ist in allen finanziellen Bereichen gleich gut. Es gibt Dinge, die Du besser im Griff hast als andere. Allerdings haben gerade die schwachen Bereiche oft besonders starke Auswirkungen darauf, wie weit Du vorankommst. Deswegen unser Rat: Tue nicht nur das, worin Du stark bist. Kümmere Dich gerade auch um die schwächste Daube.

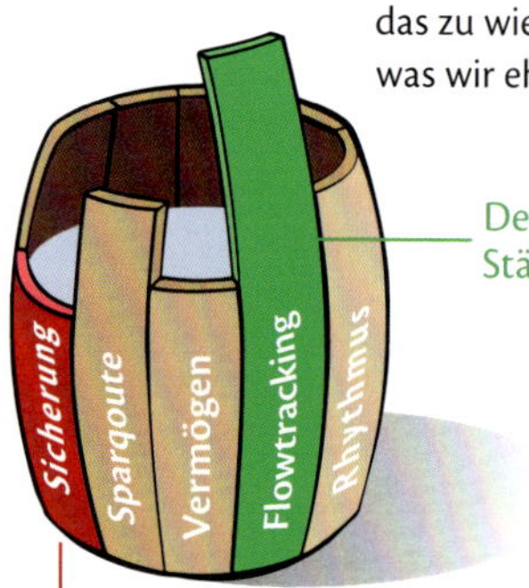

3 Beispiele, in denen eine einzige Daube Dein Ergebnis verschlechtert

Du verdienst sehr gut, doch Deine *Sparquote* ist recht niedrig

Somit fließt zu viel Geld wieder aus Deinem Leben heraus. Ja, es ist ein erster Vermögensstock da. Doch die niedrige Sparquoten-Daube ist der Grund dafür, dass es nicht nennenswert wächst.

Sparquote

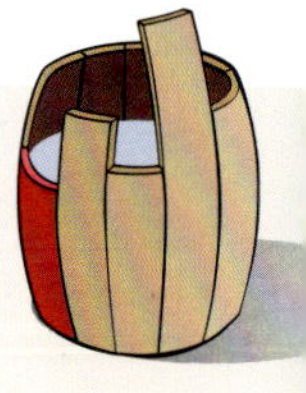

Du hast eine hohe Sparquote, traust Dich aber nicht ans *Investieren*

Du hast Angst, Geld zu verlieren. Du lässt das Geld einfach auf dem Konto liegen und legst es nicht an. Daher kann der Zinseszins-Effekt nicht für Dich arbeiten. Die Vermögens-Daube ist so niedrig, dass Dein Fass nicht voller wird.

Vermögen

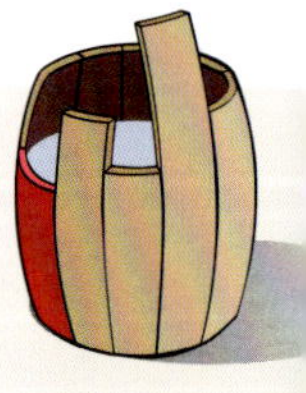

Du hast verdient, gespart und investiert, Dich aber nicht *abgesichert*

Du hast Vermögen. Du erleidest aber einen Unfall, in dessen Folge Du Dich nicht selbst um Deine Belange kümmern kannst. Da Du nichts vorbereitet hast, setzt das Gericht einen Betreuer ein, der nicht in Deinem Sinn handelt.

Sicherung

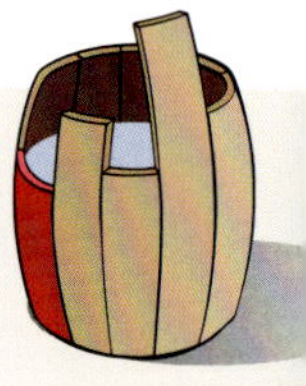

Von Wichtigem und Unwichtigem

Das war eine schnelle Durchsicht verschiedener Aspekte, die helfen, Deinen Freipunkt zu erreichen. Dabei gilt durch die Bank weg:

Du erreichst Deinen Freipunkt früher, wenn Du mit unwichtigen Dingen aufhörst und die wichtigen Dinge regelmäßig tust.

Aber wie unterscheidest Du Unwichtiges von Wichtigem?
Du ahnst es: Dein Freipunkt hilft Dir dabei.

Beim Flowtracking und Neuanschaffungen wirst Du immer wieder über Dinge stolpern, bei denen sich die Frage stellt: Brauche ich das überhaupt? Manches wird sich schnell sortieren, anderes ist schwerer zu entscheiden. Dein Freipunkt kann Dir bei diesen schweren Entscheidungen helfen. Wenn Du ihn festlegst, wird er auch dort ein freundlicher Begleiter.

Dein Mindset (Wille) steuert Deine Handlungen

Dein *Freipunkt-Mindset* ist daher nicht nur eine Finanz-Methode, wie Du Vermögen aufbaust, sondern auch das achtsame Bewusstsein, warum Du das Ganze tust. Wenn Du Deinen Freipunkt reflektierst, beschäftigst Du Dich zugleich mit der Frage, wie Du leben willst.

Bei den ***7 Freipunkt-Thesen*** (siehe S. 27) lautete die dritte These:

Dein Umgang mit Geld zeigt, was Dir im Leben wirklich wichtig ist.

In diesem kleinen Satz steckt ein zentraler Schlüssel zum Glücklichsein:

- Du bestimmst, was Dir wichtig ist.
- Und damit bestimmst Du, wofür Du das alles machst.

Wenn Du weißt, was Dir wichtig ist, richtet sich Dein Leben aus. Du kannst demgemäß handeln. Wir machen Dir Mut, diese zentralen Fragen wirklich zusammen mit Deinem Vermögen zu durchdenken. Stapele nicht einfach Geld, überlege, was Du willst und gelassen erreichen kannst.

Und damit sind wir bei der Frage nach Deinem Wollen.

16 Money Types

Nicht jedes Mindset hilft zum Freipunkt

Wir hatten zu Beginn des Buches die ***16 Money-Mindsets gezeigt*** (S. 22f.). Nicht alle davon helfen, ein Freipunkt-Mindset aufzubauen. Oft wird so getan, als wenn Charakter angeboren wäre. Man kann nichts dafür, dass man ein Spieler ist oder „etwas braucht". Wir glauben, dass Du Dich verändern kannst. Und zwar beides: Dein Mindset und Dein Verhalten.

Du bestehst nicht aus einem einzigen der genannten Typen. Je nach Laune, Achtsamkeit und Situation wirst Du das eine oder andere Verhalten an den Tag legen. Das hat übrigens auch damit zu tun, mit wem wir gerade zusammen sind. Oft lassen wir uns von anderen anstecken.

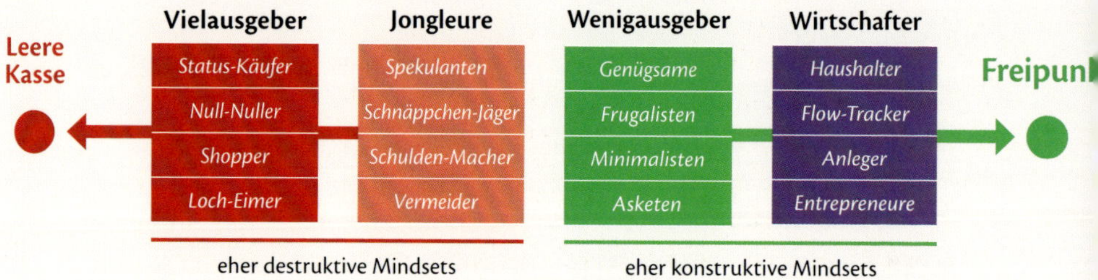

Entkoppele Dich von der Meinung anderer

Dinge anders anzugehen und nicht mehr jeder Mode hinterherzurennen, ist nicht einfach, aber ein Kennzeichen einer ausgereiften Persönlichkeit.

Der Freipunkt macht Dich tatsächlich gedankenfreier und unabhängiger. Weil Du Dinge aus einem größeren Zusammenhang heraus entscheidest. Du traust Dich, bei Konsum und Sparen Deinen eigenen Weg zu gehen.

Aber all die zuvor genannten Faktoren sind noch nicht der Haupt-Schlüssel für Deine Zufriedenheit. Du könntest Deinen Freipunkt errechnet haben und trotzdem unzufrieden bleiben. Wenn Du nicht einen Schritt weitergehst. Das ist die Bewertung der Dinge, die Du hast.

Wollen und Haben – Die Bewertung der Dinge

Was bestimmt eigentlich darüber, ob Du zu wenig hast oder in der Fülle lebst? Es ist das persönliche Verhältnis von ***Wollen zu Haben***. Sind die Grundbedürfnisse abgedeckt, haben Mangel und Fülle mit dem Kontostand nicht mehr viel zu tun – sondern mit Deinem Mindset.

Beispiel: Zu wenig

- Paul lebt in einer schönen Wohnung, hat ein gutes Auto und wird von seiner Kundschaft angemessen bezahlt. Er will aber immer noch mehr. Die von ihm wahrgenommene Wirklichkeit ist eine Welt des Mangels.
- Verstärkt wird diese Unzufriedenheit, weil Paul sich mit Menschen vergleicht, die eine größere Wohnung, ein schickeres Auto oder scheinbar einen größeren wirtschaftlichen Erfolg haben als er.
- Das *Haben* bei Paul ist groß, aber das *Wollen* ist noch größer.

Beispiel: Mehr als genug

- Livia lebt in einer vergleichbaren Wohnung wie Paul, fährt das gleiche Auto, hat eine sehr ähnliche Kundschaft – und ist für all das dankbar. Die von ihr wahrgenommene Wirklichkeit ist eine Welt der Fülle.
- Wenn sie sich umschaut, empfindet sie, dass alles, was sie hat, sogar etwas mehr ist, als sie eigentlich wirklich braucht. Das verstärkt den Eindruck der Fülle. Livia ist glücklich.
- Das *Haben* bei Livia ist so groß wie bei Paul, aber das *Wollen* ist kleiner.

Trotz gleicher Umstände hat Paul zu wenig und Livia mehr als genug

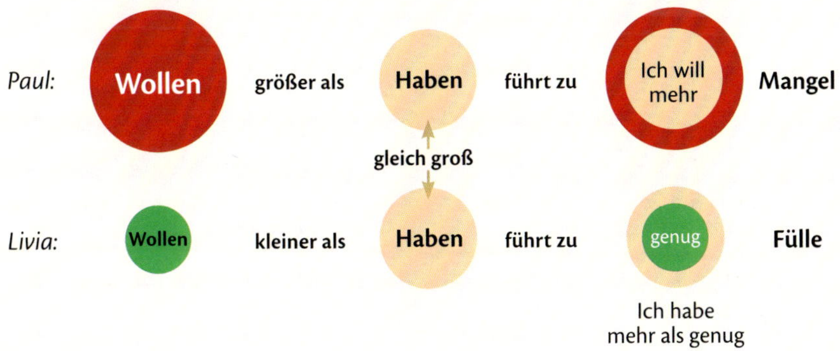

Ein guter Indikator, dass Du Dein Genug gefunden hast

Du kannst Deinen Freipunkt finden, fühlen und in Fülle leben.

- Wie kannst Du aber wissen, ob Du Dein Genug gefunden hast?
- Wir kennen einen Indikator, der das in unseren Augen gut zeigt.

Menschen, die noch kein eigenes Genug gefunden haben, halten oft fest. Sie leben in einer Knappheits-Psychologie oder einer Blindheit für andere. Sie und ihr eigenes Geld stehen in ihrem Mittelpunkt. Das kann durch zu wenig oder zu viel Geld ausgelöst sein.

Ein guter Indikator, ob Du in Deiner Mitte angekommen bist, ist die Frage, ***ob Du anderen etwas abgibst oder nicht.*** Hat Dein Leben etwas übrig für andere? Nicht nur Geld, auch Zeit. Hast Du etwas übrig für Planet A?

Es gibt immer noch Finanzliteratur, die so tut, als wenn die Welt grenzenlos wäre. Als wenn jeder vielfacher Millionär und Traumschloss-Besitzer sein könnte. Dem ist nicht so. Es gibt nach wie vor Gewinner und Verlierer im System, unser Planet ist in Schieflage und es gibt mehr als ein Anzeichen, dass viele nichts lernen wollen.

- Wie verhalten wir uns?
- Wohin geht unser Geld?

Wir glauben: Wenn Du Deine Finanzen geordnet hast, bekommst Du den Blick wieder frei, wie viel Du für Dich, wie viel Du für andere hast (zu den anderen gehört auch unser Planet mit seiner Tier- und Pflanzenwelt). Genug zu haben meint auch, für andere etwas übrig zu haben. Du kannst genug haben und Teil einer positiven Veränderung sein.

Wir wünschen Dir einen klaren Blick und einen frühen Freipunkt

Als hanseatische Denker wünschen wir Dir, dass Du immer genug Wasser unter dem Kiel hast. Kläre Deinen Freipunkt und arbeite in gelassener Weise auf ihn hin. Sei konsequent dabei. Wie auch immer Dein Freipunkt aussieht – wir wünschen Dir ein gutes, fröhliches und versorgtes Leben.

think smart!

Zusammenfassung

Dein Freipunkt-Mindset

- Beachte unterschiedliche Aspekte gleichzeitig und ausgewogen.
- Dein Genug festzulegen, ist eine Lebensstil-Entscheidung.

Der Weg zu Deinem Freipunkt

- Verbessere Deine Einnahmen.
- Habe wirklich den Überblick.
- Bringe Dein Vermögen in Bezug zu Deinem Freipunkt.
- Gewöhne Dir achtsame Routinen an.

Bist Du in der Fülle und hast etwas für andere übrig?

- Bestimme, was Dir wichtig ist und entkoppele Dich von Modetrends.
- Was ist bei Dir größer: Dein Wollen oder Dein Haben?
- Hast Du so viel, dass Du anderen etwas abgeben kannst?

Du bist mit diesem Schritt fertig, wenn Du dies beantworten kannst:

Arbeitest Du an Deinen schwachen Dauben?

Dieses Buch zeigt, wie Du das konkret tun kannst.

Hast Du genug und lebst in der Fülle?

Ein stimmiges Ja ist gut für Dich und Deine Umgebung.

☺

11 FERTIG

Wann hast Du Deinen Freipunkt erreicht, das zu tun und zu erleben, was Du möchtest?

Brigitte auf dem Kicking Horse Mountain,
Columbia Mountains, Kanada.

DANKE

Viele Personen haben zur Schärfung unserer Gedanken beigetragen:

Oliver Noelting	Für Deine wertvollen Hinweise nach dem Gegenlesen einiger Kapitel sowie für technische Unterstützung.
Kai Romhardt	Für den tiefen persönlichen Dialog, den anregenden Austausch im Netzwerk Achtsame Wirtschaft und das wiederholte gemeinschaftliche Reflektieren des *Mindful Business Commitments* (MBC).
Jochen K.	Für alle montag-abendlichen Gespräche über Aktien, Vermögen und Umgang mit Geld.
Jens W.	Der uns in den ersten Jahren unserer Selbstständigkeit in die Wichtigkeit eines guten Rücklagen-Managements eingeführt hat. Danach konnten wir ruhiger schlafen.
Mrs und Mr W.	Für die Organisation der FIWE in Budapest. Ohne die inspirierenden Begegnungen und Gespräche auf dieser Konferenz wäre dieses Buch vermutlich nie entstanden.
Felix Mauser	Den letzten Schliff haben einige Kapitel in Deiner Wiener Wohnung bekommen. Danke für Deine großartige Gastfreundschaft!
Nicht namentlich genannte Freunde	Für das gemeinsame Nachdenken darüber, wie wertegeleitetes unternehmerisches Handeln heute aussehen und erfolgreich sein kann.

Dank für alle praktische Hilfe an:

Daniel Wagner für das Lektorat. Allen helfenden Händen, die in der Logistik die Bücher versenden.

Verweise und Literatur

Hilfreiche Links

- Freipunkt-Rechner — smartbusinessconcepts.de/freipunkt-rechner
- Smart Business Freipunktgruppe — smartbusinessconcepts.de/freipunktgruppe
- Regeln für Freipunkt-Menschen — smartbusinessconcepts.de/freipunkt-regeln
- ETF-Begriffe und Abkürzungen — smartbusinessconcepts.de/etf-begriffe
- Nützliche Rechentools — zinsen-berechnen.de
- Finden einer günstigen Bank — modern-banking.de

Profit First
Mike Michalowicz
Verlag Barbara Budrich, 2. Ausgabe 2020
Sprache Deutsch, Paperback, 264 Seiten
ISBN 978-3-847-422242

Beschreibt das im Kapitel 2 erwähnte gleichnamige Konzept, zuerst Gewinn und Gehalt auf gesonderte Konten zu überweisen.

Souverän investieren mit Indexfonds und ETFs
Ein Investmentbuch für fortgeschrittene Privatanleger
Gerd Kommer
Frankfurt: Campus. 6. Aufl. 2024
Sprache Deutsch, Paperback, 552 Seiten
ISBN 978-3593517704

Das Buch zeigt, wie das passive Investieren funktioniert. Allerdings hat das Buch mehr als 500 Seiten. Wer zu gründlich ist und möglichst viele Details verstehen will, steht in der Gefahr, nicht ins Handeln zu kommen.

Mehr Geld für mehr Leben
Wie Sie in neun Schritten Ihre Beziehung zum Finanziellen ändern – und früher in Rente gehen können
Vicki Robin
München: Redline Verlag 2018
Sprache Deutsch, Paperback, 368 Seiten
ISBN 978-3868817287

Vicki Robin gilt als Grande Dame der Financial-Independence-Bewegung. Sie wird weltweit geschätzt. Ihren Bestseller „Your Money or Your Life" veröffentlichte sie 1992 zusammen mit Joe Dominguez. Unser Co-Autor FM Rommert stand mit ihr im persönlichen Austausch.

Early Retirement Extreme
A Philosophical and Practical Guide to Financial Independence
Jacob Lund Fisker
CreateSpace Independent Publishing Platform 2010
Sprache Englisch, Paperback, 238 Seiten
ISBN 978-1453601211

2010 erschienen und zeitlos aktuell. Nicht immer leicht zu lesen. Interessant für diejenigen, die es etwas extremer mögen.

Quellen

Kapitel 1 – Wie viel ist genug?

S. 15 ***Faulheit, Feigheit, Fixierung, Falsche Bilder:*** Die Psychologin *E. Noni Höfner* nennt in ihrem Buch *Glauben Sie ja nicht, wer Sie sind!* drei Gründe, die uns abhalten, das zu tun, was wir eigentlich können: Faulheit, Feigheit, Fixierung. Das vierte „F", ***Falsche Bilder***, kommt von uns.

S. 22 ***16 Geld-Persönlichkeiten:*** Sind von uns entwickelt und beruhen auf eigenen Beobachtungen. Inspiriert sind sie von den von *Olivia Mellon* entwickelten *5 Money Personalities* (Amasser, Avoider, Hoarder, Money Monk, Spender). Olivia Mellon, eine Psycho- und Paartherapeutin, begann ab 1983 über Finanzen zu publizieren und mit Klienten ihre Finanz-Konflikte zu bearbeiten. Sie war eine der ersten Therapeutinnen, die das tat.

Kapitel 2 – Einnahmen steigern

S. 38 ***Geschäftstyp-Indicator:*** Von *Smart Business Concepts* entwickelte Systematik, die sich nicht an Branchen orientiert, sondern an Art der Organisations-Form und Leistungserbringung.

S. 44 ***Kreativer Raum:*** So nennen wir Deinen Schaffens-Ort. Damit ist sowohl ein physischer Raum (Arbeitsort) gemeint, wie auch ein psychischer Zustand (störungsfreies Arbeiten).

Kapitel 3 – Smart Business Kalkulation

S. 62 f. ***Smart Business Calculator:*** Von uns entwickeltes Tool, das einfacher als ein Businessplan ist.

Kapitel 7 – Vermögensaufbau

S. 80 ***Nettofinanzanlagen (also Vermögen ohne Berücksichtigung von Immobilien):*** Die Zahlen stammen aus dem Allianz Global Wealth Report 2023 (S. 25 sowie S. 41). Quelle: https://www.allianz.com/content/dam/onemarketing/azcom/Allianz_com/economic-research/publications/allianz-global-wealth-report/2023/2023-09-26-GlobalWealthReport.pdf

S. 80 ***Geldvermögen inklusive Ansprüche gegenüber Versicherungen:*** Statista Research Department, 02.01.2024, https://de.statista.com/statistik/daten/studie/1024232/umfrage/privates-pro-kopf-geldvermoegen-in-deutschland/

S. 133 ***4%-Entnahmeregel nach William Bengen:*** Wade Pfau: How Much Can I Spend in Retirement? A Guide to Investment-Based Retirement Income Strategies. McLean Asset Management Corporation 2017, ISBN 978-1945640025, S. 80ff.

Kapitel 8 – Freipunkt-Management und Sparquote

S. 148 ***Sparquoten-Tabelle:*** Die Tabelle kommt von uns.

S. 154 ***300er-Regel:*** Die 300er-Regel wurde u. a. durch Oliver Noelting bekannt. frugalisten.de

Kapitel 9 – Vermögens-Absicherung

S. 168 ***Testaments-Spende:*** Weitere Informationen www.Mein-Erbe-tut-Gutes.de

S. 168 ***Superreiche geben mehr als 90%:*** 2010 starteten *Warren Buffett, Melinda French Gates*, und *Bill Gates* die Initiative *„The Giving Pledge"* (deutsch: Das Gebe-Versprechen). Ziel war, möglichst viele Ultrareiche in den USA zu bewegen, den Großteil ihres Vermögens an die Gesellschaft zurückzugeben. Einige geben mehr als 90 Prozent. Der Gedanke breitete sich dann weltweit aus. In Deutschland ist einer der Pledger *Hasso Plattner*. www.givingpledge.org

Kapitel 11 – Dein Freipunkt-Mindset

S. 207 ***Wollen und Haben:*** Danke an Kai Romhardt für die Anregung.

Bildverweis und Rechte

Informationsgrafiken

Das Buch enthält über 60 Informationsgrafiken. Diese sind von uns entwickelt. Das Copyright von ihnen und aller hier nicht weiter aufgeführten Grafiken liegt bei Smart Business Concepts. Zum Teil wurden Screenshots verwendet. Die Rechte der Inhaber der Software bleiben unberührt.

Fotos

S. 4 / 6 / 97 / 116 / 210 – von privat.

Illustrationen

Titelgrafik: Ehrenfried Conta Gromberg.
S. 55 Zeichnung Ehrenfried Conta Gromberg.
S. 88 / Leaking Bucket, Adobe Stock 12564345, Mipan.
S. 98 / Jar System, VectorStock, Sira Anamwong.
Illustrationen S. 51 / 58 / 177 Ehrenfried Conta Gromberg
unter Verwendung der Humaaans von Pablo Stanley.
S. 204 / Fassdauben. Unter Verwendung einer Illustration von Annette Schulze-Kremer, Raeren.

Markenrechte Produkt-Treppe®

Der Begriff ***„Produkttreppe"*** / ***„Produkt-Treppe"*** ist als Wortmarke eingetragen und darf nur für die ebenfalls geschützte Abbildung der Produkt-Treppe® genutzt werden. Andere Grafiken dürfen nicht mit der Überschrift „Produkt-Treppe" versehen werden. Auch Kombinationen wie z.B. „Lean-Produkt-Treppe" oder ähnlich sind nicht gestattet.

Nähere Informationen zum Gebrauch, siehe: smartbusinessconcepts.de/material

solo gemacht in der Nähe von Hamburg
und im Oberbergischen Land

Wie wir produzieren

Gedruckt in Deutschland. Gelagert in Deutschland. Gearbeitet im Home-Office.

Wasser kompensiert

Klimawandel hat nicht nur mit CO_2 zu tun. Aus diesem Grund kompensieren wir zusätzlich auch den Wasserverbrauch. Wir haben für diese Auflage einen Wasserverbrauch von 20.000 Litern zu Grunde gelegt und zur Kompensation eine Spende an *PLANT-MY-TREE®* überwiesen. *PLANT-MY-TREE®* pflanzt in Deutschland Bäume.

plant-my-tree.de

CO_2 kompensiert

Die bei der Produktion dieses Buches freigesetzten CO_2-Emissionen wurden ausgeglichen. Wir haben bewusst in einer Druckerei gedruckt, die viel Wert auf Nachhaltigkeit legt. Unter anderem wurden die Emissionen dieses Buches berechnet und kompensiert. Das Geld ging an ein Projekt, das auf die Finanzierung über Emissionszertifikate angewiesen ist. Es genügt international anerkannten Standards und unterliegt einer regelmäßigen Prüfung. Außerdem wurde zusätzlich noch ein Baum in Deutschland gepflanzt. Mehr Informationen unter:

climatepartner.com/13493-2409-1009

Zertifiziertes Papier

Alle in diesem Buch verwendeten Papiere sind FSC®-zertifiziert. Sie stammen aus Wäldern, die gemäß den Prinzipien des FSC® verantwortungsvoll bewirtschaftet werden.

fsc-deutschland.de

Wasser kompensiert

Druckprodukt mit finanziellem Klimabeitrag
ClimatePartner.com/13493-2409-1009

CO_2 kompensiert

FSC
www.fsc.org
MIX
Papier | Fördert gute Waldnutzung
FSC® C043106

Verband der Gründer und Selbstständigen Deutschland (VGSD) e.V.
Altheimer Eck 13 • 80331 München
E-Mail: info@vgsd.de
vgsd.de

Der VGSD vertritt Gründer/innen, Solo-Selbstständige und Kleinstunternehmen (mit bis zu 10 Mitarbeitenden) in Voll- oder Teilzeit.

Die Mitglieder kommen ***aus allen Branchen,*** vor allem aus dem Bereich der Wissensarbeit.

Der VGSD ist ***ein lebendiger Verband.*** Er fördert das Engagement seiner Mitglieder. Sie bringen gute Ideen ein, können sie tatkräftig umsetzen und ***gemeinsam einen Unterschied machen.***

ndreas Varnhorn und Marc Jacquemin

- Weil Du Dich in ***Regionalgruppen*** (vgsd.de/regionalgruppen) sowie in ***Interessengruppen*** (vgsd.de/gruppen) vernetzen kannst.
- Weil Du kostenlosen Zugriff auf rund 500 Mitschnitte von ***Experten-Talks*** bekommst zu Themen wie Kundengewinnung, Recht, Steuern, Selbstmanagement oder Altersvorsorge.

Besser soloselbstständig als im Team unterwegs

Warum Du alleine schneller ans Ziel kommst

Mit Ehrenfried Conta Gromberg

★★★★★ Mitschnitt vom 21.09. Zum Mitschnitt

Seit über 10 Jahren das Original

Zeit für Deine Produkt-Treppe®

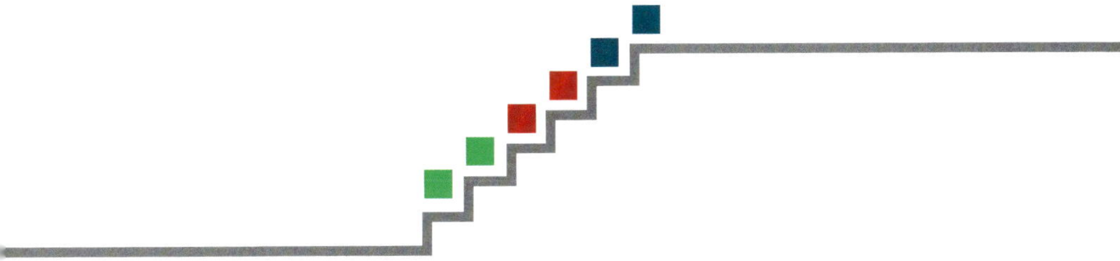

Der Schritt auf Dein nächstes Level

Konsequent in seinem eigenen Business zu handeln gelingt Dir besser, wenn Du mit einem System arbeitest, das Dir hilft, komplexe Dinge einfach abzubilden. Das tut die Produkt-Treppe®.

- In der Intensivgruppe entwickelst Du Deine Treppe neu.
- Oder modifzierst ein bestehendes Konzept.

Dabei bestimmst Du selbst, mit welcher Fragestellung Du einsteigst. Wir klären zusammen Thema, Produkte, Marketing. Du kannst während der Gruppe auch schon an Produkten arbeiten und Dir von der Gruppe Feedback geben lassen.

Du wirst in diesen 8 Wochen mehr erreichen, als Du vermutest.

Gemischte Gruppe

In der Gruppe sind Fortgeschrittene und Anfänger gemischt. Die meisten sind bereits selbstständig.

Diese Mischung hat sich bewährt, da ein Austausch mit unterschiedlichen Sichtachsen passiert. Lass Dich von anderen inspirieren.

„Man hat in der Gruppe gespürt, dass im Konzept eine Unmenge an Erfahrung drinsteckt. Selbsterlebte Erfahrung, nicht angelesene Erfahrung. Und es kamen von Ehrenfried wirklich Fragen, genau da, wo es piekst. Das Knowhow, die ganze Energie von den Teilnehmenden, das hat mir viel gebracht."

Lorenz Wagner

Autor, Speaker, Coach

SMART BUSINESS CONCEPTS

Smart Business Freipunktgruppe

www.smartbusinessconcepts.de/freipunktgruppe

SMART BUSINESS FREIPUNKT GRUPPE

In der Gruppe erstellst Du und bekommst

1. Deine *Smarte Vermögensbilanz*
2. Die *Flowtracking-Tabelle*, mit der Deine aktuellen Geldflüsse sichtbar werden
3. Eine *Prognose* Deiner späteren Einkünfte und Ausgaben
4. *Klarheit* darüber, wie groß eine eventuelle finanzielle *Lücke* ist
5. *Erprobte Hinweise*, wie Du Deine Lücke smart schließen kannst
6. Kenntnis Deiner persönlichen *Sparquote*
7. Zeitpunkt, an dem Erwerbsarbeit für Dich optional werden kann (= *Freipunkt*)
8. Konkrete Tipps, wie Du die *Zeit zum Freipunkt verkürzen* kannst
9. *Unterstützung für die 3 Vs* (Vertrauensperson, Vermögens-Handbuch, Vollmachten)
10. Hilfestellungen für Deinen neuen *Finanz-Rhythmus*
11. *Klarheit*, ob Du auf gutem *Kurs in Richtung Zielvermögen* bist

„Besonders angesprochen hat mich die Zusammenarbeit in der Gruppe an einem doch sehr persönlichen und teils schmerzhaften Thema."

Dr. Andreas Lutz
Vorstandsvorsitzender
Verband der Gründer und Selbstständigen Deutschland (VGSD) e.V., vgsd.de

Du kannst wissen, wann Du genug hast

- Du wirst sehen, wohin das Geld aus Deinem Leben fließt (Flowtracking).
- Du schaust Deine Finanzmuster an.
- Du wirst Deine eigene Vermögensbilanz aufstellen.
- Du wirst beginnen, Dein (Netto-)Vermögen systematisch zu vermehren.

Wir praktizieren das miteinander.

Gehe zusammen mit uns einmal komplett durch den gesamten Finanz-Flow-Circle

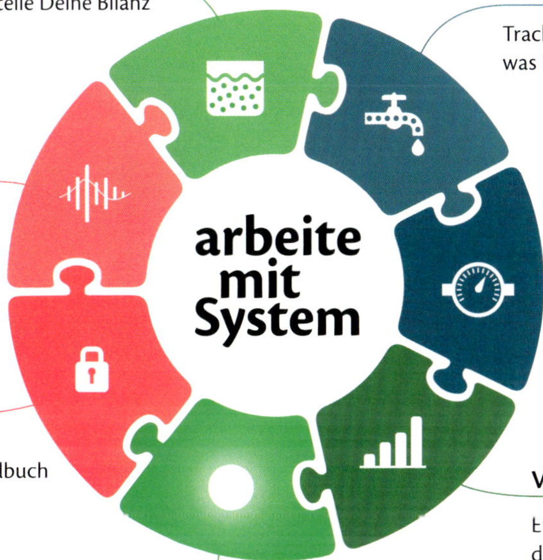

Arbeiten auf vier Ebenen

Die Gruppe ist ausschließlich online. In der Vermögensgruppe arbeitest Du acht Wochen lang auf vier Ebenen:

1: In klar strukturierter Eigenarbeit (Arbeitsbuch, Videos)
2: Im Online-Mentoring
3: In 8 Video-Calls mit Austausch
4: 1-zu-1-Joker, um Hürden zu nehmen

„Für mich war es lebensverändernd. Ich weiß nicht, ob ich das je über einen anderen Kurs gesagt habe. Bei mir hat sich ein ganz großer Knoten gelöst."

Stefanie Quade
Autorin und Co-Founder DesignAgility